Früher war ich ein flottes Huhn, heute bin ich eine lahme Ente

Sigrid Tschöpe-Scheffler

Früher war ich ein flottes Huhn, heute bin ich eine lahme Ente

Meine alte Mutter, ihre Pflegekräfte aus Osteuropa und ich

Patmos Verlag

VERLAGSGRUPPE PATMOS

PATMOS
ESCHBACH
GRÜNEWALD
THORBECKE
SCHWABEN
VER SACRUM

Die Verlagsgruppe
mit Sinn für das Leben

Für die Verlagsgruppe Patmos ist Nachhaltigkeit ein wichtiger Maßstab ihres Handelns.
Wir achten daher auf den Einsatz umweltschonender Ressourcen und Materialien.

Bibliografische Information der Deutschen Nationalbibliothek
Die Deutsche Nationalbibliothek verzeichnet diese Publikation in der Deutschen Na-
tionalbibliografie; detaillierte bibliografische Daten sind im Internet über http://dnb.d-
nb.de abrufbar.

Umschlaggestaltung: Finken & Bumiller, Stuttgart
Gestaltung, Satz und Repro: Schwabenverlag AG, Ostfildern
Druck: CPI books GmbH, Leck
Hergestellt in Deutschland
ISBN 978-3-8436-1233-3

Zur Erinnerung an meine Mutter
Maria Scheffler
1920–2019

Inhalt

Einleitung

Viele erwachsene Kinder, deren Eltern zur Kriegsgeneration gehören, werden jetzt in die Pflicht genommen. Die Zahl der Pflegebedürftigen ist Ende 2017 auf rund 3,4 Millionen Menschen gewachsen – ein Anstieg von knapp 70 Prozent gegenüber der Jahrtausendwende.[1] Mit der Übernahme von Fürsorge, Pflege oder Betreuung für den Vater und/oder die Mutter werden neue Aufgaben in das eigene Leben integriert und bisher nie da gewesene Herausforderungen bewältigt. Viele Töchter und Söhne, die einen großen Teil der Verantwortung übernehmen, müssen sich jetzt über Pflegeangebote informieren, vieles auch in ihrem eigenen Leben organisieren, sich im Familienkreis absprechen und möglicherweise im Wohnbereich der Eltern räumliche Veränderungen vornehmen. Es muss entschieden werden, wie die Betreuung aussehen soll und wer sie übernimmt.

Meine Mutter hatte sich schon früh für die Unterstützung in ihrem Haus durch 24-Stunden-Kräfte aus Osteuropa entschieden und dadurch fünfzehn Jahre lang die Möglichkeit, trotz zunehmendem Mobilitätsverlustes und später hinzukommender demenzieller Veränderungen in ihrem eigenen Haus leben zu können und gut versorgt zu werden. Sie selbst kommentierte ihre neue Lebenssituation so: *»Früher war ich ein flottes Huhn, jetzt bin ich eine lahme Ente und brauche Hilfe.«* Als sie dann ihre Persönlichkeitsveränderung, ihre Vergesslichkeit und den Orientierungsverlust bemerkte und diese sie aus ihrer seelischen Balance brachten, sprach sie von ihrem »Schwarzen Affen« und ergänzte den Satz: *»... und jetzt will mich auch noch der Schwarze Affe unterkriegen.«* Wir mussten über ihren Spruch lachen, aber er zeigte deutlich ihre eigene Einschätzung der Situation. Die Demenz machte ihr Leben schwerer. Umso

---

1   https://de.statista.com/statistik/daten/studie/2722/umfrage/pflegebeduerftige-in-deutschland-seit-1999/

dankbarer war ich, dass ich mit den Betreuerinnen bis auf eine Ausnahme liebenswerte und fähige Altersbegleiterinnen an ihre Seite holen konnte.

Laut Statistik werden mehr als 200.000 Pflegebedürftige bereits nach dem weitverbreiteten Modell der sogenannten 24-Stunden-Hilfe betreut, wobei es eine nicht erfasste Dunkelziffer gibt, was vermuten lässt, dass der Bedarf noch größer und wahrscheinlich auch steigend ist.

Am Beispiel meiner Mutter möchte ich erzählen, wie sie sich durch ihre Demenz veränderte und wir uns mit ihr, wie sich meine Verantwortungsübernahme gestaltete, welche Möglichkeiten der Betreuung wir mit den osteuropäischen Pflegekräften gefunden und welche interessanten Geschichten und Begegnungen wir alle dadurch erlebt haben. Zum Schluss berichte ich über die Erfahrungen ihrer letzten sieben Lebensmonate, die sie die meiste Zeit als Pflegefall in einem Pflegeheim, in Krankenhäusern und einer Seniorenwohngemeinschaft verbracht hat, was nicht die beste Zeit ihres Lebens war. Meine Reflexionen über die unterschiedlichen Betreuungsformen, verbunden mit selbstkritischen Überlegungen, habe ich im Epilog zusammengefasst.

Es ist ein ganz persönliches Buch über ein sehr emotionales Thema im Umgang mit Alter, Demenz und verschiedenen Betreuungsformen geworden. Und es ist letztendlich auch ein Buch über mich, meine Suchbewegungen, Gefühle und Verhaltensweisen in diesem besonderen Kontext von Betreuung und Pflege, Verantwortung und Fürsorge, sowohl für meine Mutter als auch für die sie betreuenden Menschen in ihrem Haus.

Ich berichte in erster Linie aus meiner eigenen Perspektive, aber natürlich auch, soweit das möglich ist, aus der Sicht meiner Mutter. Die Sicht der betreuenden Personen wird stellvertretend von einer Betreuerin aus Rumänien dargestellt. Das Schreiben diente mir anfangs als eigene Verarbeitung und Reflexion des Erlebten, bis ich feststellte, dass meine Mutter die von mir verfassten Tagebuchnotizen gerne las und wir dadurch häufig gemeinsamen Gesprächsstoff hatten. Als ich bemerkte, dass sich auch andere Menschen für das interessierten, was ich zu erzählen hatte, sich in ähnlichen Situationen befanden und ebenfalls viel über ihre alten Eltern und deren Lebens- und Betreuungssituationen nachdachten, entschied ich, diese Geschichten und Reflexionen zu veröffentlichen. Möglicherweise können die Berichte über unsere Erfahrungen ein Anlass sein, neue Perspektiven einzunehmen und individuelle Pflegearrangements zu finden. Vielleicht dient mein Buch aber auch nur dazu, erleichtert festzustellen, dass es anderen ähnlich geht und man mit den Fragen um die alten Eltern nicht alleine ist. Oder es kann ein Anlass sein, sich selbst noch einmal neu mit der Frage nach der eigenen Verantwortung als Sohn oder Tochter auseinanderzusetzen.

Jede Person, jede Familie, jedes Lebensumfeld, jede Lebensfrage ist einzigartig und bedarf individueller Antworten. Wir haben bei der Suche nach guten Lösungen für alle Beteiligten viele Versuche und auch manche Irrtümer erlebt, die nicht immer korrigierbar waren. So spielen auch Schuld- und Ohnmachtsgefühle eine Rolle, die als Thema immer wieder auftauchen. Durch die zum Teil ungewöhnlichen Betreuungskonstellationen entstanden diese sonder- und wunderbaren, fröhlichen und zum Schluss immer trauriger werdenden Geschichten, die vielleicht manchmal unglaubwürdig klingen, die wir aber tatsächlich genauso bunt und vielfältig erlebt haben. Verändert wurden lediglich die Namen der beteiligten Personen und Institutionen und einige Kontexte.

Wenn erwachsene Kinder Verantwortung übernehmen

In einem Café lausche ich am Nachbartisch dem angeregten Gespräch zweier nicht mehr ganz junger Damen, die etwas spaßhaft darüber nachdenken, wo und wie sie im fortgeschrittenen Alter leben wollen. Erst geht es um das Abwägen finanzieller und persönlicher Möglichkeiten, angefangen von Haushaltshilfen oder 24-Stunden-Kräften, die sie bräuchten, wenn sie in ihrer privaten Wohnung blieben. Sie tauschen sich über die Vor- und Nachteile von Betreutem Wohnen und Pflegeheim aus. Als sie auf das Thema der Rolle der eigenen Kinder zu sprechen kommen, schlägt eine der Damen scherzhaft vor, dass es doch das Beste sei, gemeinsam in ein Wohnheim für Senioren nach Thailand zu ziehen. Sie habe im Fernsehen darüber einen Bericht gesehen, da sei die Pflege billiger und es gäbe noch genügend liebevolle Pflegekräfte. Ihr Schwiegersohn habe ihr ausdrücklich dazu geraten, weil die Familie dann gute Gründe habe, sie nicht so oft besuchen zu müssen und zum Glück keine Verantwortung übernehmen müsse. Die beiden Damen lachen. Ich spüre hinter ihrem Humor eine gewisse Bitterkeit.

Die alten Mütter und Väter wissen, dass ihre Töchter und Söhne ein eigenes Leben führen. Sie wollen ihnen nicht zur Last fallen. Gleichzeitig ist die Sehnsucht groß, sie um sich zu haben, wenn man vieles selbst nicht mehr kann und auf Hilfe angewiesen ist. Die erwachsenen Kinder stehen meist noch mitten im Berufsleben, wenn Vater und Mutter Unterstützung benötigen, sie haben selbst Familie, anderweitige Hobbys und Verpflichtungen. Oft werden sie durch die Sorge um ihre pflegebedürftig gewordenen Eltern aus ihrem bisherigen Lebensrhythmus gerissen, zumindest dann, wenn sie Verantwortung übernehmen und sich für sie einsetzen wollen oder müssen. Was ist jetzt zu tun? Wer aus einem Geschwister-

oder Verwandtenkreis ist nun besonders gefragt? Wie und wo soll die Betreuung stattfinden?

Vielleicht versucht man zunächst, die Herausforderungen innerhalb der engeren Familie zu bewältigen oder erkundigt sich nach zusätzlichen niederschwelligen ambulanten Betreuungsangeboten. Auch Tagespflegeeinrichtungen bieten weitere Entlastung. Reicht das nicht oder nicht mehr aus, stellt sich die Frage: Pflegeheim oder eine Betreuung von bezahlten Kräften zu Hause? Die meisten alten Menschen möchten wie meine Mutter so lange wie möglich in ihrem vertrauten Milieu bleiben. Ist die Wohnung groß genug und gibt es ein eigenes Zimmer für die Betreuungskraft, dann kann die Entscheidung für eine häusliche 24-Stunden-Hilfe getroffen werden.

Bei der Unterstützung und Pflege von kranken und alten Menschen spielen ebenso wie bei der Erziehung von Kindern Aspekte wie Bindung, Zeit, Liebe und Mitgefühl eine große Rolle. Die Leistungsanforderungen in der modernen digitalen Arbeitswelt mit dem entsprechenden Konkurrenzdruck und Wettbewerb und ihrem Anspruch des Höher, Weiter, Besser und Schneller stehen den Bedürfnissen von Kindern, Alten und Kranken allerdings diametral entgegen. In der globalisierten Welt geht es um größtmögliche Flexibilität, Mobilität und maximale Autonomie des Einzelnen, im privaten Fürsorgezusammenhang geht es sowohl bei der Kindererziehung als auch in der Pflege von alten und kranken Menschen hingegen um Verbundenheit, Mitgefühl und Schutz. Gerade jene, die in ihren Berufen noch sehr eingespannt sind und damit den anderen Werten verpflichtet, müssen jetzt die beiden unterschiedlichen Orientierungen des Lebens miteinander verbinden, was nicht immer leicht ist.

Die wenigsten erwachsenen Töchter oder Söhne sind darauf vorbereitet, sich plötzlich neben den Erfordernissen ihres eigenen Lebens mit Beruf und Familie um ihre gebrechlichen Eltern zu kümmern. Wer sich dieser Verantwortung stellt, erfährt sehr schnell, dass man nicht nur mit dem bedürftigen Menschen, dessen Nöten und Sorgen und mit den Themen Alter, Krankheit und Tod sowie dem ambivalenten Umgang damit in unserer Gesellschaft konfrontiert wird, sondern immer auch mit sich selbst und der sehr individuellen Beziehung, die man zu Vater oder Mutter hatte und hat. Alte Verletzungen, Familienkonflikte oder Missachtungen können plötzlich ebenso wieder auftauchen wie liebevolle Erinnerungen an Mutter und Vater, zu denen man aufgeschaut hat. Jetzt sind sie es, die auf Zuwendung und Unterstützung angewiesen sind.

Viele der Eltern, die in der Phase der Hochaltrigkeit sind, gehören zu den Menschen, die die Schrecken des Zweiten Weltkrieges sowie Flucht und Vertreibung erlebt haben. Manche wurden durch die Ereignisse des Krieges schwer traumatisiert und haben weder mit ihren Kindern noch mit anderen Menschen je über diese belastende Zeit gesprochen. Die nicht aufgearbeiteten Traumatisierungen können in Phasen der Hilflosigkeit und des Angewiesenseins wieder aktualisiert werden und sich als Ängste, Panik, Depression oder unverständliche Verhaltensweisen zeigen. Das Erstaunen oder auch die Trauer darüber, dass Mutter oder Vater sich verändert haben, weil sie zum Beispiel weniger kooperativ sind als früher, vielleicht sogar streitbarer, rechthaberisch, depressiv oder sich »hängen lassen«, führt notgedrungen dazu, das innere Bild von ihnen verändern zu müssen und damit auch die eigene Rolle neu zu definieren. Viele der erwachsenen Kinder fühlen sich durch die neue Situation überfordert. Die Suche nach Möglichkeiten einer angemessenen Unterstützung für den Vater oder die Mutter können zu einem schwierigen Weg werden nach dem Motto: Versuch und Irrtum. Vor allem dann, wenn vorher mit den Eltern wenig Absprachen darüber getroffen wurden, wie sie im Alter leben wollen. Oft fehlen auch Zeit, Raum, Geld oder Kapazitäten, um das zu tun, von dem man glaubt, es täte den Angehörigen gut. Auf jeden Fall fordert die neue Situation dazu auf, Entscheidungen zu treffen, entweder gemeinsam mit den Eltern oder für sie. Die Möglichkeiten reichen von der Pflege zu Hause, die man als Tochter oder Sohn selbst oder zusammen mit anderen Familienmitgliedern übernimmt, über die ambulanten Hilfen oder den Einsatz von 24-Stunden-Betreuungskräften bis hin zum Heimaufenthalt oder der Kombination verschiedener Möglichkeiten. Jede Entscheidung kann weitreichende Konsequenzen haben, sowohl für die Betreuenden als auch für die Betreuten.

Viele beginnen sich in dieser Zeit erstmalig oder noch einmal intensiver mit der Biografie ihrer Eltern auseinanderzusetzen. Zum einen, um bestimmte Verhaltensweisen besser einordnen und verstehen zu können, zum anderen, weil ihnen die Endlichkeit ihres Lebens greifbar vor Augen steht und sie vielleicht noch etwas aus dem Leben der Eltern oder den eigenen ersten Lebensjahren wissen möchten.

Oft werden Erinnerungen an die eigene Kindheit wach, was je nach Erfahrungen zu ambivalenten Emotionen führen kann. Alle Väter und Mütter und ihre Art der Beziehung zu ihren Kindern hinterlassen Spuren in deren Leben. Haben sich die Kinder in der Familie geschützt und geborgen gefühlt und von den Eltern geachtet und geliebt oder mussten sie um deren Anerkennung und Liebe kämpfen? Wurden sie gedemütigt? Gab es wechselnde Situationen zwischen Liebe und Liebesentzug oder gar Gewalt? Wurden Geschwister bevorzugt behandelt? Wurde die elterliche Liebe als Kontrolle empfunden oder war sie an das kindliche Wohlverhalten und dessen Anpassung geknüpft? Inwieweit haben die inzwischen erwachsenen Kinder die durch ihre Eltern erfahrenen Versäumnisse, Missachtungen oder Übergriffe aufarbeiten und betrauern können? Ist es ihnen möglich zu verstehen, dass eine nicht immer gelungene Beziehung zu den Eltern meist eine Folge der biografischen Bürde der Eltern gewesen sein könnte? Die meisten Eltern lieben ihre Kinder, aber sie können ihre Liebe nicht immer angemessen zeigen, zumal, wenn sie selbst in einer rigiden autoritären Zeit aufgewachsen sind, in der es üblich war, Kinder mit Gewalt zu disziplinieren. Die Traumatisierungen sind oft auch im hohen Alter noch vorhanden und können durch die neue Abhängigkeitssituation reaktiviert werden.

Wenn es den erwachsenen Töchtern und Söhnen gelingt, die biografischen Verletzungen ihrer Eltern zu kennen, einzuordnen, zu verstehen und ihnen am Ende sogar zu verzeihen, was ihnen als Kind vorenthalten oder angetan wurde, kann sich das Verhältnis zu den Eltern noch einmal grundlegend verändern. Vermeintliche Erziehungsfehler müssen nicht zwangsläufig zu eigenen Wunden werden, sondern können im besten Fall sogar individuelle Ressourcen aktivieren, die für das Leben nützlich und sinnvoll geworden sind.

Sind Aufarbeitung, Einordnung sowie Trauer- und Wutbewältigung im Lauf des Erwachsenenlebens weitgehend gelungen, kann man sich unbeschwerter den aktuellen Fragen stellen: Welche Verantwortung habe ich in dieser neuen Situation zu übernehmen? Was davon kann ich leisten, was ist mir momentan nicht möglich? Welche Erwartungen der Eltern kann und will ich erfüllen, von welchen muss ich mich distanzieren, um mich zu schützen? Welche Angelegenheiten kann ich delegieren, an welcher Stelle übernehme ich gerne Verantwortung? Damit verbunden werden weitere Fragestellungen hinzukommen: Wie gehe ich damit um, wenn für die Eltern Entscheidungen getroffen werden müssen, die sie nicht mehr selbst treffen können? Welche Gefühle tauchen auf, wenn ich z. B. die Mutter, die bisher stolz und eigenständig war, als hilflose Frau erlebe, die sich aus Angst an die Tochter oder den Sohn klammert? Wie nehme ich die Pflegesituation mit einem dirigistischen Vater wahr, der schon früher autoritär und unnahbar war und jetzt im Kommandoton Befehle erteilt? Wie muss sich meine eigene Rolle den Eltern gegenüber verändern? Wie kann ich das Recht der alten Menschen auf Autonomie respektieren und gleichzeitig dafür Sorge tragen, dass sie sich nicht selbst gefährden?

Auf Dauer kann die Pflege eines nahen Menschen eine hohe Belastung sein, die nicht selten zu Überforderung, Burn-out und psychosomatischen Erkrankungen bei den betreuenden Angehörigen führt. Zudem müssen mit den unterschiedlichen »neuen« Menschen, die jetzt neu zum Hilfesystem gehören, Absprachen getroffen werden, was zusätzlich Zeit und Energie kostet.

Es ist auch nicht ungewöhnlich, dass sich im Familienverbund unter den Geschwistern oder anderen Angehörigen Streitigkeiten wegen unterschiedlicher Einschätzung der Situation und Kompetenzgerangel oder Eifersüchteleien entwickeln. Manchmal fühlen sich die eigenen Kinder oder der Ehepartner zurückgesetzt, weil der alten Mutter oder dem Vater jetzt mehr Zeit gewidmet wird.

»Wir gehen alle auf dem Zahnfleisch«, habe ich oft gehört, wenn ich mich mit Menschen austauschte, die zu Hause ein Elternteil pflegen. Mit einem privaten »Dienstplan«, in dem stehen könnte, wer aus der Familie und dem Freundeskreis wann die Person besucht und betreut und für bestimmte Aufgaben zuständig ist, kann manchmal schon Entlastung möglich werden. In Kombination des eigenen Einsatzes, ambulanter Pflegedienste, weiterer Hilfskräfte und viel Organisationstalent ist möglicherweise eine befriedigende Betreuungssituation im häuslichen Bereich zu schaffen, zumal, wenn die Hauptbezugspersonen lernen, die Verantwortung auch an andere abzugeben.

Die Suche nach seriösen Agenturen, die 24-Stunden-Pflegekräfte vermitteln, ist oft sehr aufwändig. Manche Angehörige kümmern sich selbst um eine entsprechende Betreuungskraft, meist auf die Empfehlung von Bekannten oder auf eine Anzeige hin. Auf jeden Fall braucht es viel Vertrauen und Offenheit, sich auf eine fremde Person einzulassen, die in der privaten Wohnung 24 Stunden mit dem alten Menschen zusammenleben wird. Auch die Angehörigen werden mit diesen neuen Menschen zu tun haben, gleichgültig ob sie im gleichen Haus oder in der Nachbarschaaft leben oder, so wie wir, von außerhalb regelmäßig hinzukommen. Damit sowohl für die zu Betreuenden und deren Familienangehörigen als auch für die meist ausländischen Betreuerinnen die Situation zufriedenstellend ist, bedarf es klarer Rahmenbedingungen und konkreter Grundregeln. Durch entsprechende Maßnahmen und Vorgaben, die hoffentlich in Zukunft auch von staatlicher Seite oder zumindest von der Vermittlungsorganisation gesetzt, begleitet und gegebenenfalls kontrolliert werden, könnten manche Missverständnisse, falsche Erwartungen und Konflikte im Vorfeld minimiert werden, was auch zu einem positiveren Image dieses Betreuungsmodells beitragen würde. Auch wenn das Arbeitsfeld der 24-Stunden-Betreuung immer noch in die gesetzliche Grauzone fällt, müssen die Betreuerinnen, wie ich im Folgenden zeigen möchte, deswegen keineswegs wie Dienerinnen oder gar Sklavinnen arbeiten, was ich so als Vorurteil häufig zu hören bekam.

Wer zu einer solchen Lösung greift, wird nicht einfach die Verantwortung an die Betreuungskräfte abgeben können, sondern steht weiter in der Pflicht. Konkret habe ich erfahren, dass ich als einzige Tochter selbstverständlich die Hauptbezugsperson meiner Mutter blieb und nun zusätzlich dafür zuständig war, dass die Organisation mit den Betreuungskräften funktionierte und auch deren Belange berücksichtigt wurden. Ich war regelmäßig vor Ort, um Dinge zu erledigen, die von den Betreuerinnen nicht getan werden konnten, z. B. mit meiner Mutter zu Ärzten, zum Akustiker oder Optiker zu fahren, die großen Einkäufe zu erledigen, die Handwerker zu bestellen und natürlich vor allem, um meiner Mutter die Sicherheit meiner Gegenwart zu geben, sie zu trösten oder aufzumuntern und auch für die Betreuerinnen als Ansprechpartnerin zur Verfügung zu stehen.

Wenn sich abzeichnet, dass diese Form der Betreuung gar nicht erst infrage kommt oder nicht mehr möglich ist, steht eine neue Entscheidung an, die für alle Beteiligten nicht leicht ist: die stationäre Pflege in einem Heim oder in einer Wohngemeinschaft. Auch diesen Weg mussten wir nach den vielen Jahren häuslicher Betreuung gehen. Die Suche nach einem geeigneten Pflegeheim, die Unsicherheit, ob es die richtige Entscheidung ist, die Schuldgefühle, weil man die Eltern ins Heim abgeben muss, die Umstellung auf eine völlig neue Situation, verbunden mit dem Auszug aus der vertrauten Wohnung sind neue Umstände, die nicht nur für den alten Menschen schwierig sind, sondern auch für jene, die diese Entscheidungen treffen müssen. Zudem bleibt im Pflegeheim die Verantwortung für die Eltern bestehen, sie kann sich sogar noch einmal intensivieren, wenn die Bedingungen nicht so sind, dass die Kinder einen Teil der Verantwortung mit gutem Gefühl abgeben können.

Wenn man als Kind in diese neue Situation gestellt ist, wird einem klar, dass in dem Wort »Verantwortung« das Wort »Antwort« steckt. Das heißt: Ich werde dazu aufgefordert, eigene Antworten auf Fragen, die das Leben nun an mich stellt, zu geben. Höre ich die Fragen, die durch die Pflegebedürftigkeit der Mutter oder die zunehmende Verwirrtheit des Vaters im Raum stehen? Nehme ich sie als eine konkrete Frage an mich wahr? Wie sieht meine individuelle Antwort aus, bei der nicht nur die Situation der alten Eltern berücksichtigt werden muss, sondern auch meine eigene aktuelle Lebenslage im Kontext von Beruf, Familie und sonstigen Verpflichtungen? Welche Schwierigkeiten ergeben sich daraus? Welche Möglichkeiten gibt es, die Verantwortung mit anderen zu teilen oder abzugeben? Wie gehe ich mit den Schuldgefühlen um, wenn es mir nicht möglich ist, das zu tun, was ich glaube, tun zu müssen? Wie kann ich lernen, mit der Verantwortung so umzugehen, dass sie mich nicht »auf dem Zahnfleisch gehen« lässt und ich denen, die mich brauchen, noch gerecht werden kann?

Da mich viele dieser Fragen fortwährend selbst beschäftigt, manchmal auch gequält haben, werden sie im Lauf der folgenden Kapitel direkt oder indirekt immer wieder auftauchen. Meistens gab es keine einfachen Antworten oder wir mussten die Fragen lange in der Schwebe halten, bis irgendwann eine Lösung sichtbar wurde.

Durch manche Gespräche weiß ich, dass viele Angehörige dieselben Fragen umtreiben. Der Austausch mit Menschen, die sich in ähnlichen Situationen befinden, war darum in dieser Zeit für mich sehr wichtig.

Was tun, wenn die Mutter Unterstützung braucht?

Als sowohl meiner Mutter als auch mir klar wurde, dass sie immer hilfsbedürftiger wurde und Unterstützung brauchte, überlegten wir uns zunächst gemeinsam Lösungen für ihre jeweilige Betreuung, die sich im Lauf der Jahre immer wieder veränderte und dann jeweils angepasst werden musste. Anfangs waren nur einige Stunden wöchentlich an kleinen Handreichungen, Einkäufen oder persönlicher Gesellschaft nötig, später weiteten sich die Aufgaben zu einer 24-Stunden-Rundum-Betreuung in der Alltagsbegleitung, Versorgung und Pflege aus.

Über fast fünfzehn Jahre kamen deshalb Menschen aus Polen, Rumänien, Russland, Moldawien, Bosnien, Armenien, Bulgarien und Ungarn zu ihr ins Haus. Einige blieben drei Monate lang, andere mit Unterbrechungen bis zu vier Jahren. Sie waren verheiratet, ledig, verwitwet, geschieden, mit eigenen Kindern oder kinderlos, der Jüngste, ein Student, war 22 Jahre alt, die Älteste, eine Witwe aus Polen, 65 Jahre alt. Es waren vor allem Frauen und zwei Männer mit unterschiedlichen Persönlichkeiten, Lebens- und Familiengeschichten, Bildungsniveaus, Traditionen, Religionen, kulturellen Besonderheiten, mit spezifischen Koch- und Essgewohnheiten. Sie kamen abwechselnd und nacheinander mit Kleintransportern, Bussen, Flugzeugen oder mit ihrem eigenen Auto zu meiner Mutter angereist, sie lebten mit ihr im Haus und betreuten sie. Sie brachten ihre je eigene Haltung und Einstellung betagten Menschen gegenüber mit, die sich im Umgang mit meiner Mutter, die sie »Frau Maria« nannten, ganz konkret zeigte.

Unser aller Leben wurde durch diese besonderen Begegnungen im Arbeits- und Lebenszusammenhang der sogenannten 24-Stunden-Hilfen zu Hause verändert und bereichert, allerdings durch das Fremdartige und Neue immer wieder auch irritiert – das Leben der Frauen und der beiden Männer aus Osteuropa ebenso wie das meiner alten Mutter und mein eigenes als ihrer einzigen berufstätigen Tochter mit eigener Familie. Mit zunehmender Hinfälligkeit, schwindender Wahrnehmungsfähigkeit der Sinnesorgane und Persönlichkeitsveränderungen meiner Mutter im Zuge ihrer demenziellen Erkrankung mussten die Betreuungssituationen ständig neu abgestimmt, angepasst und von mir engmaschiger mit verschiedenen, neu hinzukommenden Personen organisiert werden. Es war nicht immer leicht, vertrauenswürdige Menschen zu finden und zusammenzuführen, die sich in Absprache mit mir um meine Mutter kümmern konnten.

Unsere Erfahrungen mit den 24-Stunden-Hilfen waren weitgehend positiv, auch wenn wir ebenso wie die Betreuerinnen und Betreuer nicht immer zufrieden waren, sondern manchmal auch ärgerlich und einige Konflikte und schwierige Situationen zu bewältigen hatten. Diese entstanden zum Teil aufgrund mangelnder Deutschkenntnisse, diffuser wechselseitiger Erwartungen, kultureller Besonderheiten und der Gewöhnung und Anpassung aneinander oder auch aufgrund der Persönlichkeitsveränderungen meiner Mutter. Trotz herausfordernder Situationen und oft unklarer (Rahmen-)Bedingungen war es mir ein Anliegen, menschenwürdige Voraussetzungen für die anspruchsvollen und kräftezehrenden Aufgaben der Betreuungskräfte zu schaffen und gleichzeitig den Bedürfnissen meiner alten Mutter gerecht zu werden, damit ein gelungenes und würdevolles Leben für alle Beteiligten möglich war.

Alle Betreuerinnen und Betreuer lebten bei ihr im Haus, teilweise in ihrer Wohnung mit ihr auf engem Raum. In manchen Zeiten waren zwei Betreuungskräfte gleichzeitig anwesend, zeitweise sogar drei, die unterschiedliche Aufgaben übernahmen, je nach Bedarf, mit wechselnden Arrangements für die Pflege und Betreuung. Meine Mutter nahm die Frauen immer herzlich auf, freute sich über deren Unterstützung, war anfangs sehr an ihrem Leben interessiert und versuchte, allen ihr Lieblingsspiel, Rummikub, beizubringen, bei Bedarf mit ihnen Deutsch zu lernen und den gemeinsamen Tagesablauf zu strukturieren. Sie probierte gerne die andersartigen Gerichte, sagte, was ihr nicht schmeckte und kommentierte z. B. die Kleidung, die Frisur oder das nach ihrer Meinung zu aufdringliche oder besonders gut gelungene Make-up oder die Nagellackfarbe der Betreuerinnen. Umgekehrt ließ sie sich von ihnen auch sagen, dass es Zeit sei, unter die Dusche zu gehen oder dass die Bernsteinkette besonders gut zu der braunen Bluse passe und sie diese einmal umlegen solle.

Natürlich gab es auch Auseinandersetzungen und Enttäuschungen, menschliche Schwächen und Unzulänglichkeiten. Bedürfnisse und Bedürfniskonflikte tauchten auf, und alle mussten sich arrangieren, so wie in jedem zwischenmenschlichen Zusammenleben. Hier war es noch einmal besonders schwierig, weil sich so grundlegend verschiedene Menschen auf engem Raum aufeinander einlassen (mussten). Dazu kam, dass die Betreuerinnen und Betreuer für einige Zeit aus ihrer Heimat in ein fremdes Land gingen, weil sie in erster Linie Geld verdienen mussten oder wollten. Und auch für meine Mutter war es nicht einfach, weil sie sich eingestehen und damit zurechtkommen musste, dass sie im häuslichen Alltag und bei der Pflege Hilfe und Unterstützung benötigte. Alle, die zu meiner Mutter ins Haus kamen, hatten diese Möglichkeit des Gelderwerbs freiwillig gewählt und unterschiedliche Gründe, warum sie in Deutschland arbeiten wollten. Meine Mutter bestand entschieden darauf, so lange wie möglich in ihrem gewohnten Umfeld zu leben, und hielt diese Lösung für eine gute Alternative zu einem Pflege- oder Seniorenheim. Bis sieben Monate vor ihrem Tod konnten wir ihr das ermöglichen und diese speziellen Betreuungssituationen tatsächlich aufrechterhalten, und das vor allem dank ihrer letzten Betreuerin und Freundin Ana aus Rumänien, die vier Jahre mit ihr verbrachte und ihr Leben durch ihre fröhliche, liebevolle und zupackende Art sehr bereicherte.

Einige der Betreuerinnen wurden zu unseren Freundinnen und hatten sowohl für meine Mutter als auch für mich und meine Familie eine nachhaltige Bedeutung. Aber auch die übrigen Frauen und zwei Männer, die zu ihr ins Haus kamen, wurden durch das Leben mit ihr und durch die Kontakte zu uns und anderen Menschen in Deutschland geprägt. Einige haben untereinander und im

Umfeld von Familie und Nachbarschaft tragfähige Freundschaften geschlossen. Viele haben entweder zusammen mit meiner Mutter zu Hause am Esszimmertisch, in Sprachkursen oder alleine Deutsch gelernt, Schwierigkeiten im Pflegealltag bewältigt und Krisen überstanden, sind selbstsicherer und eigenständiger geworden, haben neue kulturelle Erfahrungen gemacht und sich persönlich entwickelt, was entweder nach einiger Zeit deutlich sichtbar wurde oder worüber sie selbst berichtet oder geschrieben haben. Noch heute stehe ich mit manchen der Frauen in Kontakt, habe zwei von ihnen zusammen mit meinem Mann in ihren Heimatländern, Armenien und Rumänien, besucht, und einige waren bei uns zu Besuch.

Nicht immer haben wir in all den Jahren »richtig« gehandelt, es gab Versuch und Irrtum, Orientierungslosigkeit und verschiedene Suchbewegungen. In den letzten Monaten, als meine Mutter in der Seniorenwohngemeinschaft untergebracht war und wir ihr Begebenheiten mit ihren osteuropäischen Betreuerinnen aus ihrer Zeit zu Hause vorlasen, fragte sie uns jedes Mal erstaunt, ob sie all diese Menschen wirklich kennengelernt habe. Die Geschichten dienten hier der Auffrischung ihres Gedächtnisses und sie hörte immer sehr aufmerksam zu. Manchmal erinnerte sie sich auch, vor allen Dingen dann, wenn wir ihr dazu die entsprechenden Fotos zeigten. Meist aber schüttelte sie nur den Kopf und sagte erstaunt: »Was, das habe ich alles erlebt? Also, dann muss ich wirklich doch noch ein spannendes Leben im Alter gehabt haben!«

Ihr verschmitztes Lächeln begleitet mich, während ich über diese Zeit mit den zum Teil ungewöhnlichen, meist fröhlichen, aber auch traurigen, erstaunlichen und ärgerlichen Situationen nachdenke und schreibe. Spannend und ereignisreich war diese Zeit auf jeden Fall!

Vier Haustürschlüssel und zwei große Abschiede

Es sind vier ziemlich große Sicherheitsschlüssel für die Haustür, zusätzlich ein langer rostiger für die Kellertür und ein kleinerer zur Terrassentür, die ich, zusammengebunden mit einer Kordel, in der Hand halte. Wir wollen uns am Haus meiner Mutter treffen, das ab jetzt nicht mehr ihr gehört.

Mit abschiedlicher Wehmut betrete ich ein letztes Mal den Garten, in dem bereits Baumaterialien wie Stützpfeiler, Säcke mit Zement und große Kübel mit Sand und Schotter lagern. An der Kellertreppe stehen ein kleiner Bagger und ein Zementmischer. Die zukünftigen Eigentümer haben mich gebeten, bereits vor der Grundbucheintragung mit dem Umbau anfangen zu können. Sie erwarten im Sommer ihr drittes Kind und möchten so bald wie möglich in das eben erworbene Haus einziehen. Daher wartet die junge Familie an diesem kalten Tag im Dezember hinten im Garten, am ehemaligen Grillplatz, auf mich und die Schlüssel. Die Erwachsenen betrachten kritisch den überdachten Sitzplatz, der, von Efeu bewachsen, mit alten knorrigen Sommermöbeln bestückt ist. Die geblümte Wachstuchdecke ist ausgeblichen und an einer Ecke zerrissen, Moos und Unkraut wachsen durch die Bodenplatten, und der gemauerte Grill ist in sich zusammengefallen. Die beiden Kinder entdecken die Hollywoodschaukel aus den 60er-Jahren unter einer grauen Plastikplane und kriechen jauchzend darunter, es knarrt und quietscht, als sich die Schaukel in Bewegung setzt.

Über 55 Jahre lang war das Haus im Besitz unserer Familie, wurde von meinem Vater mit viel Engagement, Eigenleistung und der großen Hoffnung, hier für sich und seine kleine Familie wieder eine neue Heimat zu finden, erbaut. Nach meinem Auszug und dem Tod meines Vaters lebte meine Mutter als alleinstehende Witwe mit ihren Mietern und weiteren verschiedenen Mitbewohnerinnen und -bewohnern, Betreuerinnen und Pflegerinnen und zeitweise einem kleinen Hund hier noch 25 Jahre lang. Die letzten sieben Monate war das Haus verwaist, meine Mutter konnte und wollte nach einem Sturz, einem komplizierten Schulterbruch und anschließendem Aufenthalt in der Kurzzeitpflege nicht mehr hierher zurück. Wir entschieden gemeinsam, ihr Haus zu verkaufen. Die Immobilienmaklerin zeigte es mehr als zwanzig Personen, sie fanden es alle gemütlich und interessant gebaut mit dem Walmdach und dem großen Balkon, aber bei genauerer Betrachtung waren der Renovierungsstau zu groß und die damit verbundenen Kosten zu hoch, was letztlich alle Interessenten von einem Kauf abhielt.

Der junge Mann im Parka mit einer pelzbesetzten Kapuze vor mir, der gleich die Schlüssel, die ich noch in der Hand halte, in Empfang nehmen wird, hatte sich das Haus im Spätherbst angeschaut, zuerst zusammen mit seinem Vater, anschließend mit seiner Frau und den Kindern. Sie waren begeistert, sehr schnell entschlossen, es zu kaufen, und wollten sofort mit dem Umbau beginnen.

Während der ersten Kontakte und Besichtigungen entdeckte die Familie im Bücherschrank meiner Mutter russischsprachige Literatur, es gab Matrioschkas im Regal und einen russischen Samowar auf der Anrichte. Die Rede kam auf Russland und auf die Heimat meiner Mutter, ein deutsches Städtchen in der Ukraine. Vater und Sohn schauten sich an, begannen zu lachen und erzählten, dass auch ihre deutschen Vorfahren aus der Ukraine stammten. Wir tauschten uns aus und stellten fest, dass ihre und unsere Herkunftsfamilien im 19. und 20. Jahrhundert nur ca. 50 Kilometer voneinander entfernt gelebt und wohl im gleichen Fluss, dem Dnister, das Schwimmen gelernt hatten. Vielleicht haben sie sogar wie meine Mutter und ihre Freundinnen Aufführungen in der berühmten, von meiner Mutter so geliebten Oper von Odessa besucht? Zufall? Schicksal?

Der Fluss Dnister fließt durch die Ukraine und bildet auch heute noch eine Grenze zum moldawischen Transnistrien. Die Ende des 18. Jahrhunderts unter Katharina der Großen gegründeten Dörfer mit Namen Kandel, Hoffmannsthal, Straßburg, Selz usw. waren Teil einer deutschen Kolonie am Schwarzen Meer, nicht weit von der ukrainischen Hauptstadt Odessa entfernt. Die Käufer erzählten, dass sie noch intensive Kontakte in die Ukraine pflegten und regelmäßig Hilfstransporte für alte Menschen und verarmte Familien organisierten. Sie meinten, wir könnten alles im Haus stehen lassen, was wir nicht behalten wollten – Möbel, Kleidung, Bettzeug – alles, wirklich alles werde in den Dörfern, in die sie mit ihren Transportern fahren, gebraucht. Die Möbel meiner Mutter und die übrigen Gegenstände, die keiner aus unserer Familie und keiner der Freunde mehr haben wollte, sollten nun also demnächst ihre lange Reise in die Ukraine antreten. Was für eine wunderbare Fügung!

Ich hatte es eilig, meiner Mutter von dieser Begegnung zu erzählen und hoffte, dass ihr »Schwarzer Affe« die Information an ihren alten Persönlichkeitskern heranließ. Sie verstand es erstaunlicherweise sofort. Ich zeigte ihr die aktuellen Fotos vom Haus und von ihrem Garten. Sie war so wie ich erstaunt und zufrieden, dass »sich ein Kreis geschlossen hat«, wie sie es ausdrückte. »Das hat für mich ein gutes Ende mit unserem Haus genommen«, sagte sie eine Woche später an Weihnachten ganz unvermittelt, erstaunlich klar und mit großer Erleichterung. Der Heilige Abend wurde in diesem Jahr erstmalig nicht bei uns oder wie in den letzten Jahren in ihrem Haus gefeiert, sondern in der Seniorenwohngemeinschaft, in der sie jetzt lebte. Sie hatte der kleinen Gruppe von Bewohnerinnen, Mitarbeiterinnen und Besuchern, die um den Tisch versammelt waren, ein Gedicht über den Weihnachtsfrieden sehr leise, aber doch deutlich vernehmbar vorgelesen. Es wurden Weihnachtslieder zu Gitarrenbegleitung gesungen und es fand eine kleine Andacht statt. Und obwohl sie wirklich schöne und besondere Weihnachtsfeste erlebt hatte, sagte sie am Ende dieses Abends, dies sei ihr schönstes gewesen. Vielleicht spürte sie zu dem Zeitpunkt schon, dass es ihr letztes sein würde? Es war fast so, als könne sie mit dem Wissen um den endgültigen Abschied von ihrem Haus, das sie in den letzten Jahren zunehmend als Belastung empfunden hatte, jetzt besser und leichter auch von ihrem Leben Abschied nehmen.

Nun also übergebe ich die Schlüssel an die junge Familie, mache noch ein paar Fotos, verabschiede mich und wünsche den neuen Eigentümern auf Russisch alles Gute. Der Rosenbusch, den ich zu meiner Konfirmation als Geschenk bekam, wurde bereits im Spätherbst in unseren Garten umgesiedelt. Hoffentlich wird er dort anwachsen und auch so wunderbar blühen wie hinter dem Haus meiner Mutter, wo er 50 Jahre stand und jetzt ein tiefes Loch davon zeugt, dass er sich hier einmal ausgebreitet und uns erfreut hat. Ich spüre eine große Dankbarkeit für die Zeit, die ich als Kind und Jugendliche in diesem Haus verbracht habe – und auch dafür, dass es meiner Mutter dank der vielen liebevollen und sie umsorgenden Menschen tatsächlich möglich war, so lange in ihrer vertrauten Umgebung leben zu können.

Dankbarkeit spüre ich auch den Käufern gegenüber, die in das Haus zu passen scheinen und eine Beziehung zu der alten Heimat meiner Mutter haben, an die sie sich in den letzten Lebenswochen immer häufiger erinnert. Immer wieder erzählt sie Geschichten aus ihrer Kindheit und Jugend, die ich schon oft gehört, irgendwann für sie aufgeschrieben und mit den alten vergilbten Fotos illustriert habe. Ich habe immer sehr bedauert, dass meine Eltern nur dann miteinander russisch sprachen, wenn ich etwas nicht verstehen sollte. Sie haben mir ihre Heimatsprache nie beigebracht, weil sie in dem kleinen rheinischen Dorf, in dem sie lebten und ein kleines Geschäft gegründet hatten, nicht als »die Russen« gelten wollten. Kaum jemand verstand damals, dass sie eigentlich Deutsche waren, die vor den Russen aus dem Osten geflüchtet waren, in ihrer Heimat aber miteinander Deutsch gesprochen, in deutsche Theater und Schulen gegangen waren.

Auf dem Weg von meinem ehemaligen Elternhaus zu meinem Auto laufen mir Tränen über das Gesicht. Meine Kinderseele kann schlecht loslassen und beginnt sentimental zu werden, die Erwachsenenseele dagegen ist einverstanden mit diesem überraschend schnellen Verkauf. Die neuen Eigentümer rufen mir noch hinterher, dass sie mich einladen werden, wenn das Haus fertig umgebaut und renoviert ist. Wir könnten dann gemeinsam aus dem Samowar meiner Mutter, der im Haus bleiben wird, einen Tee trinken. Diesen alten Samowar, der wahrscheinlich gar nicht mehr betriebsfähig ist, haben sie und ich vor vielen Jahren von einer Reise nach St. Petersburg (damals hieß es noch Leningrad) mitgebracht.

Eigentlich hatte ich nur schnell die Schlüssel abgeben und wieder gehen wollen, weil wir uns schon am Wochenende zuvor mit unseren Kindern und ein paar Freunden mit einem kleinen Ritual vom Haus verabschiedet hatten. Aber dieser letzte Besuch wurde für mich doch noch einmal zu einem dichten emotionalen Erlebnis.

So gehen mir auf dem Rückweg zum wiederholten Mal Erinnerungen durch den Kopf, die mich mit dem Haus verbinden: meine Kindheit und Jugend mit den Eltern und den wechselnden Mietern, zudem der Opa, der unter dem Dach wohnte. Die Kindergeburtstage habe ich ebenso vor Augen wie die Partys, die ich als Teenager dort gefeiert habe. Ich sehe meinen Vater am Esszimmertisch seine Geschäftsbilanz erstellen und meine Mutter, die mit Migräne auf dem Sofa im verdunkelten Wohnzimmer liegt. Ich sehe uns alle unter dem Weihnachtsbaum oder beim Grillen und Federballspiel mit Freunden im Garten. Bei all dem höre ich im Auto laut eine CD mit Hits aus den 60er-Jahren: »Even the bad times are good« von den Tremeloes, und bei »Yesterday« von den Beatles singe ich etwas melancholisch mit.

Strebsam und fleißig waren meine Eltern, was oft zulasten von gemeinsamen Familienzeiten ging. Sie waren sehr angepasst, wollten nicht auffallen, und es war ihnen wichtig, was »die Leute« über sie sagten. Noch heute habe ich im Ohr, dass meine Mutter mir beibrachte, jeden zu grüßen, der zwei Beine hat. Anstand war ebenso wichtig wie Zurückhaltung. Erst einige Jahre später habe ich erkannt, dass sich viele Menschen aus dem Osten, die Flucht und Vertreibung erlebt hatten, ähnlich verhielten: Fast alle wollten sich möglichst gut und schnell integrieren, was ihnen nur durch große Anpassung und hohe Leistungsbereitschaft möglich schien.

Ich war schon lange ausgezogen und hatte eine eigene Familie, als mein Vater krank wurde und später starb, was die Lebenssituation für meine Mutter extrem veränderte. Die 25 weiteren Jahre, die sie im Haus wohnen blieb und in denen sie sich ohne ihren

Ehemann neu orientieren und arrangieren musste, waren eng verbunden mit den treuen Mietern im Haus, den häufig wechselnden Betreuerinnen und weiteren Hausbewohnerinnen und -bewohnern aus acht verschiedenen osteuropäischen Ländern. Sowohl die vertrauten wie auch die neuen Menschen in ihrem Leben haben Haus und Garten und die Atmosphäre dort je nach Persönlichkeit immer wieder neu geprägt. Es war dank meiner Mutter die meiste Zeit ein offenes Haus, weil sie sich für andere Kulturen und fremde Menschen interessierte und sie einlud. Sie lauschte interessiert den Erzählungen der Betreuerinnen aus deren Heimat und ihren unterschiedlichen Familiengeschichten, fragte nach und gab anschließend alles an mich weiter, was sie erfahren hatte. Wenn eine neue Betreuungsperson ins Haus kam, konnte sie selbst wieder von Neuem aus ihrer Biografie erzählen, häufig sogar auf Russisch oder mit Händen und Füßen, und dazu ihre alten abgegriffenen Fotos aus ihrer Jugend in der Ukraine, den Familienjahren mit Mann und Tochter oder von ihren vielen Reisen zeigen. Dabei zählte sie immer auf, welche Länder sie schon mit ihrer Tochter, ihrem Mann oder Freundinnen, teilweise auch alleine bereist hatte. Dazu kramte sie Ansichtskarten von den Orten aus den Schubladen, die in ihrer großen klaren Schrift mit dem Datum der Reise und einigen besonderen Ereignissen versehen waren, und betrachtete sie lange gemeinsam mit den Betreuern.

Nach einigen Jahren hatte sie sich ein Grundvokabular in der jeweiligen Muttersprache der Betreuungskräfte angeeignet, konnte sie begrüßen, sich bedanken und verabschieden oder, was zur allgemeinen Erheiterung beitrug, auch manches Schimpfwort an der passenden oder unpassenden Stelle einsetzen. Mir fallen die kleinen Veränderungen ein, die in Haus und Garten vorgenommen wurden, aber auch die Fröhlichkeit, die mit der einen oder anderen neuen Person einzog, die fremden Gerüche, die aus der Küche kamen, wenn z. B. armenische oder rumänische Gerichte mit Leidenschaft gekocht und von meiner Mutter gerne gegessen wurden, und auch das Lachen oder Schimpfen der Frauen, wenn beim Rummikub-Spielen jemand beim Schummeln erwischt wurde. Ich erinnere mich aber auch an die Traurigkeit, wenn meine Mutter wieder feststellte, dass sie eine andere geworden war. »Ich bin nicht mehr die, die ich mal war. Wer bin ich eigentlich? Ich weiß es gar nicht mehr richtig. Ich habe mich verloren«, sagte sie oft deprimiert. Vor meinen Augen tauchen Szenen auf von unseren fröhlichen letzten gemeinsamen Weihnachts- und Osterfesten in immer anderer Besetzung, ihren Geburtstagsfesten mit den Betreuungskräften und verschiedenen Besucherinnen. Auch die Grillpartys im Sommer auf der großen Terrasse sehe ich vor mir. Mein Vater ließ es sich, ausgerüstet mit einer bunten Küchenschürze und dicken Grillhandschuhen, nie nehmen, den Grillmeister zu spielen und die Würstchen zu verteilen. So wie es Jahrzehnte später Gregori, der Mann einer Betreuerin aus Bosnien, tat, der auf dem von ihm gemauerten Grill die besten Spieße und andere Balkanspezialitäten für Hausbewohner, Freunde und Nachbarn zubereitete.

Aber auch der Dumpfheit der letzten Jahre spüre ich auf meiner Heimfahrt nach. Sie war immer dann da, wenn meine Mutter kaum ansprechbar war, einige Betreuerinnen sie bis mittags im Bett liegen ließen und sich wenig um sie kümmerten, weil sie ja »satt war und ein frisches Nachthemd anhatte«. Die positive Ansprache oder die aktivierende Pflege mussten einige noch lernen, was ich bei meinen Besuchen vorzuleben versuchte und mit ihnen besprach. Wenn ich meine Mutter in solchen Situationen dann in tiefer Depression und völlig antriebslos vorfand, zog ich die Gardinen auf, öffnete die Fenster, ließ frische Luft herein und versuchte, sie aufzumuntern. Ihre eigene innere Gestimmtheit übertrug sich schnell auf die jeweilige Betreuerin und die Atmosphäre im Haus, was ich, obwohl ich nur ein- oder zweimal in der Woche dort war, spüren konnte und glaubte, verändern zu müssen. Bald musste ich jedoch einsehen, dass ich nicht alles kontrollieren konnte, und daher immer häufiger auch ertragen, dass die Dinge nicht so liefen, wie ich sie mir für meine Mutter gewünscht hätte. Das waren für mich Gelegenheiten, das Loslassen zu lernen und die Verantwortung abzugeben.

Meine Mutter war in den letzten Jahren immer mehr darauf angewiesen, dass sie freundliche, an ihr interessierte, liebevolle Menschen um sich hatte, die sie nicht nur gut versorgten und pflegten, sondern sie aufmunterten, mit ihr sprachen und mit ihrer Orientierungslosigkeit und ihren Panikattacken gut umgehen konnten. Und ich war darauf angewiesen, dass mir die Betreuerinnen über ihren Zustand und die aktuelle Gesundheitssituation berichteten, um entweder entsprechende Maßnahmen ergreifen zu können, mich nach einem Anruf etwas beruhigter zu fühlen oder früher wieder einen Besuch einzuplanen.

Als wir merkten, dass eine Betreuerin vorwiegend ihre eigenen Interessen im Blick hatte und wirklich unmotiviert war, mussten wir uns von ihr trennen. Das kam in den fünfzehn Jahren allerdings nur einmal vor. Je vergesslicher und desorientierter meine Mutter wurde, desto weniger konnte ich mich darauf verlassen, dass sie mir erzählen konnte, was sie den Tag über erlebt hatte und wie sie behandelt wurde. Sie wusste nachmittags meist nicht mehr, was sie mittags gegessen hatte oder wie die aktuelle Betreuerin hieß. Wir telefonierten in all den Jahren fast täglich, aber im letzten Jahr konnte sie wegen ihrer Schwerhörigkeit nichts mehr verstehen. Dann wurden über ihr neues Seniorenhandy, das sie jedoch nicht mehr selbst bedienen konnte, Fotos hin und her geschickt, wobei sie und ich darauf angewiesen waren, dass die Betreuerinnen für sie tippten und die Fotos hochluden. Was sie dann tatsächlich erlebt hatte, wie sie sich fühlte oder wie die Atmosphäre im Haus war, konnte ich nur erahnen. Ich musste den Betreuungskräften vertrauen, mit denen ich regelmäßig in Kontakt stand, um auch an ihren Gefühlen und Schicksalen Anteil zu nehmen und sie manchmal zu trösten.

Ich erinnere mich an Tage, als der »Schwarze Affe« meiner Mutter wieder Oberhand gewann und sie kaum ansprechbar in ihrem Fernsehsessel saß und klagte, dass es ihr so schlecht gehe. Ihr Körper versagte, das Gehen fiel ihr selbst mit Rollator zunehmend schwerer. Sie benötigte Hilfe beim An- und Ausziehen und manchmal auch beim Toilettengang. Ihre Sinneswahrnehmungen wurden schwächer, das Hören war nach einer schweren Bronchitis das größte Problem. Als auch die Augen versagten und sie nicht mehr lesen konnte – eine ihrer Lieblingsbeschäftigungen –, verzweifelte sie fast. In einer ihrer präsenten Stunden meinte sie, dass sie sich jetzt doch schon ziemlich anstrengen müsse, um noch hundert Jahre alt zu werden, und sie eigentlich auch gar nicht wisse, ob sie das überhaupt noch wolle. Dann kam ihr in den Sinn, dass zu einem hundertsten Geburtstag bestimmt der Bürgermeister und der Pfarrer und wahrscheinlich auch ein Zeitungsreporter zu Besuch kämen, was sie auf keinen Fall wollte. Somit war ihr klar, dass sie nur vorher sterben oder sich im Keller verstecken konnte. Sie wurde 98 Jahre alt.

Nachdem sie erleichtert und innerlich befreit in der Weihnachtswoche von ihrem Haus Abschied genommen hatte und es dann auch loslassen konnte, schlief sie drei Wochen nach meiner Schlüsselübergabe und zwei Wochen nach dem von ihr als so schön erfahrenen Weihnachtsfest inmitten ihrer Familie und liebevoller Krankenpflegerinnen in der Seniorenwohngemeinschaft friedlich ein. Es war gut, dass sie nicht mehr miterlebte, als ihr so sehr geliebtes Haus ein halbes Jahr nach ihrem Tod abgerissen wurde, weil die Renovierung teurer geworden wäre als ein Neubau.

Die Geschichte meiner Eltern

Unser Haus wurde von meinem Vater in den 1960er-Jahren mit viel Eigenleistung erbaut. Es hatte eine abgeschlossene Erdgeschosswohnung, eine Wohnung im ersten Stock und ein sehr kleines ausgebautes Dachgeschoss und war mit nur 68 Quadratmetern Wohnfläche auf jeder Etage eigentlich als Einfamilienhaus konzipiert. Aus Kostengründen wurde es allerdings all die Jahre als Zweifamilienhaus genutzt, was nicht besonders komfortabel für die jeweiligen Wohnparteien war, weil die Toiletten und Duschbäder außerhalb der Wohnungen im kalten Treppenhaus lagen. 1962 zogen Vater, Mutter und ich ins Erdgeschoss ein. Es gab drei Zimmer und einen Ausgang zur Terrasse und zum großen Garten. Damals war ich zehn Jahre alt.

Die Eltern hatten ein gemeinsames Schlafzimmer, ich übernachtete auf der Couch im Wohnzimmer, das Esszimmer mit integrierter Küche wurde als Hausaufgaben- und Gemeinschaftszimmer und meist als Büro meines Vaters genutzt.

Mein Opa mütterlicherseits, der ebenfalls aus dem Osten geflüchtet und auf der Suche nach einem ruhigen Lebensort war, fand mit seiner Lebensgefährtin in der ausgebauten Dachgeschosswohnung eine neue Heimat. Die mittlere Etage wurde an eine junge Familie vermietet. Nachdem der Opa einige Jahre später gestorben und seine Partnerin ins Betreute Wohnen umgezogen war, wurde die Wohnung unter dem Dach frei, und so wohnte ich als junges Mädchen ganz oben im Haus. Nach meinem Auszug aus dem Elternhaus diente das Dachgeschoss als Abstellfläche für alles, was in den beiden anderen Wohnungen nicht mehr gebraucht wurde. Hin und wieder wurde es als Gästezimmer benutzt, war aber für längere Aufenthalte zu ungemütlich. Nach dem Tod meines Vaters Mitte der 90er-Jahre war das Haus immer noch die (zweite) Heimat meiner Mutter in Deutschland. Wie sie immer wieder betonte, sollte es auch ihre letzte bleiben.

Meine Mutter musste im Krieg als 23-jährige Frau zusammen mit ihrem behinderten Bruder, ihrer kranken Mutter, dem Vater und dessen unverheirateter Schwester ihre Heimat in der Ukraine verlassen. Ihre deutschstämmige Familie wurde – wie viele andere auch – aus den Dörfern vertrieben, kurz nachdem sie ihr Studium als Junglehrerin beendet und ein Jahr lang in einer ersten Klasse unterrichtet hatte.

Die Flucht vor den Russen über Eis bei minus 25 Grad in großen Trecks war verknüpft mit der Angst vor den Verfolgern und vor Vergewaltigungen, vor Hunger und Kälte, Krankheit und Tod und mit der großen Frage, wie das Leben weitergehen sollte. Als Kind hat mich lange die Geschichte beschäftigt, dass der treue Hund, der dem Treck nachlief, vom Großvater erschossen werden musste, weil er keine Überlebenschance gehabt hätte und er ihm das Leiden ersparen wollte.

In Westdeutschland angekommen, wurden die Flüchtlinge immer wieder vertrieben, keiner wollte die Menschen aus dem Osten aufnehmen. Es war schwer, wieder irgendwo Fuß zu fassen. Meine Mutter hat ihre Geschichte unter dem Titel »Flucht« in Gedichtform aufgeschrieben:

»Vor vielen Jahren mussten wir fort
aus unserem geliebten Heimatort.
Am 25. März 1944 gingen wir weg,
zu Fuß in einem endlosen Treck.
Das Haus, das Vieh, alles blieb zurück.
Mit Wehmut im Herzen und traurigem Blick
drehte man sich um, blieb einen Moment traurig stehen –
es half nicht, wir mussten weitergehen.
Die Front kam näher von Tag zu Tag.
»Was wird mit uns geschehen?«, das war die bange Frag'.
Wir zogen los bei Schnee und Regen
und auf vollkommen verschlammten Wegen.
Der Ort, wo du warst geboren,
ist für uns für immer verloren.
So zogen wir von Land zu Land

2000 km bis Polen ins Wartheland.
Dort wurden wir untergebracht
und aus Volksdeutschen wurden Reichsdeutsche gemacht.
Auch aus dem Warthegau mussten wir wieder fort
auf der Suche nach einem neuen Heimatort.
Wir haben viel Not und Leid erfahren,
das alles geschah vor vielen Jahren.
Gott sei Dank, der Krieg ging vorbei,
wir waren gerettet, wir waren frei.
Es begann für uns ein neues Leben
mit viel Arbeit und fleißigem Streben.
Dass wir alles schafften, war unser Glück,
doch an unsere Heimat denken wir oft zurück.
Die Erinnerung an unseren Heimatort
bleibt ewig in unseren Herzen, immerfort.«

Nach dem Krieg haben sich meine Mutter und mein Vater in einem kleinen Dorf bei Leipzig kennengelernt. Er war Baltendeutscher, kam aus Riga und wurde als junger Mann mit seinen Eltern und Geschwistern 1939 im Zuge des Hitler-Stalin-Paktes nach Posen umgesiedelt, von wo aus sie gegen Ende des Krieges wieder flüchten mussten. Inzwischen war sein Bruder bei Stalingrad gefallen, der Vater an einem Herzinfarkt gestorben, seine Mutter und seine gelähmte Schwester, um die er sich kümmern musste, waren in einer Stadt im Osten Deutschlands untergebracht.

Ein kleines, notdürftig eingerichtetes Zimmer in einer Gartenkolonie diente der fünfköpfigen Familie meiner Mutter als vorübergehende Behausung. Sie hatte eine Stelle als Dolmetscherin bei der russischen Kommandantur gefunden und verdiente nicht nur das Geld für die Familie, sondern bekam zusätzlich Seidenstrümpfe und einen Lippenstift geschenkt, was sie immer wieder gerne erzählte. Mein Vater, der in der Nähe arbeitete, kam zufällig an der Gartenlaube vorbei und freundete sich mit dem behinderten Bruder meiner Mutter an. So lernten sich auch die beiden kennen, als die gut aussehende junge Schwester an den Wochenenden aus der Stadt zu ihrer Familie zu Besuch in die Gartenkolonie kam.

Meine Eltern, beide heimatlos, traumatisiert und voller Sehnsucht nach einer neuen Bleibe, heirateten einige Jahre nach Kriegsende und landeten nach einigem Herumirren in einem kleinen Ort am Niederrhein. Meine Mutter folgte damals der Einladung eines deutschen Soldaten, der während des Krieges bei ihrer Familie in der Ukraine einquartiert gewesen war. Sie hatte seine Adresse in all den Jahren behalten und eines Tages stand sie vor seiner Tür. Er und seine Familie halfen den Flüchtlingen, eine Wohnung zu finden. Sie bekamen regelmäßig Gemüse aus dem großen Garten und sogar ein Kaninchen zum Schlachten geschenkt, was in diesen von Armut und Hunger geprägten Jahren eine große Hilfe war. Bis zu seinem Tod blieb meine Mutter mit diesem ehemaligen Soldaten und danach mit dessen Familie befreundet.

Anfang der 50er-Jahre bekamen meine Eltern als nicht mehr ganz so junges Paar eine Tochter – ich blieb ihr einziges Kind. Sie konnten später sogar gemeinsam ein kleines Geschäft eröffnen, das mit einer Buchausleihe begann: Mein Vater zog mit einem selbst gezimmerten Bauchladen, auf dem sich zwanzig Bücher stapelten, von Haus zu Haus, verlieh diese und bekam dafür Leihgebühren. Nach einiger Zeit holte er sie wieder ab und seine Kunden konnten neue Bücher ausleihen. Wenn meine Eltern mir als Kind und Jugendliche die Geschichten ihrer Aufbaujahre erzählten, holten sie manchmal ein abgegriffenes Buch aus dem massiven Eichenschrank, das noch aus dieser Zeit stammte: der Roman »Griseldis« der erfolgreichen Nachkriegsschriftstellerin Hedwig Courths-Mahler. Sie wurde mit ihren naiv-kitschigen und faszinierenden Liebesgeschichten zu einer der meistgelesenen Autorinnen in Deutschland der frühen 50er-Jahre. Das abgegriffene Buch steht jetzt als Erinnerung an die Anfangsjahre meiner Eltern in meinem Bücherregal.

Meine Mutter hat selbst immer gern gelesen und tat dies bis ins hohe Alter, solange sie sich noch konzentrieren konnte und die Augen mitmachten. So konnte sie den Kunden von den Büchern, die sie alle kannte, eine kurze Zusammenfassung geben und ihnen passend zu ihrem Lesegeschmack etwas empfehlen. Das hat ihr, wie sie mir häufig erzählte, großes Vergnügen bereitet, auch wenn sie eigentlich gerne als Lehrerin gearbeitet hätte und zwischendurch mit ihrem Schicksal haderte, »nichts anderes als Geschäftsfrau geblieben zu sein«. Sie sprach mit den Kundinnen häufig über Literatur, und daraus entwickelten sich die ersten Freundschaften in dem rheinischen Dorf.

Später wurden die zerlesenen Bücher aus dem Bauchladen in einem kleinen Kiosk untergebracht und das Sortiment um Schreibwaren, Zigaretten und Schulartikel, Zeitschriften und Zeitungen erweitert. Als dann noch das Lottogeschäft hinzukam und meine Eltern ein größeres Ladenlokal mieten konnten, wurde ihr Verdienst etwas größer und sie begannen, für ein eigenes Haus zu sparen.

»Wir haben alles alleine mit unserer eigenen Hände Arbeit geschafft, das Geld gespart und dann ein Grundstück von einem Bauern gekauft, um später darauf ein kleines Haus bauen zu können«, erzählte meine Mutter häufig voller Stolz. Das rheinische Dorf mit den inzwischen vertrauter gewordenen Menschen, das Haus, der Garten, die Nachbarinnen und Nachbarn, von denen einige ebenfalls aus dem Osten geflohen waren – das alles wurde für sie langsam zu einer zweiten Heimat, in der sie zwar nicht mehr so tiefe Wurzeln hatten, aber sich doch im Lauf der Jahre ganz wohlfühlten. Als Flüchtlinge bekamen sie häufig zu hören, dass sie der Bevölkerung Wohnraum, Arbeit und Essen wegnähmen, von daher bot das eigene Haus ihnen Schutz und Sicherheit. Hier legten sie die Schallplatten mit den russischen Sehnsuchtsliedern auf, sprachen hin und wieder miteinander Russisch, hier gab es Piroggen und Borschtsch. Und irgendwann kauften sie mir ein Akkordeon, damit ich die russischen Lieder wie »Kalinka« für sie spielen konnte. Das bekannte russische Lied wünschte sich meine Mutter auch zu ihrer Beerdigung. Eine Freundin spielte es bei ihrer Trauerfeier auf dem Akkordeon und wir stellten uns vor, dass sie dazu wie früher wippen und den Takt klatschen würde.

Lange nach dem Tod meines Vaters konnte meine Mutter das Haus erst abbezahlen. Darum verstand ich ihren Wunsch gut: »Hier möchte ich so lange wohnen bleiben, wie es geht – und am liebsten auch sterben«, sagte sie mir oft. »Versprichst du mir, dass du dafür sorgst, dass ich hier wohnen bleiben kann?« Die Bitte, die bei meinen Besuchen immer häufiger wiederholt wurde, empfand ich als einen Auftrag, den ich ihr, soweit das möglich sein würde, zwar erfüllen wollte, aber der mir auch eine große Verantwortung und manchmal sogar eine große Last war. Würde es mir möglich sein, ihrem Wunsch nachzukommen?

Immerhin lagen 120 Kilometer zwischen ihr und meinem Zuhause im Sauerland. Inzwischen hatte ich ein erfülltes eigenes Leben, eine Familie mit Mann und erwachsenen Kindern und Enkelkindern, war beruflich sehr engagiert und häufig zu Vorträgen im Ausland unterwegs. Auch mit meinen Freundinnen und Freunden wollte ich gerne Zeit verbringen und meine Hobbys mit ihnen teilen.

Gleichgültig, wie lange ich bei meiner Mutter zu Hause Zeit verbrachte, sie bedauerte jedes Mal mein Weggehen: »Kannst du nicht noch eine Nacht hierbleiben? Du bist doch das Einzige, was mir noch geblieben ist.« Dann folgte immer die lange Aufzählung der Toten aus ihrer Familie und ihrem Freundeskreis und das Bedauern darüber, dass sie »übrig geblieben« sei. »Alle sind sie weg!« Ihre innere Einsamkeit und das Gefühl von Verlassenheit nahmen in den letzten Jahren zu. Obwohl ständig eine Pflegeperson um sie herum war und sie selten, später gar nicht mehr alleingelassen wurde und viel Besuch bekam, tauchten diese Ängste vor dem Alleinsein immer häufiger auf. Vielleicht war das auch ein Resultat ihrer Veränderungen durch die Krankheit? In dieser Zeit begann sie von ihrem »Schwarzen Affen« zu sprechen, der dazu beitrug, dass sie nicht mehr sie selbst war. Ich kannte sie als eine selbstbewusste, sehr couragiert Frau, die alleine bis nach Kanada zu ihren dorthin ausgewanderten Verwandten reiste, sich ehrenamtlich engagierte und mir ein positives Vorbild an Emanzipation und Eigenständigkeit vorlebte. Es fiel mir schwer, mich daran zu gewöhnen, dass sie mit solchen Ängsten zu kämpfen hatte und sich an mich klammerte und dass von ihrer einstigen Persönlichkeit nur noch selten etwas durchschimmerte. In den Märchen heißt es häufig über alte Menschen, dass sie »wunderlich« wurden. Ein Begriff, der mir besser gefiel als die vom Arzt attestierte »Demenz«.

Ihr Wunderlichsein bedeutete nicht nur, dass sie viel vergaß und sich nicht mehr gut orientieren konnte, viel schlimmer war es für sie, dass sie die Veränderungen ihrer Persönlichkeit selbst spürte und sie von regelrechten Panikattacken heimgesucht wurde, die sich als Enge in ihrer Brust, Übelkeit und innere Einsamkeit bemerkbar machten. Dem Wunsch und dem »Auftrag« meiner Mutter, in ihrer Nähe und möglichst bei ihr im Haus zu bleiben – was ich aus ihrer Biografie heraus gut verstand –, konnte ich nur bedingt entsprechen. Auch wenn ich in den letzten Jahren immer öfter über Nacht blieb, war es für sie nie genug. Dass ich häufiger bei ihr vor Ort war, wurde schon deshalb nötig, weil die Betreuerinnen mehr entlastet werden mussten oder es unerwartet Situationen gab, in denen ich für ein paar Tage einspringen musste. Das in meinen Möglichkeiten Stehende tat ich gerne, und ich zeigte ihr meine Nähe, Zuwendung und Fürsorge. Außerdem wollte ich ihr helfen, sich so lange wie möglich zu Hause beheimatet zu fühlen, was mit dem Haus und der Umgebung verbunden war. Das bedeutete für mich, neben der emotionalen Belastung vor allen Dingen organisatorische Herausforderungen bewältigen zu müssen, aber auch Abgrenzungen meiner Mutter gegenüber und manchmal auch Auseinandersetzungen mit ihr auszuhalten, damit ich mein eigenes Leben leben konnte.

Als meine Mutter zunehmend Hilfe und Unterstützung brauchte, war ich Anfang fünfzig. Ich hatte einen herausfordernden Beruf. Unsere zwei erwachsenen Pflegetöchter und der Pflegesohn waren schon seit längerer Zeit ausgezogen und hatten eigene Familien, mit denen mein Mann und ich gerne Zeit verbrachten. Ich hatte ein ausgefülltes Leben und einen großen Freundeskreis. An den Wochenenden und in den Semesterferien war ich gerne in unserem Haus am See im Sauerland, während des Semesters dagegen in meiner kleinen Wohnung in der Universitätsstadt. Sie lag in der Nähe des Dorfes, in dem meine Mutter zu Hause war. In dieser Zeit war es mir häufig gut möglich, kurz bei ihr und den Betreuerinnen vorbeizufahren, da es nur eine halbe Autostunde entfernt lag. Wenn ich länger bei ihr blieb, brauchte ich oft einige Zeit, bis ich mich an den langsamen Rhythmus, der im Haus meiner Mutter der Taktgeber war, gewöhnt hatte. Anfangs wirbelte ich herum, um in kurzer Zeit möglichst viel für sie zu erledigen, merkte aber bald, dass ich aus meinem eigenen Leben zu viel Hektik mitbrachte, die sie beunruhigte. Wenn ich mich dann auf ihre Langsamkeit einließ, mich zu ihr setzte, sie in die Arme nahm oder ihre Hand hielt, mit ihr nach draußen ging, sie auf ihren Stock und meinen Arm gestützt, wir uns zu einer Tasse Tee im Garten oder Esszimmer niederließen und ein Stück Kuchen verzehrten, überkam mich oft eine große Ruhe. Ich spürte Erholung und genoss diese Augenblicke mit meiner Mutter. Für diese Zeit legte ich das Machen und Tun ab und konnte dadurch auch innerlich intensiver auf das hören, was meine Mutter bewegte. Das waren besondere Momente für uns beide. Der Wechsel von meiner Arbeitswelt in die langsame Lebenswelt meiner Mutter vollzog sich nicht automatisch, ich musste mich darum bemühen und merkte bald, wie gut es auch mir tat. Meist nutzten die Betreuerinnen meine Gegenwart, um ihre freien Stunden zu nehmen.

Als ich in den Ruhestand ging und meine kleine Wohnung in der Universitätsstadt aufgab, wurde es mit den Besuchen bei ihr schwieriger, da dies wegen vieler Staus und Baustellen für mich meist mehr als zwei Stunden Fahrt bedeutete.

Immer wieder machte ich ihr daher das Angebot: »Wie wäre es, wenn du zu uns ziehst oder wir für dich in unserer Nähe eine kleine Wohnung finden? Dann könnte ich mich besser um dich kümmern und müsste nicht mehr so häufig fahren.« Aber sie schlug es jedes Mal hartnäckig aus. Einmal wurde sogar direkt gegenüber von uns eine große Wohnung mit Terrasse frei, die ich für sie und ihre Betreuerin hätte mieten können. Schnell reservierte ich sie für eine Woche, aber sie lehnte kategorisch ab: »Vielleicht später, jetzt geht es noch ganz gut so! Ich will in meinem Haus bleiben.« Dass mich die Fahrerei und die Besuche bei ihr oft sehr anstrengten, weil ich mich außer um sie auch um die Belange der Betreuerinnen, um Haus und Garten kümmern musste, erzählte ich ihr meist nicht. Wenn ich dann doch manchmal stöhnte oder mein Mann sie darauf aufmerksam machte, würdigte sie meinen Einsatz, und es tat ihr in dem Moment leid, dass ich so viel zu tun hatte, aber bis zum nächsten Mal hatte sie es schon wieder vergessen und fragte, wann ich wiederkäme.

Es war uns allen schon lange klar, dass wir sie nicht so schnell dazu bewegen würden, das Haus zu verlassen. Da wir aber weder bei ihr einziehen wollten noch ständig um sie sein konnten, überlegten wir schon frühzeitig, welche Maßnahmen wir treffen müssen, damit sie auch in Zukunft in ihrer gewohnten Umgebung leben kann.

Wir begannen gemeinsam mit ihr zu recherchieren, welche Möglichkeiten es gab. Sie schnitt Zeitungsartikel mit Berichten über 24-Stunden-Hilfen aus, hörte von einer Nachbarin, die von einer Frau aus Polen liebevoll betreut wurde, und setzte sich mit dem Gedanken auseinander, dass eine fremde Person bei ihr im Haus lebt. Am liebsten wäre ihr eine Betreuerin aus Russland, sagte sie, dann könne sie zusammen mit ihr ihre Heimatsprache auffrischen und einen Teil ihrer »russischen Seele« wiederbeleben.

Vorerst war sie noch einigermaßen rüstig und gesund, konnte allerdings schlecht gehen und hatte manchmal Schwindelanfälle. Eine 24-Stunden-Betreuung war eigentlich noch nicht nötig. Es ging ihr anfangs mehr um Gesellschaft, Begleitung bei Spaziergängen, kleine Besorgungen und Entlastungen im Alltag. Wir überlegten also, wie und wo wir jemanden finden könnten, der das für sie übernahm.

Das Projekt »Wohnen für Hilfe« und der Student aus Moskau

Meine Mutter war 75, als sie Witwe wurde, und wir haben immer wieder darüber gesprochen, wie ihr Leben im Alter aussehen könnte. Sie war damals noch einigermaßen rüstig, reiste viel, war ehrenamtlich tätig und hatte gute soziale Kontakte in der Nachbarschaft, sehr nette Freundinnen, freundliche und hilfsbereite Mieter, mit denen sie sich gut verstand, und nicht zuletzt auch mich und meine Familie als Unterstützung. Im Lauf der Zeit starben dann jedoch fast alle ihre Bekannten und Freundinnen. Und außer mir gab es keine anderen Verwandten, die hätten helfen können, sie lebten zu weit weg: Die Familien ihrer Cousins und Cousinen in Kasachstan, wohin sie während des Krieges umgesiedelt oder verschleppt wurden. Mit ihnen hatte meine Mutter lange Jahre regen Briefkontakt. Auch in Kanada gab es Verwandtschaft, die sie als rüstige alte Dame von 70 Jahren für sechs Wochen alleine besuchte. Eine beeindruckende Reise, an die sie sich trotz ihrer Demenz in den letzten Jahren gerne erinnerte.

Durch Wegzug, Tod und Zuzug veränderte sich in den folgenden Jahren die Nachbarschaft, und meine Mutter selbst war durch ihren Schwindel und ihre Arthrose in den Knien nicht mehr mobil genug, um an Veranstaltungen wie Tanzen, Gedächtnistraining und Englisch teilzunehmen oder gar zu reisen, was sie alles gerne noch getan hätte.

Einmal im Jahr unternahm ich mit ihr eine längere Reise in einen Kurort, wo sie sich pflegen lassen konnte und wieder einmal etwas anderes sah als ihre vier Wände zu Hause. Eine treue Freundin löste mich nach zwei Wochen ab und blieb noch weitere zwei Wochen bei ihr, sodass sie jedes Jahr ungefähr vier Wochen Kururlaub genießen konnte. Häufiger war sie auch bei uns zu Besuch und genoss die Sommertage in unserem Garten oder die Advents-

und Weihnachtszeit in unserem Haus. Nach und nach musste sie nicht nur darauf, sondern so ziemlich auf alles verzichten, was ihr vorher Freude gemacht, Abwechslung gebracht und Lebenssinn gegeben hatte. Sie konnte sich in ihre neue Rolle als wenig bewegliche, kränkliche, pflegebedürftige Frau nicht einfinden. Der Spruch, den sie fast wie ein Mantra immer wieder aufsagte: »Früher war ich ein flottes Huhn, jetzt bin ich eine lahme Ente. Ich kann nichts mehr alleine tun, das ist schlimm für mich.«

Nach dem Tod meines Vaters lebten die freundlichen Mieter mit ihrem Hund noch einige Jahre im Haus. Sie waren etwas Bleibendes im Leben meiner Mutter, eine über Jahre gewachsene Hausgemeinschaft, was ihr in dieser Situation guttat, und sie kümmerten sich gerne um sie, wenn es nötig war. Als die Mieter selbst älter wurden und nicht mehr so agil waren, überlegten sie, zu ihrer Tochter nach Süddeutschland zu ziehen. Nun wurde deutlich, dass bald neue Formen der Unterstützung für meine Mutter gesucht werden mussten. So entschieden wir uns als Erstes für ein Modell, das sich »Wohnen für Hilfe« nennt, und der erste Alltagshelfer, Stanislaw aus Moskau, zog unter dem Dach ein. Vorher wurde entrümpelt und renoviert und bald erstrahlte die Dachwohnung für den jungen Studenten. Nach seinem Wegzug zogen weitere Bewohner und Bewohnerinnen ein, die meine Mutter in den nächsten Jahren im Alltag betreuten und dort wohnten.

Stanislaw, der freundliche, anfangs etwas schüchterne russische Student, der in Deutschland Soziale Arbeit studierte, eröffnete also den Reigen der vielen Helferinnen und Helfer aus Osteuropa. Als er kam, hatte er nichts weiter als einen Rucksack dabei. Er suchte sich aus den ausrangierten Möbeln im Keller seinen Hausstand zusammen und war glücklich, nicht nur ein Dach über dem Kopf und eine kleine gemütliche Wohnung, sondern auch Familienanschluss zu haben. Zwanzig Stunden Arbeitseinsatz im Monat hatte er zu leisten, dafür konnte er kostenlos wohnen, das waren die Bedingungen des Projekts »Wohnen für Hilfe«, das von einigen Studierendenwerken der Universitäten ins Leben gerufen wurde: Pro Quadratmeter Wohnung wird eine Stunde Hilfe monatlich angesetzt. Das Projekt ist gerade in den Universitätsstädten eine Lösung, die für beide Seiten – Studierende und alte Menschen – viele Vorteile bringt, weil preiswerte Wohnungen rar sind und die Möglichkeiten, in Studentenwohnheimen oder Wohngemeinschaften zu leben, begrenzt. Wohnraum gegen Hilfe im Alltag bietet da Abhilfe. So können Seniorinnen und Senioren, die alleine in einer großen Wohnung oder im eigenen Haus leben, in ihrem gewohnten Umfeld bleiben. Andererseits ist jemand da, der mit im Haus wohnt und bei Bedarf behilflich ist. Wie sich der Kontakt zwischen Jung und Alt gestaltet, hängt natürlich davon ab, ob die »Chemie« zwischen den Beteiligten stimmt. Sympathie, Zuverlässigkeit, Achtung und Toleranz, aber auch eine gewisse Neugier auf den anderen sind wichtig, wenn man miteinander wohnt und lebt. Neben dem individuellen Nutzen stellt dieses Projekt zudem einen gesellschaftlich interessanten Ansatz generationenübergreifenden Wohnens dar. Meine Mutter war nicht nur gerne mit jungen Leuten zusammen, sondern auch an fremden Kulturen interessiert und wollte dieses Modell daher ausprobieren. Sie meldete sich beim Studierendenwerk der beiden Universitätsstädte in der Nähe an, bekam einen Fragebogen über ihre Lebenssituation und ihre Wohnverhältnisse zugesandt und nach einiger Zeit besuchten sie zwei Damen, die mit ihr gemeinsam einen »Steckbrief« über sie als Person und die Wohnung erstellten. Sollte jemand Interesse zeigen, würde er oder sie sich bei ihr melden. Da sie ca. 40 Kilometer von der Universitätsstadt entfernt wohnte, sei es ziemlich unwahrscheinlich, jemanden zu finden, zumal es genügend Angebote in der Stadt gäbe, meinten die beiden freundlichen Mitarbeiterinnen. Aber ein Versuch sei es wert.

Schon nach drei Wochen bekam sie einen Anruf, ein junger Mann aus Russland wollte sich bei ihr vorstellen. Die beiden fanden sich sofort sympathisch, und Stanislaw zog gleich in der folgenden Woche ein. Er bewohnte 20 Quadratmeter unter dem Dach, demnach musste er fünf Stunden Hilfe in der Woche leisten. Er arbeitete ein wenig im Garten und unterhielt sich gerne mit »Frau Maria«, wie er meine Mutter nannte, auf Russisch. Er ließ sich Fotos von früher zeigen und Geschichten aus ihrer Kindheit erzählen. Es waren Geschichten von deutschen Dörfern in der Ukraine in den 30er-Jahren des letzten Jahrhunderts, deren Vorfahren von Zarin Katharina der Großen angeworben wurden. Der Vater meiner Mutter arbeitete als Tischler und Imker, Gärtner und Weinbauer in dem deutschen Dorf. Er besaß eigene Bienenstöcke, der Honig soll besonders süß geschmeckt haben, die Weintrauben in den Weingärten waren saftig und die Melonen hatten ein unvergesslich fruchtiges Aroma. Die Kindheitserinnerungen meiner Mutter regten Stanislaw dazu an, von seiner Familie in Russland zu erzählen und ebenfalls Fotos zu zeigen. Die Geschichten aus dem Leben der beiden flogen durch die kleine Wohnung. Häufig lagen der alte Weltatlas oder Reisebroschüren über Russland und die Ukraine auf dem Tisch. Hatte sie etwa noch einmal vor, in die Ukraine, in ihr altes Dorf oder nach Odessa zu reisen? Im Geiste tat sie es bestimmt, und Stanislaw wird dabei ihr Reisebegleiter gewesen sein.

Er kaufte ein, begleitete sie auf Spaziergängen und zum Friedhof, manchmal zupfte er Unkraut im Garten oder erntete die Erdbeeren. Als er das Kochen für sich entdeckte und zusammen mit meiner Mutter in der Küche stand, lernte er nicht nur Piroggen und Pelmeni zuzubereiten, sondern sie brachte ihm zudem das russische Nationalgericht Bortschtsch bei, das seine schöne Farbe von der Rote Bete hat und in Russland gerne als Vorspeise angeboten wird. Da ich alles mit Genuss aß, was die beiden kochten, und auch mit Lob nicht sparte, schenkte meine Mutter mir zu meinem 55. Geburtstag ein selbst geschriebenes Kochbuch mit den Rezepten aus ihrer Heimat, die ich im Lauf der Jahre gerne ausprobiert und in mein Kochrepertoire aufgenommen habe.

So wurden aus fünf Stunden Arbeitszeit für Stanislaw wöchentlich schnell zehn und mehr. Er erhielt dafür zusätzlich ein Taschengeld und beide hatten ihren Nutzen und vor allem ihre Freude an diesem Arrangement. Meine alte Mutter genoss sichtlich das Zusammensein mit dem jungen Mann, dem sie so etwas wie Heimat bieten konnte.

Nach einiger Zeit hatte Stanislaw eine Freundin, die hin und wieder zu Besuch kam. Mit dem Einverständnis von »Frau Maria« zog Ewa, die ebenfalls aus Moskau kam, bald auch unter dem Dach ein. Neue Möbel wurden gegen die alten ausgetauscht, ein größeres Bett gebaut und die Zweiergespräche entwickelten sich zu einer Dreierrunde. Gesprochen wurde abwechselnd Russisch und immer häufiger Deutsch, was die jungen Leute inzwischen gut gelernt hatten und auch anwenden wollten. Die Mieter verstanden sich ebenfalls mit den beiden. Auf allen Etagen war nun wieder Leben im Haus. Im Sommer saßen die jungen und alten Hausbewohner draußen, unterhielten sich oder spielten Karten, und der kleine Hund der Mieter, Snoopy, lag in seinem Körbchen dabei. Manchmal kamen Nachbarinnen oder Freunde von Stanislaw hinzu, es wurde gegrillt, und wenn ich mit meiner Familie oder alleine zu Besuch war, wurden wir Teil einer intergenerativen, deutsch-russischen Wohngemeinschaft.

War meine Mutter für längere Zeit zu Beszuch bei uns, waren es die Hausbewohner, die die Blumen gossen, auf das Haus aufpassten und sich um den Garten kümmerten. Insgesamt eine gute Lösung für alle, die mehr als zwei Jahre andauerte, bis Stanislaw und Ewa ihr Studium beendet hatten und auszogen. Beide gingen nach Israel, um dort eine neue Heimat zu finden. Anfangs schrieben sie Ansichtskarten und einen Gruß zum neuen Jahr, bis der Kontakt weniger wurde und irgendwann ganz aufhörte.

Nun war die Frage, wie es weitergeht mit »Frau Maria«. Sie wollte gerne wieder einen jungen Mann im Haus haben. Stattdessen wurde ihr jedoch vom Projekt »Wohnen für Hilfe« die bulgarische Studentin Klara vermittelt. Sie war eher introvertiert und leistete ihre Pflichtstunden bei meiner Mutter ab, indem sie zwar mit ihr spielte, aber ansonsten wenig Interesse an ihrem Leben zeigte. Sie war eine intelligente junge Frau, für die kleinen Dinge im Alltag meiner Mutter jedoch wenig geeignet. Bei kleinsten außerplanmäßigen Aktionen reagierte sie überempfindlich und fühlte sich im Dorf und im Haus unter den alten Leuten am falschen Ort. Häufig blieb sie in der Stadt, kam nur für ein oder zwei Tage, um mit meiner Mutter zu spielen oder sie zum Friedhof zu begleiten, und war dann wieder weg. Als sie vier Wochen lang nichts von sich hören ließ, entschlossen wir uns, mit ihr zu sprechen. Da eröffnete sie uns, dass sie bereits eine neue Wohnung bei ihrem Freund gefunden habe und ausziehen wolle – und war dann genauso schnell verschwunden, wie sie gekommen war. Zum Glück gab es noch immer die Mieter in der ersten Etage, aber alleine wollten sie nun nicht mehr für meine Mutter zuständig sein.

Als auch die nächste Studentin, Natalie aus Litauen, nicht sehr zuverlässig in Bezug auf die Aufgaben im Haus war, wollten wir von diesem Modell erst einmal Abstand nehmen. Meine Mutter war enttäuscht, hatten doch Stanislaw und Ewa all ihre Erwartungen übertroffen und damit hohe Maßstäbe für die kommenden Betreuungskräfte gesetzt.

Nun suchten wir nach einer Organisation, die 24-Stunden-Hilfen vermittelte, was bedeutete, dass die Betreuer im Haus mit meiner Mutter zusammenleben sollten. Hierzu waren einige Recherchen nötig, und nach vielen Versuchen und Irrtümern fanden wir irgendwann zu einer guten Lösung für einige Jahre.

Wie findet man eine 24-Stunden-Betreuung?

Meine Mutter wollte weiterhin unbedingt in ihrem Haus bleiben. Da sie sehr mit Schwindel zu kämpfen hatte, häufiger hinfiel und deshalb ihre Ängste zunahmen, musste die Hilfe bald intensiviert werden. Ich begann, im Internet zu recherchieren. Es standen damals nicht viele Organisationen zur Auswahl, die ich kontaktieren konnte. Heute, fast zwanzig Jahre später, bekommt man mehr als einhundert verschiedene Adressen angezeigt, was die Entscheidung nicht unbedingt leichter macht.

Inzwischen hatte ich zwar einiges an Informationsmaterial bekommen, aber ich wusste einfach nicht, worauf ich besonders zu achten hatte und wie ich eine gute Entscheidung treffen sollte. Somit war ich froh, dass eine Bekannte mir eine Organisation nannte, die ihren Sitz in der Nähe hatte. Ich verband damit, dass sich die Mitarbeiter bei Schwierigkeiten schnell und unbürokratisch mit meiner Mutter in Verbindung setzen könnten – was aber leider nicht der Fall war, wie sich später herausstellte.

Ich kontaktierte diese Organisation, die polnische Frauen unter Vertrag hat und entsendet. Eine freundliche Dame machte am Telefon gleich einen Besuchstermin aus, erschien drei Tage später und trug in ihren langen Fragebogen ein, was meine Mutter an Unterstützung brauchte. Eine Frage war: Wie gut müssen die Deutschkenntnisse der Betreuerin sein? Wenig bis gar keine Deutschkenntnisse bedeutete weniger Kosten, die an die Organisation zu zahlen waren. Weitere Fragen waren: Sollte sie bereits Erfahrungen mit alten Menschen in Deutschland haben oder gar eine Ausbildung als Altenpflegerin oder Krankenschwester? Sollte sie einen Führerschein besitzen? Meine Mutter meinte, dass es reiche, wenn sie eine Frau um sich hätte, die Russisch sprach, was einige der älteren polnischen Betreuerinnen in Polen noch in der Schule gelernt hatten. Einen Führerschein müsse sie nicht haben, dazu seien ja Tochter und Schwiegersohn da, sie zum Arzt, Physiotherapeuten, Akustiker, Optiker oder mal in die Eisdiele zu bringen. Sie solle vor allen Dingen freundlich sein und – das war noch wichtig – mit ihr Rummikub spielen. Letzteres könne die neue Betreuerin aber auch von ihr lernen.

Die Dame von der Organisation hatte Fotos der Bewerberinnen und deren Akten dabei, sortierte nach dem Gespräch einige aus und legte meiner Mutter die Lebensläufe von drei Frauen vor. Die eine war ihr mit 26 Jahren zu jung, die andere konnte weder Russisch noch Deutsch. Die Dritte sah nicht nur freundlich aus, sondern hatte auch ihren Großvater gepflegt, sprach ein wenig Deutsch und gab an, gut Russisch zu können. Zudem kochte sie leidenschaftlich gerne. Das könnte klappen, meinte meine Mutter, und begann sich auf ihre erste Betreuerin zu freuen, die mit ihr in ihrer 68 Quadratmeter großen Wohnung leben würde. Die Dachzimmer sollten nach ihrer Meinung nicht mehr von den Betreuerinnen bewohnt werden, da sie in der Nacht immer Angst hatte und jemanden in der Nähe wissen wollte. Das war neu für mich, bis dahin hatte sie mir von ihrer Angst nichts erzählt. Im Nachhinein denke ich, dass das bereits der Beginn ihrer Persönlichkeitsveränderung war.

Die Dame von der Betreuungsorganisation wollte noch einige organisatorische Dinge klären, zum Beispiel, ob die Frau ein eigenes Zimmer haben wird. Meine Mutter zeigte auf ihr Schlafzimmer, das einen schönen Ausblick in den Garten hatte und geräumig war. In diesem Moment wurde mir klar, dass wir in der Wohnung demnächst wohl einiges umräumen mussten. Wenn das Schlafzimmer meiner Mutter das neue Zimmer für die Betreuerinnen werden sollte, dann müssten die alten Betten raus, wir würden neue Möbel brauchen und das Zimmer müsste gestrichen und renoviert werden. Oder dachte sie etwa, die Betreuerin solle mit ihr im Ehebett schlafen? Nein, sie wolle ins Wohnzimmer umziehen und bräuchte dann eine gute Schlafcouch, meinte meine Mutter. Vor meinem geistigen Auge sah ich meinen dichten Terminkalender und überlegte, wann wir diese Aktionen in Angriff nehmen sollten und wer aus der Familie helfen könnte.

»Was ist mit der Freizeit der Betreuerin?«, fragte die Dame von der Agentur wohl zum zweiten Mal und unterbrach meine Gedanken. Die konnten wir dank der Hilfe der Mieter im ersten Stock erst einmal zusichern. Zudem war ich mindestens einmal wöchentlich dort, in der Zeit hatte die Betreuerin dann Freizeit. Nun ging es um das Finanzielle. Die hohe Summe, die wir zu zahlen hatten, war so aufgeteilt, dass ein Drittel an die Organisation gehen sollte (z. B. für Büromiete, Fahrten, Angestellte usw., so wurde mir erklärt) und für die Betreuerin sollten dann noch ca. zwei Drittel übrig bleiben, von der sie auch ihre Versicherungen zu zahlen hatte. Das erstaunte mich. Ich fragte, ob das nicht tatsächlich Ausbeutung nahekäme, wenn die Frauen für einen so geringen Betrag eine solch große psychisch und physisch schwere Arbeit zu leisten hätten. Mir fielen die Gespräche mit einigen Freundinnen wieder ein, die mich kritisch gefragt hatten, wie ich die Notsituation dieser Frauen ausnutzen und sie so schamlos ausbeuten könne. An dieser Stelle konnte die Dame der Vermittlung noch kein Häkchen auf ihrer Liste machen, sie fuhr unverrichteter Dinge wieder weg, weil ich mir Bedenkzeit erbat.

Welche Alternativen gab es? Nach einigen Überlegungen und Rücksprachen mit Familie und Freunden lehnte ich eine Zusammenarbeit mit dieser Organisation ab und begann erneut zu recherchieren. Während ich verschiedene Möglichkeiten prüfte, erfuhr ich durch einen Bericht in der Zeitung von einer Organisation in Polen, die mit einer deutschen Partnerorganisation zusammenarbeitete. Die polnische Agentur, deren Adresse und Arbeitsweise transparent war, stellte die Haushaltshilfen zu angemessenen, relativ guten Bedingungen im Heimatland fest an und die deutsche Organisation kümmerte sich darum, geeignete Arbeitsstellen in Deutschland zu finden und die Frauen dort zu betreuen.

Die Dame der deutschen Partnerorganisation, die zu uns nach Hause kam, stellte ähnliche Fragen wie ihre Vorgängerin. Die finanziellen Bedingungen für die polnischen Arbeitnehmerinnen waren erheblich besser, allerdings war auch unsere Eigenleistung höher, aber das waren wir gerne bereit zu zahlen. Somit konnten wir nun auch an der Finanzierung einen Haken machen.

Nach langen, eher grundsätzlichen Überlegungen, die einige

Zeit in Anspruch nahmen, kam als erste Betreuerin Patryzia aus einem Vorort von Breslau. Meine Mutter und ich freuten uns wirklich auf sie.

Die Betreuerinnen aus Polen – Jahre der Kontinuität

Meiner Mutter gefiel es, dass Patryzia aus Polen, 41 Jahre »jung«, so fröhlich und keck war. Wir empfingen sie mit einem kleinen Fest, zu dem die Mieter im Haus, mein Mann und ich und natürlich meine Mutter zugegen waren. Zu der Zeit gab es noch keinen Internetanschluss im Haus und da Patryzia kein Handy hatte, war sie darauf angewiesen, regelmäßig mit ihrer Familie vom Telefon meiner Mutter aus zu telefonieren. Meiner sparsamen Mutter passte das nicht besonders und daher kommentierte sie es immer missbilligend wegen der zusätzlichen Kosten. Ich musste ihr erklären, dass sie regelmäßig wöchentlich anrufen könne und selbstverständlich auch Anrufe empfangen dürfe. Das führte allerdings schon zu den ersten Konflikten. Ich fragte mich, ob Menschen im Alter starrer, vielleicht auch egoistischer werden, und bekam eine Ahnung davon, wie es für andere Frauen sein muss, die nicht durch den Einsatz eines Angehörigen oder der Organisation zu ihren Rechten kamen. Ich setzte bei meiner Mutter nach einigen Erklärungen durch, dass Patryzia das Recht zusteht, anzurufen. Trotzdem ging sie täglich auch noch zur Telefonzelle, wie sie mir später erzählte, da ihr die drei Telefonate in der Woche mit ihrer Familie, die wir abgesprochen hatten, natürlich nicht reichten. Ich wollte für sie menschenwürdige Arbeits- und Lebensbedingungen schaffen und ihr die Trennung von ihrer Familie so gut es ging erleichtern. Dazu gehörte natürlich auch die Möglichkeit, regelmäßig mit zu Hause in Kontakt zu stehen. Mit meiner Mutter gab es deswegen immer wieder heftige Auseinandersetzungen, was mich sehr ärgerte.

Bevor Patryzia einzog, hatte ein Hilfstrupp der Familie das Schlafzimmer in einem schönen hellen Gelbton gestrichen, die Gardinen waren gewaschen, und wir hatten schon einen neuen Teppich und einen großen Spiegel gekauft. Für meine Mutter stand

ein weinrotes Schlafsofa im Wohnzimmer, das sie bereits eingeweiht hatte und auf dem sie, wie sie uns versicherte, bestens schlief.
Tagsüber wurde es in eine gemütliche Sitzecke verwandelt, auf der
die rot-weißen Kissen lagen, die sie von einer ihrer vielen Reisen
nach Rumänien mitgebracht hatte.

Zunächst wohnte Patryzia in einem der Zimmer im Dachgeschoss, was meiner Mutter absolut nicht gefiel. Sie wollte sie bei
sich haben, vor allen Dingen nachts. Sie argumentierte immer wieder für einen schnelleren Umzug von oben nach unten ins Erdgeschoss: Es müsse dann im Dachgeschoss nicht auch noch geheizt
werden, das sei billiger; Patryzia müsse nicht immer die Treppen
rauf- und runtersteigen, das sei viel bequemer für sie; wenn sie rufe,
dann könne sie sie wenigstens hören. Oben war längst eine Klingel
installiert worden, aber darum ging es ja auch eigentlich nicht.
Meine Mutter wollte nicht zugeben, dass sie Angst hatte, wenn sie
nachts alleine war.

Patryzia machte es großen Spaß, ein kleines Tischchen, einen
Sessel und das Bett für »ihren« Raum auszusuchen. Dieses Zimmer
im Erdgeschoss, in der Wohnung meiner Mutter, würde später noch
vielen weiteren Betreuerinnen als Rückzugsort dienen. Mit jeder
neuen Frau wurden dann andere Dekorationsakzente gesetzt, da im
Keller noch Möbel standen, die je nach Geschmack mal in das Zimmer gestellt, mal wieder hinuntergetragen werden konnten.

Patryzia lag auf vielen Betten im Möbelhaus Probe und hatte
ihre Freude daran, als Kundin umworben zu werden. Schließlich
erstanden wir neben Bett, Matratze und Bettzeug noch Bettwäsche
mit einem Blumenmuster, die ihr besonders gefiel. Wir waren zufrieden und sie freute sich, dass sie ab jetzt in einer Sommerwiese
schlafen würde.

Ich wollte dafür sorgen, dass es ihr gut ging und sie täglich freie
Stunden hatte, z. B. wenn meine Mutter Besucher empfing, was anfangs noch häufig der Fall war, oder ihren Mittagsschlaf hielt. Auch
die Mieter waren zum Glück weiterhin bereit, einzuspringen, was
Patryzia ein paar weitere freie Stunden bescherte. Wir fragten uns,
ob dieses Konstrukt funktionieren würde – es war unsere erste Erfahrung mit einer 24-Stunden-Betreuerin.

Patryzia war ein zugewandter, offener Mensch und an der Biografie meiner Mutter ebenso interessiert wie meine Mutter an ihrer. Sie hatte eine 17-jährige Tochter, die in Breslau zur Schule ging und bei der Oma lebte. Seit ihrem dritten Lebensjahr war die ausgebildete Verkäuferin alleinerziehend und musste für den Unterhalt der Kleinfamilie sorgen. Sie verkaufte auf dem Markt Porzellan – eine schwere Arbeit, wie sie erzählte, da sie bei jedem Wetter schon sehr früh die großen Kisten mit den Tassen, Tellern und Kannen schleppen und in ihrem Stand aufbauen musste. Mit ihrem geringen Gehalt und der kleinen Rente ihrer Mutter konnten sie ihre Wohnung bezahlen und kamen geradeso über die Runden. Nun wollte Patryzias Tochter gerne studieren: Zahnmedizin. Ein teures Vorhaben, das Patryzia ihr unbedingt ermöglichen wollte, weil sie sich den Traum vom Studium erfüllen sollte, den sie selbst früher hatte. Mit ihrem Arbeitseinsatz in Deutschland könnte das möglich werden, hoffte sie. Also sparte sie fast ihr ganzes Gehalt und überwies es regelmäßig nach Hause.

Sie war eine bescheidene Frau, die sich über vieles herzlich freuen konnte. In ihrer Freizeit ging sie gerne spazieren oder für den Haushalt einkaufen, wobei sie immer auf Sonderangebote achtete. Sie beschäftigte sich gerne mit meiner Mutter, kochte mit Leidenschaft und räumte alle Schränke von oben bis unten auf. Sie war wirklich fleißig und meine Mutter hatte sie gerne um sich. Beim Abschied nach sechs Monaten versprach Patryzia, im nächsten Jahr wiederzukommen, am liebsten im dreimonatigen Wechsel mit einer anderen Frau, die wir noch finden mussten. Der erste Einsatz war erfolgreich verlaufen und machte uns Mut, uns auf ihre Nachfolgerin zu freuen, die von der gleichen Organisation ausgesucht worden war.

Die neue Betreuerin hieß Gabriela. Wir wussten, dass sie nicht direkt aus Polen, sondern aus München anreisen würde, wo sie vorher bei einer anderen Familie tätig war. Warum wollte oder musste sie diese verlassen? Eine Begründung wurde uns nicht genannt, und so füllten wir die Leerstelle mit eigenen, nicht nur positiven Fantasien. Gabriela wurde persönlich von einer Mitarbeiterin der deutschen Organisation gebracht. Sie sah müde aus und wir erfuhren, dass sie bis vor ein paar Tagen die Betreuung für ein älteres

Ehepaar übernommen hatte, das im Haus der Kinder und Schwiegerkinder lebte. Sie habe sich mit den beiden alten Menschen gut verstanden, aber die Schwiegertochter habe ihr kaum Freiräume gelassen und sich ständig eingemischt. Als sie von ihr verlangte, in deren Wohnung die Fenster zu putzen und für sie zu bügeln, hatte sie sich bei der Organisation beklagt und darum gebeten, dass man ihr eine andere Arbeitsstelle vermittelte. Die Schwiegertochter geriet mit Gabriela so in Streit, dass sie nicht mehr an einer Pflegerin und auch nicht mehr an dieser Organisation interessiert war. Sie wollte aber, dass sie so lange blieb, bis eine andere Lösung für das Ehepaar gefunden war. Die alten Menschen waren wohl enttäuscht, als Gabriela sich von ihnen verabschiedete. Die Arbeitsbedingungen in dieser Familie, von denen uns Gabriela im Lauf der Zeit immer mehr erzählte, grenzten an Ausbeutung. Sie war gleich für zwei Menschen zuständig, wobei die alte Frau im Rollstuhl saß und einen künstlichen Darmausgang hatte. Hinzu kam, dass sie immer wieder dazu aufgefordert wurde, für die Schwiegertochter und deren Familie tätig zu werden. Zudem konnte sie ihr nichts recht machen und wurde von ihr herumkommandiert. Die beiden Alten, die sie gerne mochte, waren die Leidtragenden in dieser entwürdigenden Situation. Ihr mit Möbeln vollgestelltes Zimmer im Keller, von dem sie uns Fotos zeigte, war kalt und es kam kein Licht hinein. Zudem hatte sie keine Möglichkeit zu telefonieren. Die Organisation half ihr nicht, als sie sich anfangs darüber beschwerte. Erst nach einiger Zeit konnte sie die Stelle wechseln und kam dann zu meiner Mutter.

Es dauerte eine Weile, bis Gabriela vor allen Dingen zu mir Vertrauen fasste. Ich gab ihr die Telefonnummer von Patryzia, damit diese sie aus der Ferne auf Polnisch »einweisen« konnte. Sie wusste, worauf es bei meiner Mutter ankam, und konnte ihr erzählen, dass sie sich im Haus meiner Mutter wohlgefühlt hatte und gerne wiederkommen wollte. Sie konnte sie auch davon überzeugen, dass ich als »Chefin« ganz anders war als die Schwiegertochter der alten Leute, und ihr damit ein wenig die Angst nehmen.

Ich hatte ein gutes Gefühl, als wir uns von meiner Mutter und Gabriela nach einem schönen gemeinsamen Nachmittag und

Abend verabschiedeten, und wurde nicht enttäuscht. Meine Mutter war zu dem Zeitpunkt auf ihre Art »pflegeleicht«, wie sie selbst sagte. Sie war in der Lage, sich den Bedingungen anzupassen, und nun hatte sie wieder jemanden, dem sie ihre Lebensgeschichte erzählen, ihre Fotos zeigen und ihr Lieblingsspiel beibringen konnte. Gabriela sprach ein wenig Russisch, das war für beide eine gute Möglichkeit, sich im Kauderwelsch von Polnisch-Deutsch-Russisch und mit Händen und Füßen zu verständigen. Gabriela war damals 38 Jahre alt und die andere Stelle war ihr erster Auslandseinsatz gewesen – immerhin für einen Monat. Sie wollte insgesamt nur drei Monate in Deutschland bleiben, weil sie zu Hause zwei minderjährige Töchter hatte, die von ihrem arbeitslosen Partner versorgt wurden. Sie blieb dann noch zweieinhalb Monate bei meiner Mutter und wurde von Patrycia wieder abgelöst. Von da an versahen die beiden Frauen im dreimonatigen Turnus den Dienst bei meiner Mutter: Die eine kam, die andere fuhr mit dem gleichen Transporter wieder nach Hause. Sie konnten sich gerade kurz begrüßen, ihr jeweiliges Gepäck ein- und ausladen, und schon ging es weiter. Beide Frauen ermöglichten fast vier Jahre im Wechsel eine große Kontinuität im Leben meiner Mutter. Wir konnten uns auf sie verlassen. Unterstützt wurden sie von den Mietern und einigen Frauen aus dem Netzwerk meiner Mutter. Es war für uns alle eine gute Zeit.

Nur über Weihnachten, Silvester und Ostern wollten die Frauen nicht bleiben, was uns entgegenkam, weil meine Mutter in dieser Zeit noch in der Lage war, zu uns zu kommen und mit unserer Familie zu feiern. Mit einiger Hilfe bewältigte sie die Treppen in unserem Haus. Während ihrer Besuchszeiten bei uns engagierte ich den ambulanten Pflegedienst. Täglich kam also jemand, um sie zu waschen und zu pflegen, sodass ich etwas entlastet war. Im Sommer verbrachte sie die Ferien bei uns und feierte gemeinsam mit unserer Familie Anfang September ihren Geburtstag. In der Zeit hatten die polnischen Frauen Urlaub und konnten sich von den Betreuungsaufgaben erholen. Als ich nach den Ferien wieder arbeiten musste, wollte sie unbedingt schnell wieder nach Hause, zumal eine der Frauen sie dort schon erwartete. Es war so abgesprochen, dass die Betreuerinnen einen zweitägigen Vorlauf hatten, um einzukaufen, sich nach der langen Fahrt mit dem Minibus einzuleben und anzukommen.

Ich erlebte diese Zeit als entlastend und konnte mich wieder etwas mehr zurückziehen, intensiver an meinen eigenen Projekten arbeiten. Daher fuhr ich nicht mehr wöchentlich zu meiner Mutter. Telefonate mit ihr, den Mietern und den Damen im Haus führte ich allerdings fast täglich. Ich hatte das Gefühl, dass ich kaum vermisst wurde und es sehr gut lief, zumal die Mieter sicherstellten, dass die Betreuerinnen ihre freien Tage nehmen konnten, unterstützt durch das Netzwerk meiner Mutter, auch wenn das inzwischen durch Tod oder Krankheit einiger ihrer Freundinnen deutlich kleiner geworden war.

So hätte es für meine Mutter, aber auch für mich noch einige Jahre weitergehen können. Nach dem darauffolgenden Sommer, den wir noch einmal ruhig und ohne große Veränderungen genießen konnten, wurde dann aber alles wieder anders.

… und dann ist alles wieder anders!

Ende September teilten uns die Mieter mit, dass ihr Umzug nun definitiv bevorstand und sie spätestens Weihnachten in der neuen Wohnung sein wollten. Obwohl ich es immer im Hinterkopf gehabt hatte, war ich geschockt: Wie sollten wir das ganze Betreuungssystem nur ohne diese treuen Menschen aufrechterhalten? Eine Betreuerin mit meiner Mutter alleine im Haus zu lassen, schien mir denkbar schlecht. Ich versuchte, die Wohnung wieder zu vermieten, was allerdings nach einigen Versuchen scheiterte, da weder das Badezimmer außerhalb der Wohnung noch der Zustand der anderen Räume dem aktuellen Standard entsprachen und ich keine Renovierung mehr vornehmen lassen wollte. Also blieb die Wohnung erst einmal leer. Die Idee war, dass wir wieder einen Studierenden aus dem Projekt »Wohnen für Hilfe« ins Haus bekommen sollten. Am besten sofort, damit es eine kleine Einarbeitungszeit geben würde, die die Mieter noch mit begleiten könnten. Die Studierendenwerke waren schon seit einiger Zeit informiert, aber sie machten mir wenig Hoffnung, und es meldete sich dann auch niemand.

Wie so oft half mir wieder einmal der Zufall: Meine wissenschaftliche Mitarbeiterin an der Hochschule, die von meinen Überlegungen einiges mitbekommen hatte, erzählte mir von einer russischen Studentin, Janina, die Ende des Jahres aus ihrer Wohngemeinschaft ausziehen müsse und dringend eine Wohnung suche, allerdings wenig Geld habe. Sie hatte ihr bereits von uns erzählt und Janina wollte gerne bei meiner Mutter einziehen. Ich lud sie zum Kaffeetrinken ein, und Gabriela, die zu der Zeit Dienst hatte, mochte sie auf Anhieb – ebenso wie meine Mutter und ich.

Zwei Monate später, Anfang Dezember, zog Janina unter dem Dach ein – eine Woche, bevor die Mieter auszogen, die ihr noch einige Einrichtungsgegenstände und Küchenutensilien überließen, die sie gut gebrauchen konnte. Ich war erst einmal erleichtert und meine Mutter froh über eine neue Spielpartnerin. Aber auch Janina war zufrieden, am Ende des Jahres nicht auf der Straße stehen zu müssen und eine kostenlose Unterkunft gefunden zu haben. Als Erstes richtete sie einen Internetanschluss ein. Mit Janina begann bei meiner Mutter sozusagen das digitale Zeitalter, wovon sie tatsächlich noch profitieren sollte, vor allen Dingen aber die zukünftigen Bewohnerinnen.

Die Präsenzzeiten bei meiner Mutter könne sie bestens in ihren Terminkalender einbauen, sagte Janina, und sie freue sich darauf. Wenn Patryzia da war, richtete sie sich mit ihrer freien Zeit nach dem Stunden- und Semesterplan von Janina. Gabriela ging sonntags regelmäßig in die Kirche und wollte anschließend den Tag frei haben, sodass Janina dann die Sonntage bei »Frau Maria« bleiben musste. Sie kochte das Sonntagsessen und verbrachte die Nachmittage und den Abend mit ihr. Wenn wir zu Besuch kamen, störten wir manchmal sogar die Spielgemeinschaft. Meist spielte ich noch eine Partie mit, bevor wir uns alle zu einem kleinen Ausflug in die Umgebung aufmachten und gemeinsam im Park spazieren gingen. Meine Mutter schlich dann neben uns her, weil sie es als eine Zumutung empfand, sich in den Rollstuhl zu setzen: »Darein bekommt ihr mich beim besten Willen nicht. Das ist was für alte Leute, aber doch nicht für mich!«, behauptete sie auch dann noch, als sie schon über 90 war und fast gar nicht mehr gehen konnte. Trotz guten Zuredens war sie nicht dazu zu bewegen, sich schieben zu lassen oder bei Ausflügen zumindest den Rollator mitzunehmen. Daher reichte einer von uns ihr den Arm, auf der anderen Seite hatte sie ihren Stock, und wir gingen sehr langsam von Parkbank zu Parkbank. Meine Mutter schaute sich die vorübergehenden Leute an und kommentierte, was sie sah. Sie zählte zum Beispiel die Frauen, die Röcke statt Hosen trugen, was ihr eine sehr geringe Zahl zu sein schien, oder die Schwangeren und Eltern, die einen Kinderwagen schoben, um festzustellen, dass die Menschen wohl weniger Kinder bekämen als früher, da sie nur fünf in einer Stunde gezählt hatte. Auch die alten Paare schaute sie sich genauer an, sah, dass einige Hand in Hand gingen, um dann traurig zu bemerken, dass die es gut hätten, in so hohem Alter noch zusammenleben zu können – und jedes Mal gab es einen tiefen Seufzer. Häufig kam sie auch mit den Menschen ins Gespräch, die sich neben uns setzten, und so hatten wir meist lustige und unterhaltsame Nachmittage. Wenn die Betreuerinnen mitfuhren, gingen sie ihrer eigenen Wege. Irgendwann trafen wir sie wieder, um gemeinsam nach Hause zu fahren. Vorher mussten wir allerdings immer an einer ehemaligen Telefonzelle halten, die jetzt als Tauschbörse für gebrauchte Bücher diente. Meine Mutter ließ es sich nicht nehmen, mühsam wieder aus dem Wagen zu krabbeln, um sich zwei oder drei Bücher auszusuchen, was einige Zeit in Anspruch nahm. Bereits im Auto fing sie an zu blättern und zu lesen und war glücklich über den schönen Nachmittag, der für alle eine gelungene Abwechslung war. Wenn wir es beim nächsten Ausflug nicht vergaßen, wurden die gelesenen Bücher gegen neue ausgetauscht – und dabei jedes Mal neu die Geschichte von meinem Vater und seinem Bauchladen mit den Leihbüchern erzählt.

Für meine Mutter war der Abschied von den langjährigen Mietern, mit denen sie sich sehr verbunden gefühlt hatte, sehr schwer. Ich verbrachte das Umzugswochenende bei ihr und wir feierten gemeinsam einen kleinen Abschied, von denen in diesem Haus noch so viele folgen sollten. Gabriela, die eine sehr innige Beziehung zu meiner Mutter hatte, musste sie noch Tage danach trösten. Wir schauten traurig dem Umzugswagen hinterher.

Janina war, wie gesagt, zwar schon eingezogen, allerdings fuhr sie eine Woche später nach Moskau zu ihrer Familie, um dann erst Anfang Januar wieder zurückzukommen. So verbrachten meine Mutter und Gabriela bis kurz vor Weihnachten allein ihre Zeit in dem verwaisten Haus. Nicht nur die Mieter, sondern auch der Hund, der für meine Mutter sehr wichtig gewesen war, fehlten ihr. Sie wünschte sich, dass es wieder einen im Haus geben solle, und Gabriela war gleich begeistert, weil sie in Polen ebenfalls eine wuschelige Promenadenmischung hatte, die sie vermisste. Wir riefen Patryzia an und fragten sie, ob sie sich zusätzlich zu den vielen Aufgaben auch noch um einen Hund kümmern könne. Sie stimmte ebenfalls fröhlich zu. Wir fanden ein Tierheim in der Nähe und gleich beim ersten Besuch nahmen wir einen zehn Jahre alten weißen Scotchterrier mit nach Hause. Tim, der neue Hausgenosse, war gut erzogen. Sein Frauchen musste ihn abgeben, weil sie ins Pflegeheim kam. Er sollte noch einige Jahre ein treuer Begleiter meiner Mutter sein und passte hervorragend zu ihr. Beide hatten schon ein gewisses Alter und selbst die Haar- bzw. Fellfarbe stimmte: schneeweiß! Es war eine gute Entscheidung, denn jetzt war es in der Wohnung meiner Mutter wieder etwas lebendiger. Gabriela freute sich über die Spaziergänge, bei denen sie mit anderen Hundehalterinnen in Kontakt kam und kleine Freundschaften schloss.

Nun kam Weihnachten. Gabriela fuhr nach Hause zu ihrer Familie, Hund und Mutter kamen zu uns zu Besuch. Anfang Januar brachte ich sie wieder zurück, sie freute sich auf ihre eigenen vier Wände und darauf, dass nun Patryzia nach einer längeren Pause wieder zu ihr käme. Auch Janina kam Anfang Januar aus Moskau zurück, und sie wurde eine wichtige Person im Haus, die insgesamt vier Jahre blieb. Sie kannte den Ablauf bei meiner Mutter gut und konnte die zukünftigen neuen Betreuerinnen sicher einweisen und unterstützen. Mit manchen von ihnen schloss sie sogar Freundschaften.

Patryzia, Janina, meine Mutter und ihr Hund sahen nun Anfang Januar dem neuen Jahr fröhlich entgegen, das allerdings schwieriger werden würde als die vorangegangenen. Die wohltuende Kontinuität der letzten Jahre begann sich schleichend aufzulösen. Veränderungen lagen in der Luft, und so war es Gabriela, die meiner Mutter zu Ostern mitteilte, dass sie unerwartet schwanger geworden sei und nicht mehr bleiben könne. Eigentlich wollte sie die drei Monate noch arbeiten, merkte aber nach ein paar Tagen, dass es ihr zu schwer wurde, wenn meine Mutter z. B. nicht mehr allein von der Toilette hochkam. Da sich Gabriela zudem häufig übergeben musste, entschied sie abzureisen, sobald wir eine andere Lösung gefunden hätten. Sie hatte das Gefühl, dass für sie eine neue Zeit angebrochen war. Ihr Mann hatte eine Arbeit als Autoschlosser gefunden, was sie sehr erleichterte. Sie wollte auch wieder mehr für ihre Töchter und die eigene Familie da sein und freute sich auf ihr Baby. Obwohl ich unruhig wurde und darüber nachdachte, wie wir nun schnell eine neue Lösung finden könnten, freute ich mich mit ihr über ihre neuen Lebensziele. Auch meine

Mutter nahm interessiert Anteil. Als sie aber dazu ansetzte, die Geschichten von der komplizierten Schwangerschaft und meiner schwierigen Geburt ausführlicher zu erzählen, unterbrach ich sie. Die Ereignisse um einen Kaiserschnitt, bei dem es um Leben und Tod ging, wären für die Schwangere nicht gerade sehr ermutigend gewesen. Stattdessen holte ich schnell das kleine braune Fotoalbum aus der Schublade, auf dem stand:»Unser Kind. Erstes Lebensjahr«, und drückte es meiner Mutter in die Hand. So würde sie über eine glückliche Zeit in ihrem Leben berichten, das wusste ich – was sie dann auch gerne und ausführlich tat.

Wir setzten uns nach diesen Neuigkeiten erst einmal mit Patryzia in Verbindung, die gerade drei Monate Heimaturlaub hatte. Sie war verständlicherweise noch nicht bereit zu kommen, hatte sie sich doch darauf eingestellt, die Zeit mit ihrer Tochter und Mutter zu verbringen. Wir telefonierten mit der Organisation, um Ersatz zu finden, und tatsächlich gab es eine 65-jährige Frau, Zuzanna, die abkömmlich war. Einige Tage würde es allerdings noch dauern.

Janina, die gerade Semesterferien hatte und an einer Hausarbeit schrieb, bekam somit ihre erste große Aufgabe. Die Herausforderung war, ein paar Tage alleine mit meiner Mutter zu sein, denn Gabriela wollte so schnell wie möglich abreisen. Der Kleinbus aus Polen nahm am Wochenende wieder Frauen in die Heimat mit, und Gabriela ließ sich von der Organisation die Rückfahrt bestätigen. Sie nahm sich einen freien Tag und kaufte Babyartikel ein, die sie in einem großen Karton verpackte für den Fall, dass im Kleinbus kein Platz mehr für zusätzliches Gepäck sein sollte. Und so war es auch. Wir brachten den Karton daher am nächsten Tag zur Post. Im Spätsommer bekam meine Mutter dann eine Geburtsanzeige von Jan, ihrem Sohn, ansonsten gab es außer einer Weihnachtskarte keinen Kontakt mehr.

Janina bezog das Bett im Erdgeschoss, holte ihren Laptop und ihre Bücher herunter und richtete sich für ein paar Tage bei meiner Mutter ein. Sie schrieb am Küchentisch an ihrem Referat, kochte und ließ meine Mutter Kartoffeln schälen und Gemüse putzen. Abends saßen sie vor dem Fernseher auf der gemütlichen weinroten Couch und knabberten Salzstangen.

Fünf Tage später kam Zuzanna aus der Nähe von Danzig als Ersatz für die schwangere Gabriela, und Janina, die sich zur größten Zufriedenheit meiner Mutter um sie gekümmert hatte, zog wieder in ihr eigenes kleines Reich unters Dach. Zuzanna war zwar schon etwas älter, aber eine zupackende Frau, die sich von Janina in Ruhe einweisen ließ. Sie begrüßte meine Mutter herzlich mit einem Geschenk aus ihrer kaschubischen Heimat: ein wunderschönes Holzbrettchen, auf dem ein tanzendes buntes Paar zu sehen und das Wort »Kaszebe« (Kaschubei) eingraviert war. Meine Mutter hängte es gleich in der Küche auf und erzählte begeistert, wie gerne sie früher getanzt habe. Ihr Mann konnte leider nicht tanzen und lernte es auch nie. Als junge verheiratete Frau hatte er sie manchmal zur Gastwirtschaft begleitet, sich dort an einen Tisch gesetzt und beobachtet, wie sie von einigen Herren zum Tanzen aufgefordert wurde. Er gönnte ihr die Freude, meist traf er ein paar Männer, die mit ihm Skat spielten, somit waren alle zufrieden. Später hatte sie mit ihren Freundinnen Kreistänze aus Ungarn, Rumänien oder Russland getanzt.

Zuzanna, die etwas korpulente Dame, nahm meine Mutter gleich an ihren üppigen Busen, sang ein polnisches Lied und dann schunkelten sie gemeinsam in der Küche. »Bald wir tanzen zusammen hier in Wohnzimmer«, freute sich Zuzanna in etwas gebrochenem Deutsch. Janina und ich mussten lachen und die Spannung der ersten Begegnung löste sich schnell. Zuzanna passte zu uns. Sie war eine hervorragende Hausfrau und kochte meist für Janina mit. So aßen die drei Frauen meist abends gemeinsam bei meiner Mutter. Und für Tim, den kleinen Hund, fiel manch ein Bröckchen herunter. Nach dem Auszug der Mieter und dem Weggang von Gabriela gab es so für ein Jahr wieder Ruhe und Kontinuität in der Betreuung, bis mir Patryzia mitteilte, dass sie jetzt gerne etwas anderes tun wolle. Sie habe sich überlegt, eine Ausbildung zur Altenpflegerin in Polen zu beginnen. Ihre Tochter habe ihr Mut dazu gemacht. Auch wenn sie schon Mitte 40 sei, so wolle sie auf jeden Fall versuchen, wieder zu lernen. Sie habe hier in Deutschland gemerkt, dass sie vieles kann, was sie sich vorher gar nicht zugetraut hätte, und dankte uns für unsere Ermutigungen.

Ich war sehr enttäuscht, dass sie nun auch so plötzlich gehen wollte. Es funktionierte alles so reibungslos, und ich dachte mit großem Druck auf der Seele an das, was jetzt wieder auf uns zukommen würde. Gleichzeitig bestärkten wir Patryzia in ihrem Vorhaben. Sie würde bestimmt eine gute Altenpflegerin werden, hatte sie es doch bereits bei »Frau Maria« unter Beweis gestellt. Ich gab ihr ein gutes Zeugnis mit, das sie für ihre Zukunft brauchen würde. Zum Abschied gingen wir alle in das Lieblingslokal meiner Mutter und verabschiedeten sie traurig und mit einer erneuten Ungewissheit im Herzen.

Die Freundinnen meiner Mutter waren bis auf die treue Helga gesundheitlich nicht mehr in der Lage, Besuche zu machen, oder waren verstorben. Es blieben uns zum Glück die liebevolle Zuzanna, für die wir nun eine neue Tandempartnerin suchen mussten, und Janina, die gerne unter dem Dach wohnte, studierte und gelegentlich aushalf. Sie hatte sich inzwischen schon an manchen Wochenenden und im letzten Krisenfall mehr als bewährt. Und auch Tim war noch da und genoss die Streicheleinheiten auf dem Schoß meiner Mutter.

Als Zuzanna, fröhlich wie immer, nach drei Monaten Heimaturlaub ihren zweiten Dienst bei »Frau Maria« antrat und Wurst und geräucherten Käse mitbrachte, war schon vereinbart, dass Patryzia sie nicht mehr ablösen würde. Die beiden Frauen sahen sich nur kurz beim fliegenden Wechsel.

Die Vermittlungsagentur schickte nun den Lebenslauf einer 50-jährigen Frau aus Warschau. Zuzanna schaute sich das Foto und die Biografie an und kam auf die Idee, auszupendeln, ob die Betreuerin auch wirklich gut sei. Ich war ziemlich erstaunt, als sie einen Edelstein an einer Kette aus ihrer Tasche zog und über dem Bild kreisen ließ. Dann sagte sie etwas auf Polnisch. Der Stein bewegte sich linksherum um das Foto. Sie versuchte es ein zweites und ein drittes Mal. Immer kreiste der Stein links um das Bild. »Ist keine gute Frau, solltet ihr am besten nicht nehmen«, meinte sie und erklärte, dass sie das Pendel gefragt habe, ob es eine liebevolle Frau sei, die zu uns passte. Wenn der Stein links herum kreiste, bedeutete es: Nein. Wenn der Stein sich rechts herum bewegte: Ja.

Dreimal kreiste der Stein links, demnach war es ein schlechtes Zeichen. Ich wollte mich von dem Zauber nicht irritieren lassen und sagte ihr, dass ich es trotzdem mit der Frau versuchen wolle. Sie zuckte mit den Schultern, ließ mich stehen und schälte in der Küche Kartoffeln. Meine Mutter fragte, was das alles zu bedeuten habe. Ich erklärte es ihr, und sie meinte, dann sollten wir besser jemand anderen nehmen, es könne doch stimmen. Ich habe weder auf das Pendel noch auf Zuzanna oder meine Mutter gehört, vielleicht auch, weil ich zu der Zeit keine Lust und Kraft mehr hatte, mit dem Suchen und Entscheiden wieder von vorne zu beginnen. Wir hatten doch eine Frau, die kommen wollte, dann würden wir sehen, wie es läuft. Außerdem gefiel mir ihr Lebenslauf, sie war in einem Altenheim als hauswirtschaftliche Mitarbeiterin beschäftigt gewesen, ihr Zeugnis war nicht schlecht. Sie gab an, gut Deutsch zu sprechen und arbeitete schon seit einigen Jahren in Deutschland. So schlimm konnte es schließlich nicht werden.

Es kam schlimmer!

Der Rauswurf

Da Janina für eine Woche zu einer Studienfahrt unterwegs war, fuhr ich zur Begrüßung der neuen Betreuerin Malgorzata zu meiner Mutter, wo wir beide an einem Sonntagnachmittag auf sie warteten. Zuzanna war schon am frühen Morgen von einem Minivan abgeholt worden und wünschte uns mit »der Neuen« viel Glück. Sie nahm uns fest und lange in die Arme, weinte ein wenig, und es fühlte sich so an, als wäre es das letzte Mal, dass wir uns sehen sollten – was leider auch der Fall war, wie sich später herausstellte.

Malgorzata wurde nicht wie alle anderen Betreuerinnen gebracht und abgeholt. Sie fuhr persönlich in einem alten, weißen Mercedes Kombi vor. Bei der Einweisung, die ich ihr später geben wollte, behauptete sie gleich, ihr müsse man nichts erklären, sie wisse schon Bescheid, weil sie schon für viele Menschen in Deutschland und Österreich gearbeitet habe. Zuzanna hatte ihr das Bett frisch bezogen und eine Begrüßungskarte mit einem Marzipanherzchen auf das Kopfkissen gelegt und meine Mutter ein Plakat mit einem selbst gestalteten Willkommensgruß auf Polnisch an die Tür geklebt, was sie für jede neue Betreuerin tat. Malgorzata nahm die kleinen Aufmerksamkeiten kaum zur Kenntnis, sondern ging bald in ihr Zimmer mit der Begründung, sie sei müde und wolle erst morgen mit der Arbeit anfangen. Da ich bis zum nächsten Tag blieb, konnte ich meiner Mutter noch Gesellschaft leisten und sie für die Nacht umziehen. Später zog ich mich nach oben in die Dachkammer mit einem eher unguten Gefühl zurück. Sollte Zuzanna mit ihrem Pendel doch recht gehabt haben?

Als Erstes fuhr Malgorzata am nächsten Morgen zum Einkaufen und kam mit schweren Taschen und zwei großen Paketen Waschpulver wieder zurück. Wir wunderten uns, aber sie meinte nur: »Sonderangebot. Können wir gut gebrauchen, müssen viel waschen!« Morgens aß sie gerne Lachs, abends trank sie Bier und Rotwein, für meine Mutter kochte sie in der ersten Woche Dosengerichte, wie sie mir am Telefon berichtete. Sie kümmerte sich penibel um die Wäsche, auch die Wohnung war blitzblank, aber meine Mutter litt unter ihrer eher herrischen Art. Als ich nach ihrer Einarbeitungswoche wieder zu Besuch kam, war gerade der Hausarzt da, und ich bekam mit, wie Malgorzata ihm erzählte, sie sei Krankenschwester und würde die Medikamente selbst einteilen, was normalerweise vom Pflegedienst übernommen wurde. In ihrem Lebenslauf stand, dass sie als hauswirtschaftliche Hilfe in einem Krankenhaus gearbeitet hatte. Das machte mich stutzig, und bald bemerkte ich, dass sie es insgesamt mit der Wahrheit nicht so genau nahm. So erzählte sie mir, dass sie alle Grundnahrungsmittel nachkaufen müsse, da sie entweder abgelaufen oder schon aufgebraucht seien, darum sei das monatliche Haushaltsgeld viel zu niedrig angesetzt.

Die Frauen bekamen von meiner Mutter ein monatliches, anfangs auch erst einmal ein wöchentliches Haushaltsgeld, mit dem sie wirtschaften konnten. Patryzia, Gabriela und Zuzanna kamen damit sehr gut zurecht, meine Mutter kontrollierte gerne die Einkäufe und die Rechnungen. Blieb am Ende des ersten Monats noch etwas übrig, lud meine Mutter sie ins Eiscafé ein oder schenkte ihnen den Rest. Malgorzata allerdings war davon überzeugt, dass das Geld nicht reichte, und verlangte bereits nach ein paar Tagen mehr. Meine Mutter beschwerte sich, dass sie ihr die Rechnungen nicht zeigte, und es begann zwischen den beiden Damen ein Kleinkrieg, den ich beenden musste. Zudem rief meine Mutter mich in der folgenden Woche mehrmals an und klagte, Malgorzata sei frech und sie finde keinen Kontakt zu ihr. Nach einer Woche kam Janina zurück und rief mich sofort an. Sie fragte, ob ich wüsste, dass im Keller jetzt ein Karton mit Wein und ein Kasten Bier stünden, und erzählte, dass sich die beiden Frauen viel stritten. Es gäbe ständig laute Auseinandersetzungen zwischen ihnen. Meine inneren Warnlichter blinkten, und ich entschloss mich, schnell zu handeln.

Ich rief die Organisation an. Die Vermittlerin war im Urlaub, meldete sich aus Rom und beteuerte, dass sie sofort vorbeikäme, wenn sie in zwei Wochen wieder in Deutschland sei, eine Vertretung gäbe es leider nicht. Wir sollten einfach noch ein wenig Geduld haben. Ich war entsetzt und meine Geduld schon längst überstrapaziert. Also nahmen mein Mann und ich die Angelegenheit selbst in die Hand, zumal meine Mutter immer unzufriedener wurde und mich die Geschichten, die sie und Janina erzählten, beunruhigten. Ich bereitete mich innerlich darauf vor, eine Weile überbrücken zu müssen und wieder das altbekannte Netzwerk zu organisieren.

Noch am selben Tag fuhren mein Mann und ich zu meiner Mutter, um Malgorzata zu entlassen. Ich nannte ihr die Gründe für unsere Unzufriedenheit und bat sie, wieder abzureisen, am besten sofort. Sie war nicht sonderlich erstaunt. Zwölf Tage hatte sie bei meiner Mutter gearbeitet und wollte auf der Stelle ihr Gehalt für einen Monat von mir bar ausbezahlt haben. Ich verwies an die Organisation, der ich das Geld zu überweisen hatte. Das gab eine lautstarke Auseinandersetzung, aber ich bestand darauf, dass sie das mit der Organisation zu klären habe, die über unseren Schritt informiert sei und von Rom aus in Telefonkontakt zu ihr und zu uns stand.

Stoisch hörte sie sich an, was die Dame von der Organisation ihr am Telefon zu sagen hatte, und ging dann in den Keller, um angeblich noch die Wäsche aufzuhängen. Stattdessen brachte sie wohl nach und nach die großen Pakete Waschpulver in ihr Auto sowie die im Keller gelagerten Lebensmittel, einschließlich der Bier- und Weinflaschen. Während mein Mann und ich mit meiner Mutter Rummikub spielten, um sie zu beruhigen, hoffte ich, dass sich die Situation bald etwas entspannte.

Plötzlich hörten wir die Haustür ins Schloss fallen. Ich ging hinaus und sah, dass sie schnellen Schrittes zu ihrem Auto lief, das mit Gepäckstücken bereits so vollgepackt war, dass sie keine Sicht mehr nach hinten hatte. Noch bevor ich etwas sagen konnte, warf sie zwei weitere Taschen auf den Beifahrersitz, setzte sich ans Steuer und fuhr ohne Verabschiedung weg. Mit ihr verschwunden waren auch das restliche Haushaltsgeld und viele Gegenstände aus Küche und Bad, wie wir allerdings erst mit der Zeit feststellten. Jedenfalls gab es kein Shampoo und keine Seifen mehr, auch das Handrührgerät fehlte. Zwei noch verpackte Handtücher, die ich ihr eigentlich schenken wollte, hatte sie ebenfalls mitgenommen. Ich war froh, bisher so viele gute Erfahrungen mit freundlichen polnischen Betreuerinnen gemacht zu haben. Eine Anzeige wollte ich nicht erstatten, wie mir meine Freundin geraten hatte. Ich brauchte meine Kraft jetzt für die anstehenden Aufgaben. Ich stufte Malgorzata als eine Ausnahme ein, schwarze Schafe gibt es überall. Warum sollte ausgerechnet bei uns immer alles glattlaufen?

Die abrupte Abreise von Malgorzata brachte mich jetzt allerdings in eine schwierige Lage. Ich musste am nächsten Tag meine Seminare halten, konnte also nicht bei meiner Mutter übernachten. Mein Mann wollte für einen weiteren Tag bleiben und Janina war bereit, die beiden darauffolgenden zu übernehmen, aber dann musste auch sie wieder in ihre Seminare. Ich brauchte jetzt erst einmal Zeit, um für die kommende Woche an meiner Hochschule für Vertretung zu sorgen. Und meine Mutter? »Ich nehme es, wie es kommt. Ich bin froh, dass die erst mal weg ist. Wird schon alles gut!« Wie sollte es die nächsten Tage weitergehen – und dann auch noch »gut« werden?

Von der Vermittlungsorganisation hörten wir an diesem Tag nichts mehr, am Tag darauf teilte man uns mit, dass frühestens in zwei Wochen eine neue Betreuerin eintreffen würde. Es tue ihnen leid, aber mehr könnten sie momentan auch nicht tun. Zwei Wochen! Meiner Mutter war es häufig schwindelig, sie hatte Angst zu fallen, war nicht in der Lage, sich ihr Essen zuzubereiten und wollte auf keinen Fall alleine in ihrer Wohnung sein, schon gar nicht nachts. Aber irgendwie haben wir es dann doch geschafft, diese zwei Wochen zu überbrücken.

Ich musste oft an Zuzanna und ihr Pendel denken und wollte ihr die unangenehmen Entwicklungen telefonisch mitteilen. Zudem wollte ich sie fragen, ob sie vielleicht doch noch bei uns einspringen könne. Aber es meldete sich nie jemand unter der Nummer, die sie mir gegeben hatte. Die Organisation hatte ebenfalls keinen Kontakt mehr zu ihr. Erst nach einigen Monaten erfuhren wir, dass sie bald nach ihrer Rückkehr sehr krank geworden, ins Krankenhaus gekommen und dort verstorben war. Ich erzählte meiner Mutter von Zuzannas Tod und wir weinten beide um sie, die liebevolle Frau mit ihrem Pendel und dem besonderen Wissen, die schon beim Abschied zu ahnen schien, dass es unsere letzte Umarmung sein würde. Immer, wenn ich die dicken bunten Socken anziehe, die sie für meine Mutter und mich gestrickt hat, ist es, als wäre sie im Raum.

Mutter-Tochter-Zeiten und der Umgang mit Schuldgefühlen

Die einzige schnelle Lösung für die nächsten Wochen war, dass ich jetzt fast täglich meine Mutter besuchte. Mit der tatkräftigen Hilfe von Janina und einigen Familienmitgliedern und Freundinnen schafften wir es, die nächste Zeit zu überbrücken. Ich selbst kam abends oder am Spätnachmittag nach meiner Arbeit bei meiner Mutter an, übernachtete im ehemaligen Elternschlafzimmer und fuhr morgens früh, manchmal auch erst mittags, nachdem ich ihr das Frühstück oder, je nach eigener Arbeitszeit, auch das Mittagessen bereitgestellt hatte, zu meiner Arbeitsstelle. Viele Auswärtstermine konnte ich absagen, einige Seminare übernahmen meine wissenschaftliche Mitarbeiterin und ein Kollege, und trotzdem gab es noch genug an der Hochschule zu tun. Die beiden verlängerten Wochenenden mit meiner Mutter waren besonders intensiv. Sie fand es natürlich wunderbar, mich täglich um sich zu haben, dehnte die Abende aus und freute sich, dass wir zusammen spielten, uns unterhielten oder fernsahen. Ich half ihr ins Bett, organisierte den Haushalt und die Betreuung für den nächsten Tag, was auch gut gelang. Wenn ich abends nach der Arbeit kam, wartete sie schon ungeduldig auf mich. Die Rollläden waren immer schon heruntergelassen und die Luft in ihrem Zimmer abgestanden.

An einem Abend kam ich ziemlich abgehetzt von der Hochschule, es war Prüfungszeit und damit besonders anstrengend gewesen für mich. Ich streichelte den schwanzwedelnden Hund und ging dann zu ihr, um sie zu begrüßen. Sie saß in ihrem Fernsehsessel. Als ich mich zu ihr herunterbeugte, um sie zu umarmen, zog sie mich mit ziemlicher Energie fast auf ihren Sessel, hielt mich fest und fragte vorwurfsvoll, wo ich denn so lange geblieben sei, schließlich habe sie schon den ganzen Tag auf mich gewartet. Ich spürte plötzlich großen Ärger in mir aufsteigen, wollte ihr sagen, dass ich mich momentan fast zerreißen müsse, um ihr das Leben so angenehm wie möglich zu machen, und ob sie da nichts anderes zu tun habe, als mich vorwurfsvoll zu begrüßen. Ich schluckte den Ärger hinunter und fragte etwas kühler als sonst, ob sie etwas bräuchte. Noch immer hatte ich meinen Mantel an und den Rucksack mit dem Laptop auf dem Rücken. Da saß sie nun, die Beine hochgelegt, schwach und doch noch voller Energie, wenn es darum ging, mir Vorwürfe zu machen. Nun klagte sie, dass es ihr schlecht gehe, sie dringend zur Toilette müsse und sofort meine Hilfe benötige. Noch bevor ich meinen Mantel ausziehen und mich kurz von der Fahrt erholen konnte, bereitete ich mich darauf vor, sie zu unterstützen, damit sie sich aufrichten konnte. Normalerweise schaffte sie es eigentlich mit ihrem Stock oder dem Rollator ganz gut alleine bis zur Toilette, manchmal ging sie sogar noch in den Garten. Wieso musste ich jetzt so schnell parat stehen und sie begleiten?

Wie es mir ging oder ob ich schon gegessen hatte, hatte sie schon lange nicht mehr gefragt. Früher war das ihr erstes Anliegen. Ich vermisste ihr Interesse an mir, an meinem Beruf, an der Familie. Als ich bei ihrem Auszug die Schubladen ausräumte, fand ich eine Mappe mit Zeitungsausschnitten, die sie über mich gesammelt hatte. Sie war immer gut informiert über meine Themen und eine gute Zuhörerin.

Ich war ziemlich müde und abgespannt und hätte gerne erst einmal etwas getrunken und einen Moment ausgeruht. Aber da griff sie schon zu ihrem Stock, den sie Hugo nannte, und stieß damit ungeduldig auf den Boden. Sie erwartete, dass ich ihr die Schuhe anzog. Ihre Füße waren geschwollen, der Klettverschluss hielt nicht wirklich, aber mit meiner Hilfe stand sie nun auf ihren Beinen, auf Hugo gestützt, und bat darum, dass ich ihr den Rollator hole. Ihre Knie schmerzten wieder besonders und auch der Schwindel sei unerträglich, sagte sie mir. Ich ließ sie einen Moment auf den Stock gestützt alleine stehen, warf schnell meinen Mantel und den Rucksack auf den Stuhl und brachte ihr den Rollator. Sie bestand nun darauf, alleine ins Bad zu rollen, ich öffnete ihr nur die Tür.

Ich verschnaufte kurz und schaute mich im Wohnzimmer um. Jemand hatte die Clivie an das andere Ende der Fensterbank gestellt, sie hatte wunderbar leuchtende orangefarbene Blüten, die meine Mutter nun besser von ihrem Bett aus bewundern konnte. Da hatte jemand mitgedacht, wahrscheinlich Janina, die sich liebevoll kümmerte, wenn sie Zeit hatte. Auf dem Wohnzimmertisch lag noch ein angebissener Keks, eine Kanne mit etwas Saft und ein halb volles Glas standen dort. Die Medikamente für den Abend lagen in der Schachtel. Nach dem Abendessen würde sie sie noch nehmen müssen, meist dachte sie selbst daran. Ich hätte gerne das Rollo hochgezogen, die Terrassentür geöffnet und frische Luft hereingelassen, aber ich wusste schon, dass meine Mutter dann lautstark protestieren würde. Bestimmt war schon seit fünf Uhr in ihrer Wohnung alles dunkel und es brannte elektrisches Licht. Spätestens um diese Zeit begann sie neuerdings die jeweiligen Besucher aufzufordern, die Jalousie herunterzulassen. Wer war heute Nachmittag bei ihr gewesen? Ich überlegte und mir fiel ein, dass Ronja, die Enkelin, für diesen Tag eingeteilt war. Ich wollte sie später danach fragen, wie der Tag gewesen war.

Inzwischen hörte ich meine Mutter von der Toilette her rufen, ich solle ihr aus dem Vorratsraum neues Toilettenpapier holen, die Rolle sei leer. Ich tat wie geheißen, es roch unangenehm und ich nahm mir vor, ihr anzubieten, sie zu duschen, was sie nicht gerne tat, weil es für sie zu anstrengend war. Wie jeden Abend in dieser Woche fragte ich also, ob sie geduscht werden wolle – und tatsächlich war sie an diesem Abend dazu bereit. Sie wollte gleich im Badezimmer bleiben, ich half ihr beim Aufknöpfen ihrer Bluse, die arthritischen Finger waren inzwischen zu dick für die kleinen Knöpfe und Knopflöcher. Sie legte die Bernsteinkette, die sie von ihrem Mann zur Silberhochzeit bekommen hatte, vorsichtig auf die Ablage des Spiegelschrankes. Den Pullover und ihr Unterhemd zog ich ihr gleichzeitig über den Kopf. Plötzlich hielt sie inne, schaute mich an und fragte, ob ich schon etwas gegessen habe. Ich musste lachen und sagte: »Danach hast du mich lange nicht mehr gefragt.« »Ach, das muss ich vergessen haben. Aber hast du jetzt gegessen oder noch nicht?«, insistierte sie. Ich nahm mit Freude das Aufscheinen ihres alten Interesses an mir zur Kenntnis. »Nein, noch nicht«, antwortete ich, »aber ich mache uns gleich ein paar leckere

Brote in der Küche und dann schauen wir zusammen die Nachrichten.«

Am Nachmittag sei Ronja schon gegangen und habe ihr etwas zu essen hinstellen wollen, aber sie wollte doch lieber auf mich warten, sagte sie. Inzwischen war es halb acht. Ich half ihr, die Hose auszuziehen und anschließend die Unterhose mit der Vorlage, die gleich in den Mülleimer wanderte. Es roch streng, und ich musste mich ein wenig abwenden. Nun noch die Strümpfe, und das Duschen konnte beginnen. Ich stand dicht neben ihr und führte sie zur Dusche. Sie hatte ebenso wie ich große Angst davor, dass ihr die Beine wegrutschen könnten. Ich schaute sie an, als sie dann endlich nackt auf dem Badehocker unter der Dusche saß und ihr der warme Wasserstrahl über den Körper lief. Ihr Rücken war mit Muttermalen übersät. Ihren verwelkenden Körper fand ich schön, er war ein wenig eingefallen, rundlich und weich. Ich sagte es ihr und sie wehrte entrüstet ab. »Ich bin doch viel zu dick.« Ein alter Freund habe sie vor Kurzem angerufen und gefragt, ob sie immer noch so zart wie ein Reh sei. Sie kicherte. »Nein, eher so zart wie ein Nilpferd«, habe sie ihm geantwortet. Nun mussten wir beide lachen. Ich kannte die Geschichte schon, da sie sie seit Jahren erzählte und der »alte Freund«, der sie angeblich vor Kurzem angerufen hatte, schon lange verstorben war.

Ich gab ihr den Waschlappen, damit sie sich selbst Arme, Bauch, Hals und Schultern waschen konnte. Den Rest übernahm ich. Als wir mit der Prozedur fertig waren, wickelte ich sie in das weiche Badetuch, das an der Dusche hing. Ich fragte mich, wer es dort hingehängt haben mochte. In diesem Moment sagte meine Mutter, dass Janina neue Wäsche verteilt und auch die Handtücher ausgewechselt habe. Die Gute! Ich schickte ihr innerlich ein Dankeschön.

Ich ließ meine Mutter fest eingewickelt in das flauschige weiße Badetuch kurz auf dem Hocker sitzen, holte ihr blaues Nachthemd und den alten Frotteebademantel, die dicken Socken, die Zuzanna gestrickt hatte, und cremte sie vor dem Anziehen ein. Die Creme roch angenehm, die alte Haut war sehr trocken und saugte alles schnell auf. Es dauerte lange, bis meine Mutter angezogen war. »Ist es dir eigentlich peinlich, wenn ich dir beim Duschen helfe?«, fragte ich sie. Sie schaute mich verständnislos an und antwortete, dass sie sich inzwischen daran gewöhnt habe, dass fremde Menschen sie nackt sehen und waschen. Was sei denn dann dabei, wenn es die eigene Tochter macht? Langsam, Schrittchen für Schrittchen, machten wir uns nun zusammen auf den Weg zu ihrem Fernsehsessel. Ich half ihr beim Hinsetzen, wickelte sie in die Decke und Tim sprang gleich auf ihren Schoß. »Das war anstrengend, tat aber mal ganz gut«, schnaufte sie.

Nach meinem anstrengenden Arbeitstag und dieser Stunde der Pflege war jetzt endlich Zeit für den Tee, den ich uns, zusammen mit Broten, in der Küche zubereitete. Sie erzählte mir von Tim, der am Mittag die Hausschuhe angeknabbert hatte, dass sie beim Rummikub gewonnen und in der Zeitung von einem Einbruch in der Nähe gelesen hatte. »Ach, schau doch mal, ob du auch die Haustür dreimal abgeschlossen hast!« Hatte ich. Ich setzte mich zu ihr und war ziemlich erschöpft. Meine erste Tasse Tee wollte ich jetzt in Ruhe genießen. »Willst du nicht deine Tabletten nehmen und dann ins Bett gehen und vielleicht noch etwas lesen?«, fragte ich eher suggestiv. Sie war über meine Frage fast empört, jetzt, wo ich bei ihr war, sollte sie ins Bett gehen? Nein, jetzt wird mindestens noch eine Partie Rummikub gespielt, beschloss sie. Im Übrigen ginge es ihr wieder besser, sehr viel besser als am Nachmittag, da war ihr die ganze Zeit schwindelig und übel gewesen.

Meine Mutter war wieder einmal ziemlich fordernd. Ich fragte mich, wie die Pflegekräfte das aushielten. Oder empfand nur ich als ihre Tochter es als so anstrengend? Ich ertappte mich dabei, dass ich auf die Uhr schaute und die Stunden zählte, bis ich nach nebenan gehen konnte. Dort wollte ich gerne ein wenig lesen und für mich sein. »Ach, das ist so schön, wenn du da bist. Das könnten wir doch häufiger so machen!«, schwärmte meine Mutter. Ich merkte, wie ich mich innerlich zusammenzog und sich gleichzeitig mein schlechtes Gewissen meldete. Sie wünschte sich mehr Nähe von mir, mehr Zärtlichkeiten, und ich war schon wieder auf dem Sprung. Ich hatte Verständnis für ihre Lage und ihre Sehnsucht. Ich fühlte mich aber gleichzeitig durch ihre Forderungen erdrückt, schon als Kind bekam ich Magenschmerzen, wenn sie zu viel Nähe wollte und übergriffig wurde. Ich liebte sie, aber wir hatten früher eine beinahe symbiotische Beziehung miteinander, aus der ich mich mit viel Energie, einigen Psychotherapiestunden und Abgrenzung befreien musste, um mein eigenes Leben führen zu können. Ich dachte, das sei längst geklärt, ich fühlte mich frei. Nun kamen die alten ambivalenten Gefühle wieder hoch, während ich hier mit ihr in dem dämmrigen Raum saß und Pfefferminztee trank. Ich legte den Arm um ihre Schultern und drückte sie an mich, während ich ihr den Teller mit dem Käsebrot und dem klein geschnittenen Apfel auf den Tisch neben ihrem Sessel stellte. Ich legte ihr die Stoffserviette neben den Teller und schubste Tim von ihrem Schoß, der sich beleidigt zurückzog.

Wir hatten unsere eigenen Rituale, konnten uns gut über alte Zeiten austauschen und hatten immer wieder vertraute Gespräche. Auch unser Humor war ähnlich. Meine Mutter konnte herzlich über sich lachen, eine Eigenschaft, die ich an ihr schätzte. Aber ich geriet in innere Abwehr, wenn ich merkte, dass sie mich vereinnahmen wollte, was sie immer wieder versuchte. Meine Grundeinstellung, die ich bereits früh als Kind kriegstraumatisierter Eltern erlernt hatte, war es, sensibel wahrzunehmen, was sie brauchten. Ich spürte unbewusst, dass meine Eltern eine emotionale Last trugen, die ich ihnen durch meine fröhliche kindliche Art, durch mein Dasein, durch meine Leistungen oder Anpassung erleichtern wollte. Meine Antennen waren weit ausgefahren, um sie »glücklich« zu machen.

Als ich begann, mich mit dem Thema und damit auch mit mir selbst und meinen Kindheitserfahrungen auseinanderzusetzen, wurde mir klar, dass nicht nur ich, sondern viele Kinder, deren Eltern Flucht und Vertreibung oder schlimme Kriegsschicksale erlebt hatten, angepasst sein mussten. Kinder, die wie ich sozialisiert waren, übernahmen häufiger als andere früh die Verantwortung für das Wohlergehen der Eltern. Gleichzeitig entstanden daraus jedoch bei mir auch Schuldgefühle: Kümmere ich mich genug? Müsste ich nicht häufiger bei meiner Mutter sein? »Du bist gut genug und tust das, was du kannst!« Diesen Satz sagte ich mir an jenem Abend wieder einmal vor und beruhigte mich damit. Nach einer Weile ging es mir tatsächlich etwas besser.

Nachdem wir unsere Brote gegessen hatten, nahm sie ihre Tabletten, und ich sagte ihr bestimmt, dass ich keine Lust mehr auf ein Spiel habe, aber ihr gerne noch beim Fernsehen Gesellschaft leisten wolle. Ich nahm ihr den Teller ab, der Hund sprang schnell wieder auf ihren Schoß und leckte an ihren Fingern, die bestimmt nach Käsebrot schmeckten. Ich machte es mir dann auf dem Sofa bequem und wir fanden eine Quizsendung, die sie gerne sah. Eifrig begann sie gleich mitzuraten. Ich klinkte mich innerlich aus und hatte das Gefühl, nun endlich zur Ruhe kommen zu können nach diesem anstrengenden Tag. Janina schaute später noch kurz herein, erkundigte sich, ob alles in Ordnung sei und erzählte ein wenig von ihrem Studientag. Ich bedankte mich bei ihr für die kuscheligen Handtücher und die gewaschene Wäsche und sie freute sich, dass ich es bemerkt hatte. Das mache sie gerne und morgen Nachmittag sei sie wieder dran, sich um meine Mutter zu kümmern, sagte sie. Ich könne ruhig später am Abend kommen, sie würde sie ins Bett bringen. Ich war ihr dankbar und fühlte mich entlastet, während meine Mutter widersprach, weil sie lieber mich am Abend bei sich haben wollte. Ich brauchte Geduld, so wie alle, die in die Pflege eingespannt sind. Mehr, viel mehr, als ich glaubte zu haben.

Patryzia, Gabriela und Zuzanna fehlten mir sehr, und ich merkte, wie schnell ich manchmal angespannt und ungeduldig reagierte, während Patryzia in einer solchen Situation noch gelassen und fröhlich war, Gabriela diplomatisch und Zuzanna sich erst einmal zurückzog, um dann nach einer Weile ganz ruhig zu fragen, ob »Frau Maria« noch etwas braucht. Die Frauen waren mir ein echtes Vorbild. Auch Janina entwickelte sich zu einer ausgeglichenen Begleiterin meiner Mutter.

Morgens war ich oft unzufrieden wegen meiner ambivalenten Gefühle gegenüber meiner Mutter und weil ich auch schon einmal harsch gewesen war zu ihr. Es tat mir leid und ich nahm mir vor, es am nächsten Abend besser zu machen. Als ich mich darüber mit meiner Mutter unterhielt und mich für meine Ungeduld entschuldigte, wiegelte sie ab und sagte verständnisvoll, dass sie das nicht so ernst nähme, da das jetzt eine schwierige Situation für mich sei. Wie recht sie hatte!

Natürlich gab es auch viele schöne und innige Momente in dieser Zeit, die wir beide sehr genossen. So schrieben wir zum Beispiel viele ihrer Geschichten aus ihrer Kindheit und Jugend in der Ukraine auf, die sie mir zum wiederholten Mal erzählte und die ihr später im Pflegeheim halfen, Gedächtnisreste zu aktivieren. Wir gestalteten ein Erinnerungsbuch und wussten damals nicht, wie bedeutsam es für sie noch werden würde. Am Wochenende, als wir beide auf den Gartenliegen lagen und die Sonne genossen, hatte ich das Gefühl, dass es an diesem Ort wie auf einer Insel war, bis zu der die hektische Welt mit ihren Anforderungen noch nicht hereingedrungen war. Alles ging langsamer, ohne Hektik, den bedächtigen Bewegungsabläufen meiner Mutter angepasst. Dieser Zeitrhythmus tat meiner Seele gut.

Der Pflegedienst, den ich zusätzlich organisieren wollte, war so schnell nicht einsatzbereit, erst nach vier Tagen nahmen sie den Dienst bei ihr auf. Bis mittags war sie daher in den beiden Wochen häufig allein, dann brachten eine Nachbarin oder Janina das Essen. Nachmittags kamen Freundinnen und manchmal auch die Enkelin, die die Zeiten miteinander so absprachen, dass an jedem Nachmittag jemand um sie war.

Wenn ich das jetzt so schreibe, hört es sich nach zwei guten Wochen an, die letztendlich geglückt waren. Meine Mutter genoss die große Aufmerksamkeit, die sie von so vielen Menschen auf einmal bekam. Für mich waren es zwei ausgesprochen lange Wochen, die durch die Verpflichtungen in meinem Beruf, die Fahrerei und den großen Organisationsaufwand herausfordernd waren, zumal ich nicht in meinem Zuhause lebte, meinen Mann und meine gewohnten Dinge vermisste und beruflich sehr eingespannt war. Außerdem war ich damit beschäftigt, meine Schuldgefühle im Zaum zu halten, und stolperte immer wieder über die Ambivalenzen in mir: gute Tochter – schlechte Tochter; gute Mutter – schlechte Mutter. Es ist, wie es ist, dachte ich damals, wir sind gut und schlecht zugleich, ich liebe sie und manchmal ärgere ich mich darüber, dass sie mir so viel abverlangt. Alle diese Gefühle gehören zu mir – und trotzdem bin ich für sie da und weiß jetzt schon, dass ich traurig sein werde, wenn sie einmal nicht mehr lebt. Wie gut ist es, dass ich mir ausreichend Entlastung durch die 24-Stunden-Hilfen geholt habe und die Zeiten mit ihr so bewusst wie möglich als gemeinsame Zeit, die so nicht mehr wiederkehren wird, zu leben versuche.

In dieser Zeit empfand ich es als entlastend, dass wir uns schon vor langer Zeit darüber ausgetauscht und miteinander entschieden hatten, dass es für uns nicht richtig wäre, wenn wir über längere Zeit zusammen in einem Haushalt leben, ich sie versorgen und dafür meinen Beruf und mein eigenes Leben hätte aufgeben müssen. Wir wären beide sehr schnell an unsere Grenzen gekommen, das wusste sie und ich auch. Ich beneidete meine Freundin, die in einer Großfamilie mit ihrer Mutter, den Kindern, Schwiegerkindern, Enkeln und inzwischen Urenkeln auf einem Bauernhof in guter Gemeinschaft miteinander lebten. Zu unserer Beziehung und in mein Leben hätte es aber ebenso wenig gepasst wie zu dem Wunsch meiner Mutter, in ihrem Haus bleiben zu können, bis es nicht mehr ging. Ich merkte schon in den Wochen, in denen ich sie bei mir zu Hause oder bei ihr betreute, dass wir beide das auf Dauer nicht durchgehalten hätten. So lebte ich mit den Schuldgefühlen, die immer wieder auftraten, und meine Mutter mit der Sehnsucht nach der Nähe zu ihrer Tochter. An einem Tag schaute sie mich sehr ernst an und sagte dann für mich eher überraschend: »Es ist gut, so eine Tochter wie dich zu haben. Ich bin dir sehr dankbar! Du hast für mich immer die passenden Lösungen gefunden! Wir haben es richtig gemacht.« Es fühlte sich gut an, eine solche Zustimmung wenigstens hin und wieder von ihr zu hören. Oft machte sie mir dagegen Vorwürfe, dass ich zu selten käme. Ich musste ihren Dank in mir speichern, um mich in den nächsten Dürrezeiten, wenn sie klagte oder mir wieder Vorwürfe machte, daran zu erinnern.

In solchen Zeiten habe ich, wie häufiger in meinem Leben, Geschwister vermisst, mit denen ich die Aufgaben vielleicht hätte teilen können. Es gibt Familien, in denen das wunderbar funktioniert. Aber oft sieht die Realität auch anders aus, als von mir idealerweise vorgestellt. Es kommt häufig vor, dass erwachsene Söhne und Töchter unterschiedlich präsent sind oder sich eine

Tochter oder ein Sohn ganz entzieht, was Ärger und Unmut bei denen verursacht, die vor Ort sind und sich hauptsächlich um die alten Eltern kümmern. Die Streitereien wegen unterschiedlicher Vorstellungen, wie das Leben der alten Eltern auszusehen hat, von denen mir Freunde mit mehreren Geschwistern berichteten, scheinen auch nicht so selten zu sein und können dann eher zu noch größeren Belastungen als zu Entlastungen führen. Jedenfalls tröstete ich mich damit, um meinen Wunschvorstellungen eine andere Richtung zu geben.

Meine eigene Familie mit unseren Pflegekindern und deren Familienmitgliedern war bei meiner Mutter wenig präsent, was ich in dieser Zeit eher betrübt zur Kenntnis nahm. Die Pflegetöchter lebten selbst in Zeiten von Doppel- und Dreifachbelastungen: Durch ihre Berufstätigkeit und eigene Kinder im pubertierenden Alter waren sie mehr als ausgelastet, sodass sie sich nur in Notfällen bei meiner Mutter sehen ließen. Der Pflegesohn lebte weiter weg, erkundigte sich immer wieder, ebenso wie die Pflegetöchter, nach der Oma oder telefonierten mit ihr. Besuche gab es aber fast ausschließlich an Geburts- oder Festtagen. Ich versuchte, zu verstehen, auch wenn ich mir mehr Entlastung und Interesse von ihrer Seite gewünscht hätte. Einzig die Enkelin Ronja kam lange Zeit regelmäßig zu Besuch, erzählte aus ihrer Welt, hörte sich die Geschichten von Oma an und versuchte, mit Spielen, Malen, Basteln und Vorlesen für etwas Abwechslung zu sorgen, was ihr auch gelang. Die junge Frau und meine alte Mutter hatten eine innige Beziehung, und zwischen einigen der Betreuerinnen und Ronja ergaben sich freundschaftliche Kontakte, wofür ich dankbar war, weil ich mich dadurch etwas entlastet fühlte.

Mein Mann, der während der Woche aus beruflichen Gründen nicht abkömmlich war, kam sonntags oft mit zum Besuch. Allerdings hatten er und meine Mutter ein eher angespanntes Verhältnis, was meine Belastung nicht unbedingt verkleinerte. Ich war froh, die organisatorischen Dinge auch ohne den Großeinsatz meiner Familie einigermaßen geregelt zu bekommen, wenngleich ich mich häufig nach mehr Entlastung sehnte, die ich aber durch die osteuropäischen Frauen mehr als ausreichend hatte.

Zwei Studentinnen und eine Einladung nach Armenien

Am zweiten Wochenende, das ich nach dem spektakulären Rauswurf von Malgorzata bei meiner Mutter verbrachte, kam Janina am Abend mit einer jungen Frau ins Wohnzimmer und fragte, ob sie etwas mit uns besprechen könne. Janina stellte die junge dunkelhaarige, sehr zarte Frau als Gayane aus Armenien vor, die sie in der Warteschlange vor der russischen Botschaft getroffen hatte. Janina wollte ihr Visum verlängern und Gayane eines beantragen, um ihre Oma in Moskau besuchen zu können. Sie hatten sich über das aktuelle Leben in Deutschland ausgetauscht, und bei der Gelegenheit war herausgekommen, dass Gayane seit drei Monaten in Deutschland lebte, bei einer Familie wohnte und dort im Geschäft half. Aber eigentlich sei sie gekommen, um Deutsch zu studieren, meinte sie, was aber kaum möglich war, da sie von der Geschäftsfrau ziemlich ausgenutzt und für ihre Arbeit nicht angemessen bezahlt wurde. Sie wollte dort weg, wusste aber nicht wohin. Sie hatte wenig Geld, gestaltete aber schöne Lederarmbänder, die sie auf dem Markt verkaufte. Nur leben konnte sie davon nicht.

Gayane sprach kaum Deutsch, aber ein hervorragendes Englisch, da sie Anglistik und Slawistik in Jerewan, ihrem Heimatort, studiert hatte und eigentlich schon ausgebildete Lehrerin war. Meine Mutter hakte nach: Lehrerin für Englisch? Sie selbst sei auch Lehrerin gewesen, allerdings für Deutsch und Russisch. Aber Englisch habe sie auch studiert. Gayane könne gerne mit ihr Deutsch lernen, das hätten schon einige Frauen vor ihr mit Erfolg gemacht. Wir erfuhren, dass sie bereits einen Platz in der Sprachschule hatte, wo sie nach den Ferien beginnen wollte.

Die beiden jungen Frauen hatten einen Plan ausgeheckt. Obwohl sie sich noch gar nicht lange kannten, waren sie sich einig, dass sie die Pflege abwechselnd übernehmen könnten und wir somit keine weitere Betreuerin bei der Organisation anfragen müssten. Die Unterlagen, die wir bisher von der Organisation bekommen hatten, waren auch nicht so ansprechend. Und die Frauen, die sie mir vorgeschlagen hatten, waren nicht älter als Janina und Gayane. Warum also sollten wir es nicht mit ihnen versuchen, zumindest so lange, bis eine feste neue Betreuerin gefunden war? Gayane erzählte von ihrer Oma, die sie zu Hause gepflegt hatte, und Janina hatte sich ja bereits mehr als bewährt.

»Was hältst du davon?«, fragte ich meine Mutter. Sie schaute sich die jungen Frauen an, nickte und meinte: »Ja, warum nicht, ist doch eigentlich eine gute Idee. Wann wollt ihr denn anfangen?« Beide brauchten dringend Geld, beide hatten gerade Ferien – also wollten sie am liebsten so schnell wie möglich beginnen. Meiner Mutter war alles recht, wenn sie nur nicht alleine sein musste. Es war Freitagabend und Gayane meinte, dass sie am Sonntag beginnen könnten. Wir einigten uns zunächst auf höchstens drei Wochen. Bis dahin glaubte ich, jemanden gefunden zu haben, und dann fingen zudem die Sprachschule für Gayane und das Studium für Janina wieder an.

Gayane zog also vorübergehend, wie wir glaubten, zu meiner Mutter in das Zimmer für die Betreuerinnen im Erdgeschoss. Sie war eine energische, zarte Frau, die ihre Ziele hartnäckig verfolgte. Eines dieser Ziele war, dass ihr Freund, der momentan noch bei der armenischen Armee an der aserbaidschanischen Grenze seinen Dienst versah, nach zwei Jahren nachkommen sollte, damit sie sich in Deutschland gemeinsam etwas aufbauen konnten. Sie versorgte meine Mutter gut. Einmal frage ich sie bei einem Telefonat, was es denn bei ihr zum Mittagessen gäbe. »Irgendwas Eingerolltes in Teig. Es schmeckt mir immer gut!« Sie schwärmte von den neuen Gerichten, deren Namen sie nicht kannte. Ich ließ sie mir später von Gayane erklären. Es gab Jajik, Boraki, Choereg, worunter ich mir allerdings nichts vorstellen konnte. Jajik war eine Suppe aus Gurken und Joghurt, Boraki leckere Teigtaschen mit gebratenem Hackfleisch und Choereg ein armenisches Hefegebäck mit Schwarzkümmel obendrauf. Köfte, eine beliebte Fleischspeise, wurde für den nächsten Tag vorbereitet. Wenn ich zu Besuch war, bekam ich nicht nur alle diese Gerichte zum Probieren vorgesetzt, sondern musste immer auch noch etwas davon mit nach Hause nehmen. Bei meinem Mann besonders beliebt war der dreistöckige, mit Schokoladencreme gefüllte Kuchen, der auf jeder Hochzeit ein Star gewesen wäre. Auch davon sollte ich immer noch die Hälfte mitnehmen. Sie war eine begeisterte und ausgesprochen gute Köchin, wofür wir ihr ein Fünf-Sterne-Diplom mit Kochlöffel überreichten.

Janina blieb oben unter dem Dach wohnen und wechselte sich mit Gayane beim Kochen, Spielen oder Putzen und der Pflege von »Frau Maria« ab. Die beiden jungen, engagierten Frauen waren ein gutes Team. Manchmal musste ich einspringen oder jemand anderen bitten, mal wieder einen Nachmittag bei meiner Mutter zu übernehmen. Sie wollte nun auch tagsüber nicht mehr alleine bleiben, weil sie Angst hatte, dass bei ihr eingebrochen würde. Die Geister der Stalindiktatur machten sich immer häufiger bemerkbar und die alten Bilder von nächtlichen Verschleppungen nahmen als Angst vor Einbrechern und Gewalttätern konkret Gestalt an.

Meine Mutter nannte Janina und Gayane inzwischen ihre »russischen Enkelinnen«, sie sprachen alle drei Russisch miteinander und gehörten im Lauf der Jahre zur Familie. Selbst viele Jahre nach Janinas Auszug und Heirat kam sie noch häufiger zu Besuch und feierte alle Weihnachtsfeste mit uns zusammen, zuletzt sogar mit ihrem Mann und ihrer Mutter, die aus Moskau angereist war.

Gayane wohnte gerade zwei Wochen im Erdgeschoss, als sich mit einer Frau aus Bosnien unerwartet wieder eine kontinuierliche Möglichkeit der Betreuung abzuzeichnen begann. Als diese kam, zog Gayane in das andere, noch freie Dachgeschosszimmer und blieb. Drei Jahre lebte sie im Haus, unterbrochen nur vom Urlaub bei ihrer Familie in Armenien oder ihrer Oma in Moskau. Zwischendurch war sie sogar drei Monate lang die einzige Betreuerin von »Frau Maria«.

Janina und Gayane surften mit meiner Mutter im Internet und entdeckten mit ihr und für sie interessante Informationen. So konnte sie mit Google Earth über ihrer alten Heimat kreisen, sich in einem Seniorenchat anmelden und mit Gleichgesinnten schreiben.

Sie erfuhr, wie die neue Speisekarte ihrer Lieblingspizzeria aussah, und vieles mehr. Vor allen Dingen aber bekam sie eine eigene Mailadresse und konnte sich auf diese Weise mit Ronja und mir regelmäßig austauschen. Ihr wuchs damit neue Lebensfreude zu, und die Spannung für sie war jedes Mal groß, was es in ihrem »Mehlkasten« noch alles zu entdecken gab und ob wieder neue Mails eingetroffen waren, die sie beantworten konnte. Rummikub trat für einige Zeit in den Hintergrund. Janina und Gayane zeigten ihr kleine Filme auf Russisch und manchmal skypte »Frau Maria« mit Janinas Mutter in Moskau oder mit der Enkelin. Sie war von der »Wundertechnik« ganz begeistert und konnte nicht genug davon bekommen. Auf jeden Fall brach mit den beiden Frauen eine neue, interessante und abwechslungsreiche Zeit für meine Mutter, aber auch für mich an, da sich zwischen Gayane und mir eine Freundschaft entwickelte.

Als Gayane nach drei Jahren wieder nach Armenien zurückkehrte, lud sie uns zu ihrer Hochzeit nach Jerewan ein, mein Mann und ich folgten der Einladung. Erst flogen wir nach Georgien, mieteten uns dort einen Jeep, erkundeten das interessante, wilde Land am Kaukasus und fuhren dann über die Grenze nach Armenien, wo wir pünktlich zur Hochzeit an der armenisch-katholischen Kirche auf das junge Paar warteten. Die Braut kam mit verweintem Gesicht auf uns zu, begrüßte uns stürmisch und erzählte atemlos, dass ihre Familie nicht an der Hochzeit teilnehmen könne, weil das Flugzeug in Moskau, wo die Eltern inzwischen lebten, nicht gestartet sei. Jetzt sei die Not groß, denn die Eltern mussten auf jeden Fall mit am Altar stehen. Ohne sie gab es keine Trauzeugen, und das bringt Unglück! Wir seien jetzt die Rettung, meinte Gayane, als »deutsche Pflegeeltern« sollten wir diese Rolle nun übernehmen. Wir konnten weder die Sprache noch war uns die Zeremonie in der Kirche vertraut. Während wir noch überlegten, nahmen uns die Eltern des Bräutigams an die Hand, führten uns in den Altarraum und meinten in einem hervorragenden Englisch, wir sollten ihnen einfach alles nachmachen. Es war tatsächlich nicht schwer: Wir mussten nur danebenstehen und lächeln, den Blumenstrauß abnehmen, bei der Trauzeremonie hinter der Braut stehen, das Heiligenbild küssen und anschließend das Paar nach draußen begleiten.

Bei der Hochzeitsfeier wurden wir von den älteren Gästen freudig umarmt und von den jungen auf Englisch angesprochen. Wir hätten in der Kirche alles richtig gemacht, so sagte man uns. Es wurde ein Fest mit reich gedeckten Tischen, einer zehnstufigen Hochzeitstorte, viel Sekt, Wein und armenischem Cognac, Trinksprüchen, Tänzen, Spielen und einer Menge Umarmungen und Küssen. Es war schön für uns, Gayane in ihrem Glück zu erleben, den Ehemann und die Familie kennenzulernen und unsere Verbindung dadurch zu festigen. Einige Tage später fuhren wir über holprige Straßen, durch eine unglaublich schöne Landschaft, an verlassenen Häusern und stillgelegten, zerfallenen Fabriken vorbei wieder über die Grenze nach Georgien und flogen von dort aus nach Hause. Meine Mutter hörte sich unsere Berichte an und betrachtete lange die Fotos. Es wollte ihr nicht gelingen, die Braut als Gayane zu identifizieren, die mit ihr drei Jahre verbracht hatte. Sie hatte sie vergessen.

Mein Mann und ich blieben mit Gayane in Kontakt. Einige Jahre später wanderte sie mit ihrem Mann nach Buenos Aires aus, wo wir sie nach dem Tod meiner Mutter besuchten. Inzwischen haben sie einen kleinen Sohn und sind in Argentinien auch innerlich angekommen. Beide sprechen schon gut Spanisch, und der junge Mann hat eine Arbeitsstelle gefunden. Wir werden sie sicher noch häufiger in Buenos Aires besuchen, da wir von dieser Stadt und dem argentinischen Tango inzwischen so begeistert sind, dass wir angefangen haben, ihn selbst zu tanzen. Ich staune manchmal, wenn ich darüber nachdenke, was sich aus der Betreuung meiner Mutter alles für unser eigenes Leben entwickelt hat.

Da ich auf keinen Fall wollte, dass Gayane und Janina ihr Studium vernachlässigen und ihre Ferien nur drei Wochen dauerten, suchte ich in der Zwischenzeit nach einer anderen Lösung. Diesmal wollte ich keine Agentur mehr einschalten, da die Unterstützung, mit der sie warben, nicht erfolgte. Weder im Krisenfall mit Malgorzata noch in der Notlage durch Gabrielas Absage kam von der Organisation direkte und schnelle Hilfe. Wir waren letztlich alleingelassen mit diesen Problemen. Somit kündigte ich kurzfristig den Vertrag mit der Agentur, hatte aber noch keine neue Idee, wie es mit der Betreuung weitergehen sollte, wenn die beiden Frauen sich wieder intensiver ihrem Studium und der Sprachschule widmen mussten. Aber ich war zuversichtlich, dass wir eine Lösung finden würden – oder die Lösung uns findet. In diesem Moment stieß ich auf die Anzeige in der Regionalzeitung, die uns auf eine neue Fährte brachte.

Das Dreierteam

»Junge, fleißige Frau aus Bosnien möchte Sie 24 Stunden unterstützen. Bitte um Mailkontakt.« Viele Vermittler schalten solche persönlich wirkenden Anzeigen. Dahinter verbergen sich häufig dubiose Geschäfte. So hatte ich einmal einen Mann am Telefon, der mir erzählte, er sei Architekt und wolle einer polnischen Frau helfen, die seine inzwischen verstorbene Mutter gepflegt habe. Er schwärmte von der zuverlässigen Betreuerin, die er nun weitervermitteln wolle, damit sie wieder eine gute Stelle bekäme. Ich fand sein Engagement für die Frau lobenswert und bat um die Telefonnummer der Betreuerin, die er mir aber nicht geben wollte. Es laufe alles über ihn. Wir mailten mehrere Male und ich war erstaunt, wie schlecht seine Rechtschreibung war – und das als Architekt? Er beschrieb mir eher vage die Bedingungen und war bis zuletzt weder bereit, mir den direkten Kontakt mit der Frau zu ermöglichen, noch ihren Namen zu nennen. Es kam mir seltsam vor, aber ich ließ mich pro forma auf seinen Vorschlag ein, ein Formular auszufüllen, das er der Betreuerin übergeben wollte, damit sie wisse, worauf sie sich einließ. Er wollte wissen, in welchem Zustand die zu pflegende Person war, welche Krankheiten sie habe und was genau zu tun sei. Nachdem ich den Fragebogen ausgefüllt hatte, schickte er mir einen Vertrag zu. Neben den ziemlich hohen Vermittlungskosten wollte er monatlich eine Summe für die weitere Betreuung der Pflegekraft und die mögliche Beratung in Krisenfällen. Ich vermute, dass er mehrere Damen in seiner Kartei hatte und jene, die angeblich seine Mutter gepflegt hatte, nicht real existierte. Die Geschichte, die er erzählte, schien eher eine Vertrauen weckende Maßnahme zu sein, um mit uns ins Geschäft zu kommen. Ich nahm Abstand von dieser Art der Vermittlung und stellte fest, dass diese Anzeige mit seiner Handynummer regelmäßig in der Zeitung erschien.

So konnte ich es kaum glauben, dass hinter der Anzeige, auf die ich mich nun gemeldet hatte, tatsächlich eine bosnische Frau stand.

Nach einem ersten Mailkontakt gab sie mir gleich ihre Telefonnummer und war nun persönlich am Apparat. Ich war erstaunt, wie gut sie Deutsch sprach. Sie erzählte, dass sie schon oft in Deutschland gewesen sei und bereits einige Stellen als Betreuerin in Süddeutschland und Österreich gehabt hatte. Jetzt wolle sie aber ins Rheinland, weil ihre Mutter hier ebenfalls eine Arbeitsstelle habe und ihr geraten hatte, eine Annonce in einer Regionalzeitung zu schalten. Sie hieß Despina und war eigentlich ausgebildete Polizistin. Ihr Partner betrieb ein kleines Restaurant, sie hatten zwei Kinder. Despina war mit ihrem jüngeren Bruder bei ihrer Mutter in Deutschland aufgewachsen, hatte eine deutsche Schule besucht und sagte uns ganz klar, was sie erwartete: Sie werde als Selbstständige arbeiten, daher habe sie neben der Sozialversicherung eine Kranken- und Unfallversicherung und einen Gewerbeschein. Außerdem habe sie gute Zeugnisse, die sie mir schicken wollte. Sie kannte sich gut aus und wollte erst einmal für sechs Monate einen Vertrag schließen. Außerdem fragte sie gleich, ob ihr Mann und die Kinder sie im Sommer besuchen könnten. Das sei unter anderem ein entscheidendes Kriterium dafür, ob sie die Stelle annehme. Ich fragte nach den Kindern und deren Betreuung, sie verwies sowohl auf ihren Partner als auch auf eine Tante, die im Restaurant mitarbeite. Es sei immer jemand für die Kinder da, das sei ihr selbst auch wichtig.

Ich war überrascht von so viel Selbstbewusstsein und Klarheit und mir gefiel ihre forsche, aber nicht fordernde Art. Sie schickte uns ihren Lebenslauf, ihren Gewerbeschein, den Pass, die Zeugnisse und zwei beeindruckende Fotos, auf denen sie in Uniform neben einem Motorrad zu sehen war. Meine Mutter studierte den Lebenslauf und die Zeugnisse sehr gründlich, schaute sich die Fotos lange an und war einverstanden. »Mit einer Polizistin im Haus bin ich ja wirklich gut beschützt! Die nehmen wir!«, meinte sie. Und ihre Familie könne in den Ferien gerne zu Besuch kommen und oben im ersten Stock wohnen, dann sei wieder Leben im Haus und sie könne mit den Kindern spielen.

Gayane und Janina sollten sich rechtzeitig auf die neue Situation einstellen können, daher erzählte ich ihnen gleich davon. Janina wurde still und meinte nach einer Weile, ob ich ihnen beiden die Betreuung meiner Mutter denn nicht zutraue. Sie wolle nicht noch eine weitere Frau im Haus haben, mit der sie sich absprechen müsse. Wir überlegten, ob es tatsächlich realistisch sei, neben dem Studium diese Aufgaben so zu erledigen, dass immer jemand da sein kann. Sie mussten beide studieren, das war schließlich ihr »Hauptjob«, und konnten nicht einfach schwänzen. Meine Mutter bemerkte ziemlich klar: »Kinder, ihr seid noch jung und wollt unterwegs sein und tanzen gehen. Ich brauche aber abends immer jemanden, der bei mir bleibt!« Sie sahen ein, dass es realistischer war, doch wieder eine feste Betreuerin für »Frau Maria« einzustellen. Aber wie sollte das aussehen? Wenn eine neue Betreuerin käme, wäre Janina oder Gayane überflüssig. Janina wollte unbedingt wie bisher die Springerin sein. Doch was wäre dann mit Gayane?

Gayane saß still daneben, verstand wenig und merkte, dass es jetzt um sie ging. Nach dem Wegzug von Patryzia hatte sie sich so freundlich um meine Mutter gekümmert und eine Beziehung zu ihr aufgebaut. Ich teilte ihr auf Englisch unsere Überlegungen mit und fragte die jungen Frauen nach ihrer Meinung. Wir wussten alle, dass Gayane nur für eine Überbrückungszeit ins Haus gekommen war und die Ferien bald zu Ende waren. Gayane fragte, ob sie jetzt wieder ausziehen müsse oder ob sie oben bei Janina einziehen könne, was sie gerne wollte. Janina fuhr aufgeregt dazwischen, dass meine Mutter bestimmt nicht noch eine weitere Frau gebrauchen könne. »Warum eigentlich nicht?«, fragte meine Mutter. »Es ist doch alles eine Frage der Organisation und des Miteinanders. Ich hätte jedenfalls gar nichts dagegen, und für Gayane werden wir schon noch Arbeit finden. Sie kann regelmäßig mit mir am Computer arbeiten, dann lerne ich noch etwas dazu!« Gayane fiel meiner Mutter um den Hals und wir öffneten eine Flasche Sekt, die meine Mutter für solche und ähnliche Fälle immer im Haus hatte. Sie selbst trank nichts davon.

Nun war dies also der Plan: In der übernächsten Woche kommt Despina aus Bosnien und wird unten bei meiner Mutter wohnen, sie ist die Hauptansprechpartnerin, die für die tägliche Pflege und den Haushalt zuständig ist. Damit sie ihre freie Zeit nehmen kann, werden sich Gayane und Janina an je einem Wochenende im Monat abwechseln, ich komme auch regelmäßig, um die freien Tage in der Woche abzudecken und natürlich auch mal an den Wochenenden mit meinem Mann zu Besuch. Gayane wird nach oben unter das Dach in das zweite Zimmer ziehen. Dann bräuchte sie aber dringend zwei Kochplatten, Töpfe und Geschirr, damit sie sich versorgen kann. »Vielleicht kann ich auch zusammen mit der Polizistin in der Küche kochen?«, schlug Gayane schüchtern vor. Meine kluge Mutter mischte sich ein und meinte: »Viele Köchinnen verderben den Brei! Macht ihr mal eure eigene Sache oben und wir schauen, was Despina für eine Frau ist. Dann können wir das mit ihr ja besprechen.«

Somit war klar, dass Despina kommen sollte, ich musste jetzt mit ihr klären, wann und wie. Ich war froh über die Möglichkeit, die sie uns bot. Wir hatten inzwischen schon regen Mailkontakt und einige Telefongespräche geführt und sie wollte so schnell wie möglich anreisen. Es schien uns fast, als seien ihre Koffer schon gepackt.

Wir fanden einen Termin in zehn Tagen, so lange wollten sich Janina und Gayane die Arbeit mit meiner Mutter weiter teilen. Gayane würde in der Zeit noch unten mit meiner Mutter wohnen. Es war eine Zeit, in der die beiden jungen Frauen Studium und Arbeit miteinander verbinden mussten und schnell bemerkten, dass das auf Dauer tatsächlich keine gute Lösung für sie gewesen wäre.

Despina sollte an einem Samstagabend in der Stadt ankommen und mich vorher von unterwegs anrufen, damit ich sie von der Bushaltestelle abholen konnte. Nun warteten meine Mutter, Gayane, Janina und ich auf eine Nachricht. Wir spielten wie immer nachmittags Rummikub. Ich saß auf heißen Kohlen, weil der Nachmittag verging und ich noch nichts von der bosnischen Frau gehört hatte. Es wurde spät und später am Samstag, und nicht nur ich wurde langsam unruhig. Mir fiel die Warnung einer Freundin ein, die meinte, ich solle bloß das Geld für die Fahrkarte nicht vorher schicken, da man nie genau wissen könne, ob die Frau auch wirklich käme. Ich habe immer auf Vertrauen gebaut und wurde selten enttäuscht, weshalb ich das Geld auch überwiesen hatte, aber diesmal schwirrten mir die dunklen Geschichten, die ich gehört oder gelesen hatte, durch den Kopf. Vielleicht bin ich einfach zu blauäugig, dachte ich.

»Was wäre, wenn sie gleich mit ihrem Mann und dessen Freunden kommt, sie hat ja eure Adresse. Sie könnten euch überfallen, ausrauben, alles Mögliche anstellen«, so die Warnung einer anderen Freundin, die sich stündlich erkundigte, ob ich denn endlich Nachricht hätte. »Die Papiere könnten doch gefälscht sein und sie ist mit eurem Geld auf und davon.«

Bei so viel Skepsis von allen Seiten musste ich meine aufkommende innere Unruhe bekämpfen und etwas tun. Ich bereitete das Abendessen vor, schälte Kartoffeln, schnitt Zwiebeln und Gurken – Kartoffelsalat für eine ganze Kompanie, den wir dann auch sofort aßen, weil nicht nur meine Mutter inzwischen Hunger hatte. Währenddessen fingen Janina und Gayane an, im Internet zu recherchieren, fanden die Seite des Eurobusses und die Kontaktdaten. Ich rief dort an und wollte wissen, wo der Bus zurzeit sei. Die freundliche Dame am Telefon teilte mir mit, dass er bereits vor drei Stunden am Zielort angekommen sei, aber auf der Passagierliste fand sich keine Person mit dem von mir angegebenen Namen. Na, dann bin ich also dieses Mal wirklich reingefallen, es kann ja nicht immer gut gehen! dachte ich. Wir begannen, uns gemeinsam aufzuregen und über einen Plan B nachzudenken, da klingelte es an der Haustür.

Es war Despina, eine Frau mit braunen Augen und einem wachen, freundlichen Gesicht. Sie stellte ihre Tasche ab, umarmte mich und erklärte gleich, warum sie nicht anrufen konnte und erst jetzt komme. Kurzfristig habe sich ergeben, dass sie mit einem Bekannten aus Bosnien mit dem Auto mitfahren konnte. In der Eile hatte sie unsere Telefonnummer nicht eingesteckt und uns deshalb nicht anrufen können. Viele Staus hatten die Reise verzögert, und sie war selbst schon unruhig geworden. Das Geld für den Bus habe sie dem Autofahrer gegeben, der sie direkt vor der Tür abgesetzt habe.

Wir waren alle sehr erleichtert. Die Frau gefiel uns. Wir verbrachten den restlichen Abend zusammen, Janina und Gayane erklärten ihr den Ablauf im Haus. Als ich mich verabschiedete, drückte mich meine Mutter herzlich und meinte zufrieden: »Das haben wir aber wieder gut hinbekommen!«, was ich aus vollem Herzen bejahen konnte.

Ich fuhr erleichtert mitten in der Nacht nach Hause und hatte ein gutes Gefühl. Das bestätigte sich bei meinen Telefonaten in der nächsten Woche. Die Frauen hatten ein passendes Arrangement gefunden: Despina ließ sich zwar das Kochen und die Oberhoheit über die Küche nicht aus der Hand nehmen, aber die beiden jungen Frauen hatten inzwischen die Abmachung, dass der Kühlschrank, den Janina für ihr Zimmer im Dachgeschoss angeschafft hatte, ebenso von ihnen beiden benutzt werden könne wie die Kochplatten und das Geschirr.

Despina pflegte meine Mutter sehr einfühlsam, machte aber auch deutlich, wann sie abends in ihr eigenes Zimmer gehen und dort nicht mehr gestört werden wollte. Das fand meine Mutter anfangs empörend, waren doch die anderen Frauen immer so lange mit ihr zusammengeblieben, bis sie selbst gegen zehn Uhr und manchmal auch später ins Bett gehen wollte. Despina hingegen machte meine Mutter nach dem Abendessen bettfertig, schaute mit ihr noch die Nachrichten, besprach mit ihr, was sie im Fernsehen sehen wollte, stellte ihr etwas zu knabbern für die Nacht hin und verzog sich dann. Das gefiel meiner Mutter überhaupt nicht, und es gab einige Auseinandersetzungen. Es endete mit dem Kompromiss, dass Despina an einem Abend doch noch mit ihr spielte, an zwei anderen jeweils eine der beiden jungen Frauen bei ihr war und meine Mutter sich die restlichen Abende alleine beschäftigte, was sie anfangs eher widerwillig tat. Da sie gerne las, war das nach einer kurzen Zeit der Umgewöhnung allerdings kein Problem mehr. Wichtig war, dass das Spiel und der Computer nicht zu kurz kamen. Nun wurde jeden Nachmittag nach dem Kaffeetrinken bis zum Abendessen gemeinsam gespielt oder am PC recherchiert, gechattet oder gemailt. Meine Mutter bestand darauf, nur wenn es ihr schlecht ging, was jetzt häufiger vorkam, fiel alles aus und sie verzog sich in ihr Bett. Despina wollte nicht an den Wochenenden, sondern in der Woche einen freien Tag plus zwei freie Nachmittage haben. Darauf waren wir organisatorisch zunächst nicht vorbereitet, aber dank der Flexibilität von Gayane und Janina ließ sich auch das regeln.

Bei einem meiner nächsten Besuche erzählte Despina uns in hervorragendem Deutsch, dass sie die ersten zehn Jahre ihres Lebens in Deutschland gelebt und in München zur Schule gegangen sei. Ihre Mutter habe sich dann von ihrem Vater getrennt, woraufhin sie mit ihr und ihrem Bruder erst einmal nach Bosnien zur Oma gefahren sei. Hier waren die beiden Geschwister aufgewachsen, weil die Mutter bald wieder in Deutschland in der Pflege tätig war. Nach ihrer Ausbildung zur Polizistin arbeitete Despina einige Jahre in diesem Beruf, verdiente aber einfach zu wenig. Mit 21 bekam sie ihren ersten Sohn und mit 25 ihren zweiten, geheiratet hatte sie nicht, lebte aber mit dem Vater der Kinder zusammen. Doch sie müsse bald heiraten, da sie unbedingt mit der ganzen Familie nach Deutschland kommen wolle. In Bosnien gäbe es für die Kinder keine Perspektive.

»Wie soll das gehen, was hast du vor?«, fragte meine Mutter erstaunt. Wir wurden in einen ausgetüftelten Plan eingeweiht, den Despina für sich und ihre Familie geschmiedet hatte: Sie wollte sich in den sechs Monaten ihres Aufenthaltes bei meiner Mutter an ihren freien Tagen um eine Arbeitsstelle in einem Seniorenheim kümmern, in dem sie später eine Ausbildung als Altenpflegerin beginnen konnte. Von Bosnien aus hatte sie schon Kontakt zu einigen Heimen aufgenommen und drei Einladungen zu Vorstellungsgesprächen bekommen. Alle Arbeitsstellen waren im Umfeld des Wohnortes meiner Mutter. Sie wollte alle Termine wahrnehmen und, falls nötig, auch jeweils einen Tag in der Woche dort zur Probe arbeiten. Dazu brauchte sie den freien Tag. Sollte sie eine Stelle bekommen, würde sie nach den sechs Monaten zurück nach Bosnien reisen, ein Visum beantragen und nach einiger Zeit wieder zurückkommen, um die neue Stelle mit Ausbildungsplatz anzutreten. Gerne würde sie dann zumindest in der Anfangszeit im Haus meiner Mutter wohnen. Dazu wollte sie die Wohnung in der ersten Etage für sich und ihre Familie mieten. Doch zunächst musste sie noch einmal zurück nach Bosnien, um zu heiraten und auch für ihren Mann und die Kinder ein Visum zu beantragen.

War es der Rotwein, der mich plötzlich etwas schwindelig werden ließ, oder die Atemlosigkeit, mit der Despina ihre klaren Vorstellungen vortrug? Alles schien gut durchdacht zu sein. Sie hatte sich viel vorgenommen und ich traute ihr zu, dass sie ihren Plan auch zielstrebig verfolgen würde. Wie viel Kraft musste diese Frau haben, um das alles zu organisieren? Mir imponierte ihre Haltung, sie wusste genau, was sie für sich und vor allem für die gesicherte Zukunft ihrer Söhne wollte. Dazu nahm sie viel auf sich. Außerdem war sie sehr fleißig und verantwortungsbewusst, kombiniert mit der Fähigkeit, sich abgrenzen zu können.

Bald nach Despinas Einzug stellte sich allerdings ein Problem heraus: Janina fand Despina unsympathisch, störte sich daran, dass sie vor der Haustür rauchte, fand sie laut und herrisch. Es gab immer wieder Auseinandersetzungen zwischen den Frauen. Ich wurde häufiger als Mediatorin angerufen und hinzugeholt. Despina und Janina gingen sich aus dem Weg, während Gayane und Despina ein Hobby miteinander verband: das Kochen. So durfte Gayane hin und wieder die Küche unten in der Wohnung benutzen und meist dann, wenn wir zu Besuch kamen, ein armenisches Festmahl für alle vorbereiten, das auch mit viel Lob von allen Seiten gewürdigt wurde. Die kleinen Eifersüchteleien Janinas waren nun auch gegen Gayane gerichtet, die sich nach ihrer Ansicht zu viel mit Despina und zu wenig mit ihr beschäftigte. Die Stimmung zwischen den Frauen war nicht besonders gut, meine Mutter bekam allerdings wenig davon mit, da sie rund um die Uhr von jeweils einer der drei Frauen bestens umsorgt wurde und das Wichtigste, ihr Spiel, nicht zu kurz kam. Außerdem nahm ihr neues Hobby, das Surfen im Internet mit dem neuen Laptop, den ich ihr besorgt hatte, sie sehr in Beschlag. Sie spielte mithilfe der drei inzwischen kleine Computerspiele, suchte sich mit ihnen Filme aus, die sie zusammen ansahen, und begann mit zwei Fingern und viel Ausdauer und Geduld ihre Gedichte und Geschichten abzutippen, die sie vor einiger Zeit handschriftlich verfasst hatte.

Nach zwei Monaten hatte Despina einen Vertrag für ein Probehalbjahr in einem Seniorenheim in der Nähe, das sie im kommenden Jahr antreten konnte. Sie war erleichtert und glücklich und begann, dafür zu planen. Sie wollte in dieser Zeit gerne im Haus meiner Mutter wohnen, am besten mietfrei. Dazu würde sie in ihrer freien Zeit ihre Versorgung übernehmen, um die Freizeit der jeweils neuen Pflegerin zu garantieren. Ihr Mann könnte dann später mit den Kindern nachkommen und im Garten arbeiten und Hausmeister sein, im Haus gab es immer etwas zu reparieren oder zu streichen.

Ich musste schmunzeln, dann hätten wir also mit ihr eine dritte Springerin, aber noch keine Hauptbetreuerin. Und was sage ich dem langjährigen Gärtner, wenn für ihn keine Arbeit mehr da ist, weil jemand anderer sie machen will? Aber bis dahin war noch fast ein Jahr Zeit, ich hatte inzwischen gelernt, dass sich manches entweder von selbst ergibt oder meistens ganz anders kommt, als geplant. Die vielen ungeplanten Situationen waren zwar aufregend und herausfordernd, aber eigentlich auch die spannendsten, wie wir allerdings erst im Nachhinein feststellen konnten. Immer dann, wenn wir uns trauten, Risiken einzugehen, und offen genug waren, uns auf etwas Neues und Unbekanntes einzulassen, ergaben sich interessante Lösungen, die wir nicht besser hätten planen können. Wir haben gemeinsam als Familie gerade in dieser Zeit eine Haltung entwickelt, die ich als flexibel und neugierig beschreiben möchte, aber auch voller Vertrauen darauf, dass die Menschen, die zu meiner Mutter kommen, uns nicht enttäuschen, was bis auf einen Fall auch tatsächlich so war. Wie oft haben wir unsere Vorstellungen verändern müssen, wie oft gab es Situationen, in denen ich dachte, dass es jetzt keine Lösung mehr gibt. Und dann immer wieder diese glücklichen Zufälle: Es tauchten plötzlich Menschen auf, mit denen wir nicht gerechnet hatten und die dann die Antwort auf eine Frage oder die Lösung für ein Problem waren. Fast durchgängig, bis zum Verkauf des Hauses, haben wir solche Erfahrungen machen können. Es wundert mich immer noch, wie vieles sich gefügt hat.

Meine Mutter machte es mir vor. Sie hatte keine Angst vor neuen Situationen und Menschen, im Gegenteil, sie war eher neugierig, was sich alles ergeben könnte. Es war jedes Mal wie eine neue Reise für sie – und da sie nun schon lange nicht mehr in fremde Länder reisen konnte, waren die Veränderungen durch die neuen Hausbewohner für sie die spannendsten Ereignisse in ihrem Leben, an denen sie, soweit es ging, interessiert Anteil nahm. Die neuen Hausbewohnerinnen brachten sozusagen die weite und fremde Welt zu ihr, in Form von unbekannten Gerichten, anderen Sprachen, Fotos und Geschichten aus fremden Teilen Europas, die sie entweder noch nicht besucht hatte oder schon von ihren früheren Reisen kannte und über die sie auch berichten konnte.

Meine Mutter und Despina verstanden sich hervorragend, sie war in allem sehr zugewandt. Sie probierte sofort an »Frau Maria« aus, was sie bei den ersten Fortbildungen gelernt hatte: aktivierende Pflege und Hilfe zur Selbsthilfe. Meine Mutter, die durch die vorherigen Betreuerinnen schon sehr im Verwöhnmodus angekommen war, sollte sich jetzt wieder mit Unterstützung eigenständig aus- und anziehen, beim Kochen mithelfen und andere kleine Arbeiten übernehmen. Das gefiel ihr erst gar nicht, da sowohl Gabriela und Patryzia als auch Janina und Gayane ihr viel zu viel abgenommen hatten. So jammerte sie, sie könne sich nicht den Pullover über den Kopf ziehen. Die Füße bekomme sie nicht in die Hose und die Knie könnte man ihr ja schließlich einreiben, das wolle sie nicht auch noch selbst tun. Despina war liebevoll, aber bestimmt. Meine Mutter begann, sich also eher widerwillig wieder selbst am Waschbecken sitzend zu waschen und anzuziehen, half beim Gemüseputzen und Kartoffelschälen mit, bekam ein Handtuch in die Hand und musste abtrocknen. Durch die kleinen Tätigkeiten hatte der Tag nun nicht nur eine neue Struktur, sondern meine Mutter spürte, dass sie auch wieder »zu was nütze« war, wie sie selbst sagte. Die beiden anderen Frauen schauten sich den Prozess der aktivierenden Pflege ab, und »Frau Maria« wollte inzwischen auch selbst wieder mehr tun.

Der Garten wurde in dieser Zeit allerdings ziemlich vernachlässigt, da Despina schon beim ersten Gespräch deutlich gemacht hatte, dass sie dafür nicht verantwortlich sein wollte. Die beiden anderen Frauen hatten auch wenig Lust, sich dort zu betätigen, und der Gärtner hatte nur Zeit für das Nötigste, wie den Rasen zu mähen und Sträucher zu schneiden. Die schönen Beete, die Patryzia und Gabriela angelegt und gepflegt hatten, verkümmerten, und die Erdbeeren, die sich dann doch durchsetzten und reiften, wurden ebenso wie die Johannisbeeren nur von mir gepflückt und von allen anderen gerne gegessen.

Der kleine, inzwischen etwas altersschwache Hund durfte im Bett meiner Mutter am Fußende schlafen. Wieder war sie zufrieden mit der aktuellen Situation, und ich natürlich auch, da es für eine gewisse Zeit nicht so viel zu regeln und organisieren gab.

Nach sechs Monaten war Despinas Aufenthalt bei meiner Mutter vorerst beendet, sie flog nach Hause zu ihrer Familie, beantragte ein neues Visum und kam nach einem halben Jahr wieder zurück, allerdings nicht, um bei »Frau Maria« zu arbeiten, sondern um bei ihr im ersten Stock einzuziehen, nach dem uns inzwischen vertrauten Modell »Wohnen gegen Hilfe« für meine Mutter da zu sein und ihre Arbeits- und Ausbildungsstelle in einem Altenheim anzutreten.

Die vier M: Man muss Menschen mögen

Die nächste Pflegerin, Roxana, wurde uns von einer rumänisch-deutschen Organisation, auf die ich ebenfalls durch eine kleine Anzeige aufmerksam geworden war, für drei Monate vermittelt. In ihrer Haltung gegenüber und der Umgangsweise mit meiner Mutter war sie nun genau das Gegenteil. Mit der aktivierenden Pflege, die Despina so mühe-, aber auch liebevoll eingeführt hatte, konnte sie nichts anfangen, sondern vertrat ein absolutes Überfürsorge- und Autoritätsmodell. Sie brachte eine andere Struktur ins Haus und wurde von meiner Mutter mal ironisch, mal liebevoll »die Generalin« genannt. Insgesamt hatte sie einen völlig anderen Stil als Despina, an den sich meine Mutter und die anderen Frauen im Haus nicht ohne Auseinandersetzung inzwischen gewöhnt hatten. Als ich telefonisch nachfragte, was sie gerade so mache, antwortete meine Mutter mir einmal: »Du weißt doch, meine Chefin macht alles für mich. Aber ich habe auch noch einen eigenen Willen!«

Allerdings war Roxana neben ihrem oftmals autoritären Verhalten wegen ihres großen Verantwortungsbewusstseins und ihrer Hilfsbereitschaft trotzdem eine gute Betreuerin. Sie kümmerte sich auch um den inzwischen sehr alten und etwas trägen Hund, der während ihrer Anwesenheit bei meiner Mutter leider verstarb. Meine Mutter verlor ihren anhänglichen Freund, der zum Schluss gegen den ausdrücklichen Willen von Roxana doch noch in ihrem Bett schlafen durfte. Es gab mit Roxana einige Kämpfe um die Selbstständigkeit von »Frau Maria«, die natürlich ihre Kleidung selbst aus dem Schrank heraussuchen und nicht von Roxana hingelegt bekommen wollte. Sie war inzwischen wieder gewohnt, sich am Waschbecken sitzend zu waschen und wollte nicht von ihr gewaschen werden. Zudem wollte sie mitbestimmen, was es zu essen gab und was eingekauft wurde. Zwischen beiden entwickelten sich kleinere und größere Autonomiekämpfe, bei denen die jungen Frauen aus dem Dachgeschoss munter die Position meiner Mutter

verteidigten. Roxana musste immer mehr von ihrer überfürsorg-
lich-autoritären Haltung aufgeben. Ich glaube, sie war froh, als sie
nach drei Monaten abreisen konnte. Allerdings wollte sie unbedingt wiederkommen und bedankte sich bei ihrer Abreise dafür,
dass sie viel gelernt habe. Vorher musste sie allerdings Ana, die
nächste rumänische Betreuerin, einarbeiten. Die etwas herrische
Roxana gab der noch eher schüchternen Ana einen detaillierten,
auf Rumänisch verfassten Tagesplan mit genauen Zeitangaben und
machte ihr damit große Angst, wie sie mir allerdings erst sehr viel
später erzählte. Ana, die zur vertrautesten Betreuerin und zu unserer Freundin wurde, blieb mit Unterbrechungen vier Jahre bei meiner Mutter. Ihr werde ich ein eigenes Kapitel widmen. Sie wird
darin auch selbst über diese Zeit bei meiner Mutter und ihre Beob-
achtungen schreiben.

Während ich über die kurze, etwas schwierige Phase mit Roxana
nachdenke, kommt in mir Bewunderung für meine betagte Mutter
auf, darüber, wie offen und interessiert sie mit den verschiedenen
Menschen und deren jeweils eigener Art z. B. den Haushalt zu führen, sie zu betreuen oder zu kochen, umgegangen ist. Ihr Motto:
»Ich nehme es, wie es kommt, und mache das Beste daraus!« hat sie
versucht durchzuhalten, auch wenn es aufgrund der demenziellen
Veränderungen immer häufiger Situationen gab, in denen sie weniger interessiert bis gleichgültig oder abweisend war. Als Ana zu ihr
kam, konnte sie sich noch gut anpassen: Sie probierte das meiste
gerne aus, was es an Neuem für sie gab, sie aß beinahe alles, auch
wenn es ihr fremd war, und nahm vieles mit Humor. Wenn ihr
etwas absolut nicht passte, widersprach sie, manchmal kämpfte sie
auch oder überlegte mit mir, wie die Situation zu ändern wäre. So
haben wir z. B. den Hund in ihrem Bett gemeinsam bei Roxana
durchgesetzt.

Sie selbst verstand sich immer wieder als Lernende und freute
sich, wenn sie den Namen eines neuen Gerichtes behalten hatte,
wenn sie über das Leben in Polen, Rumänien oder anderen Ländern, die sie noch nicht kannte, Informationen erhielt oder bei-
spielsweise von der Bedeutung eines Tattoos erfuhr, das eine der
Damen trug. Sie ließ sich erklären, wie es auf die Schulter gelangt

war und wie man es später wieder entfernen konnte. Einmal suchte sie sich einen passenden Nagellack aus und ließ sich von einer der Betreuerinnen die Fingernägel lackieren – um ihn dann aber nach einiger Zeit wieder entfernen zu lassen, weil sie meinte, das sei nicht ihr Stil. Sie probierte aus, staunte, fragte nach und machte sich Gedanken über das Gehörte, was sie mir bei meinem nächsten Besuch ausführlich erzählte. Insgesamt ist sie sehr langmütig und geduldig mit den unterschiedlichen Situationen, Menschen und auch mit sich selbst umgegangen. Ich habe diese besondere Haltung an ihr schon damals und jetzt mit dem Abstand einiger Jahre noch mehr bewundert.

Wenn ich ihr meinen Respekt dafür aussprach, wiegelte sie mit einer Handbewegung ab und fragte verschmitzt: »Was bleibt mir denn auch anderes übrig?« Worauf wir jedes Mal beide zu lachen anfingen. Heute würde ich sagen, dass sie eine dialogische Frau war, die die Menschen und ihre Geschichten mochte. Sie selbst beschrieb ihre Haltung so: »Das sind meine vier **M: Man muss Menschen mögen!**« Das wird wohl eines der Geheimnisse gewesen sein, weshalb sie über fünfzehn Jahre lang mit den Betreuerinnen in ihrem Haus so zufrieden hat leben können!

Gayane und Janina hatten es sich inzwischen im Dachgeschoss gemütlich gemacht, teilten Kühlschrank und Kochplatten und gingen ihren Aufgaben in Schule und Studium sehr strebsam nach. Wenn sie ihre fünf Pflichtstunden wöchentlich bei »Frau Maria« absolvierten, nahmen sie die jeweils Dritte im Bunde – erst Despina, später Roxana, dann Ana – mehr oder weniger wohlwollend auf, und jedes Mal entstand unter den drei Frauen eine neue Dynamik.

Diesmal verstand sich Janina gut mit Roxana, während Gayane sich mit ihrem Kommandoton nicht abfinden wollte, und so war sie es, die in dieser Zeit der neuen Betreuerin aus dem Weg ging. Gesprochen wurde abwechselnd Russisch, die Sprache, die Roxana in der Schule gelernt hatte, oder Deutsch, was sie auch ganz gut konnte, da ihre Herkunftsfamilie aus Siebenbürgen kam, also deutschstämmig war. Meine Mutter teilte mit Roxana und Ana ein großes Thema: ihre alte Liebe zu Rumänien, dem Land, das wir, als ich ein junges Mädchen war, mehrmals zusammen bereist hatten. Überall in ihrer Wohnung fanden sich Souvenirs aus Rumänien: die rot-weiß bestickten Kissen auf dem Sofa, bunte Keramikschüsselchen in der Küche, und auf den Fensterbänken standen die tanzenden und musizierenden Trachtenpuppen, ihre Andenken an unsere Reisen vor fünfzig Jahren und die vielen Geschenke der osteuropäischen Frauen und Männer.

Als ich das Haus später ausräumte, fragte ich mich, was ich damit tun sollte. Es ist mir nicht leichtgefallen, die Dinge, an denen ihr Herz hing, wegzuwerfen oder abzugeben. Letztendlich hat ein freundlicher Herr die Kartons mit diesen und vielen anderen Erinnerungsstücken meiner Mutter schließlich für den Trödelmarkt des Tierheims abgeholt. Wer weiß, wer sich jetzt an dem einen oder anderen Souvenir erfreut?

Ana, die Seelenfreundin

Nun warteten wir also auf Ana, die aus dem Teil Rumäniens kam, der nahe der ungarischen Grenze liegt. Somit sprach sie neben Rumänisch auch Ungarisch und fühlte sich eigentlich mehr als Ungarin denn als Rumänin. Trotzdem teilte sie mit »Frau Maria« die Liebe zu dem Land.

Durch die rumänisch-deutsche Agentur und meine Ansprechpartnerin dort wusste ich, dass es sich um eine »sehr liebe Frau« handelte, die allerdings noch nicht so gut Deutsch sprach, weshalb es vorher auch keinen telefonischen Kontakt mit ihr gegeben hatte. Wie gut also, dass Roxana noch zwei Tage da war, um auf Rumänisch alles Nötige zu erklären.

Ich empfing Ana mit einem freundlichen »Guten Tag« und hieß sie herzlich willkommen. Sie war sehr schüchtern und antwortete mit einem leisen »Auf Wiedersehen«, was sie wohl mit einer Begrüßung verwechselt hatte. Darüber musste ich spontan lachen, was ihr vorgekommen sein muss wie ein Auslachen, da sie rot wurde und sich verschämt zur Seite drehte. Ich nahm sie in die Arme, stellte ihr meine Mutter vor, die die Situation sofort begriff und sie auf Rumänisch begrüßte. Es wurde schnell deutlich, dass Ana nicht nur wenig, sondern gar kein Deutsch sprach oder verstand, was Roxana gleich ausnutzte, um ihre Autorität noch einmal in vollem Maß zur Geltung zu bringen. Das erfuhr ich allerdings erst einige Zeit später von Ana.

Wie es ihre Art war, musste sie sie als »die Generalin« unter ihre Fittiche nehmen. Sie zeigte ihr die Geschäfte, die Apotheke, den Arzt und erzählte wohl überall, dass sie selbst bald wiederkäme, da diese Frau mit den Aufgaben absolut überfordert sei, was man ja schon in den ersten Stunden bemerke. Es war für Ana das erste Mal, dass sie in einer solchen Arbeits- und Lebenssituation stand, und sie wollte unbedingt alles richtig machen. Die Anfangsbedingungen waren allerdings denkbar schlecht.

Soweit wir das im Nachhinein rekonstruieren konnten, hatte Roxana in diesen zwei Tagen alles getan, um Ana den Start so schwer wie möglich zu machen. So beschrieb sie ihr zum Beispiel detailliert, wie sie zu putzen habe, mit der Anmerkung, dass ich das wöchentlich kontrolliere. Erst als Ana und ich nach einiger Zeit vertrauter miteinander waren und sie besser Deutsch sprach, fasste sie sich ein Herz und erzählte mir von diesen Schikanen. Sie glaubte, alles erfüllen zu müssen, was auf dem Plan stand.

Durch Janina, mit der sie sich zunächst auch nicht verständigen konnte, wurde sie ermutigt, ihren eigenen Weg zu gehen. Janina nahm sich anfangs sehr viel Zeit, um mit Ana die Alltagsdinge gemeinsam zu erledigen, also zum Beispiel mit ihr einkaufen zu gehen, weil sie viele der angebotenen Produkte gar nicht kannte. Ich war nur zu ihrer Begrüßung anwesend, weil ich anschließend beruflich unterwegs war. Die Anrufe bei der Mutter klangen jedoch alarmierend: »Ich halte das mit ihr nicht mehr lange aus. Sie versteht nichts. Wenn ich sage, dass ich die Zeitung lesen will, bringt sie mir einen Apfel, und wenn ich möchte, dass sie das Tor öffnet, damit meine Freundin mit ihrem Auto in den Hof fahren kann, geht sie in die Küche und macht nichts. So geht das auf keinen Fall, bitte besorge mir eine andere Frau!«

Da ich mich mit Ana telefonisch nicht verständigen konnte, war Janina in der Zeit eine wichtige Vermittlerin und Ansprechpartnerin für mich. Ich telefonierte mit ihr und sie erzählte mir, dass Ana häufig weine und sehr unglücklich sei. Es sei aber auch sehr schwer, ohne Sprachkenntnisse in einem fremden Land, das wisse sie aus eigener Erfahrung. Ich bat sie, sich, soweit es ihr möglich war, um die beiden zu kümmern, bis ich wiederkäme, was sie bereits von sich aus mit großem Engagement tat. In der Zwischenzeit beruhigte ich meine Mutter, die aber selbst schon für Abhilfe gesorgt hatte. Sie holte ihre alten rumänischen Lehrbücher hervor und begann mit Ana auf diese Weise Deutsch zu lernen. Sie selbst frischte ihre rumänischen Vokabeln auf und Ana lernte die deutschen. Schon nach ein paar Tagen waren daher die ersten kleinen Verständigungen möglich, wodurch sich die Situation erheblich entspannte. Ana war sehr lernbegierig. So gab es jeden Tag statt eines

Spielnachmittags einen Lernnachmittag, und als ich nach zwei Wochen Ana wieder bei meiner Mutter traf, begrüßte sie mich mit den Worten: »Herzlich willkommen in unserem Haus. Wie geht es Ihnen? Ich heiße Ana und komme aus Rumänien.«

Meine Mutter berichtete stolz, dass sie jetzt als Anas Lehrerin eine wichtige Aufgabe zu erfüllen habe, da sie eine wunderbare Frau sei, die unbedingt bei ihr bleiben, aber natürlich so schnell wie möglich die Sprache beherrschen müsse. Ich war sehr erstaunt, wie gut sich alles entwickelt hatte – und froh, dass ich noch nichts in die Wege geleitet hatte, um für Ersatz zu sorgen. Janina und Ana freundeten sich schnell an, auch mit Gayane war sie in engem Kontakt, lernte sie doch von ihr die hohe Kunst der armenischen Küche. Sie war eine äußerst bescheidene Frau, die ich oft ermutigen musste, ihre freie Zeit zu nehmen und sich, so wie es Despina gemacht hatte, von meiner Mutter abzugrenzen.

Die beiden jungen Frauen machten sie mit dem PC und dem Internet vertraut, sodass sie bald einen eigenen Laptop besaß und mit ihrer Familie, vor allen Dingen mit ihrem Sohn, der Arzt in Ungarn war, in regelmäßigem Kontakt stand. Ich musste sie oft bremsen, dass sie nicht zu viel arbeitete und auf ihre Erholung achtete. Die freien Tage waren für sie anfangs eher lästig, da sie nicht wusste, was sie alleine unternehmen sollte. Schon bald entdeckte sie jedoch den Garten als Freizeitbeschäftigung. Sie wollte eine Ecke für Gemüse, die andere für Blumen einrichten und begann im Frühjahr umzugraben. Wir fuhren in die Gartencenter, und es war eine große Freude zu erleben, wie sie die Stauden aussuchte, Tomaten-, Paprika- und Gurkenpflanzen zusammenstellte. Plötzlich hielt sie inne und fragte, ob das nicht doch alles zu teuer sei. Aber ich konnte sie beruhigen. Wir packten das Auto voll und sie begann zu pflanzen, zu hegen und zu pflegen. Irgendwie steckte sie mich sogar mit ihrer Gartenfreude an, sodass auch ich in diesem Jahr viel mehr Zeit in meinem Garten verbrachte und pflanzte als die Jahre zuvor. Anfangs war noch gar nicht klar, ob sie so lange bleiben würde, um die Ernte zu erleben. Aber schließlich konnte sie im Sommer und Herbst reichlich Beeren pflücken, sich an Tomaten und Gurken und ihren Blumen erfreuen. Sie hatte einen grünen Daumen und erklärte, dass das ihre Lieblingsfreizeitbeschäftigung sei, bei der sie sich erholen und ausruhen könne. Meine Mutter freute sich ebenfalls daran, dass der Garten wieder beachtet und bewirtschaftet wurde, saß mit ihrem großen Sonnenhut auf dem Campingsessel mitten im Beet, bekam Bohnen in den Schoß gelegt, die sie schnippeln sollte, und anschließend gab es eine Suppe daraus.

Fast alle osteuropäischen Betreuerinnen wussten anfangs nicht so recht, wie sie ihre Freizeit außerhalb von Haus und Garten gestalten sollten. Mir fiel auf, dass die meisten nur ungerne etwas alleine unternahmen. Wie sie mir erklärten, waren sie es wenig gewohnt, als Frauen ohne Gesellschaft unterwegs zu sein. Hier war wohl noch lange nach dem Fall des »Eisernen Vorhangs« spürbar, dass in den sozialistisch geprägten Ländern nicht die Individualität, sondern die Gemeinschaft der höhere Wert war. Man unternahm fast alles zusammen. Sie komme sich komisch vor, wenn sie ohne Freundin oder Freund einfach in einem Café sitze, sagte mir eine Betreuerin aus Polen. Somit zogen sie sich in ihrer freien Zeit meist in ihr Zimmer zurück, um zu schlafen, fernzusehen oder im Internet zu surfen. Ana nutzte nach einer Weile die Zeit, um Vokabeln zu lernen. Später besuchte sie Deutschkurse und eine interkulturelle Gruppe, zu der sie regelmäßig in die nächste Stadt fahren musste. Sie war sehr ehrgeizig. Am Ende ihres vierjährigen Aufenthaltes sprach sie fast perfekt Deutsch und konnte es ebenso gut schreiben. Doch vorher hatte sie eine ganz andere Herausforderung zu bewältigen, die sie, wie sie mir später erzählte, an den Rand der Verzweiflung gebracht haben muss.

Einige Wochen nach Anas Arbeitsbeginn in Deutschland kam meine Mutter plötzlich wegen eines Schwächeanfalls ins Krankenhaus. Wir fuhren am ersten Tag mit dem Auto in die nächstgrößere Stadt und besuchten sie dort. Da der Aufenthalt einige Wochen dauern sollte, musste Ana von nun an täglich mit dem Zug und dem Bus ins Krankenhaus fahren. Bis zu diesem Zeitpunkt war sie noch nie alleine mit öffentlichen Verkehrsmitteln unterwegs gewesen. Daher begleitete Janina sie anfangs bis zum Bahnhof, zeigte ihr am Schalter, wie die Tickets zu lösen und abzustempeln waren, und überließ sie anschließend ihrem Schicksal.

Insgesamt wurde sie aber immer selbstbewusster. Als meine Mutter aus dem Krankenhaus entlassen wurde, päppelte sie sie mit Suppe, leckerem Essen und guter Laune wieder auf. Sie begann, sich mit den Nachbarinnen und Nachbarn zu unterhalten und lud mit dem Einverständnis meiner Mutter alle ein. Sie kochte Kaffee, wenn jemand vorbeikam, lernte ebenso wie die eine oder andere Nachbarin Rummikub, und es war spürbar, dass Menschen sich in ihrer Nähe wohlfühlten. Die Sommerwochen mit ihr waren wunderschön: Die beiden Frauen saßen auf der Terrasse und spielten Rummikub. Ana kaufte Eis, backte Kuchen und bewirtete alle Besucherinnen und Besucher mit den Köstlichkeiten. Und wenn ich zu Besuch kam, wurde ich verwöhnt.

Meine Mutter hatte Schmerzen in den Knien, konnte kaum gehen, aber sie las gerne, und schaute ihre Lieblingssendungen wie »Bauer sucht Frau« oder »Bares für Rares«. Außerdem entwickelten sie miteinander kleine Rituale. So legten sie die Füße auf den Tisch, wenn es im Fernsehen ein Konzert mit Helene Fischer gab, und dazu schleckten sie Eis. Auch wurde meine Mutter bei jedem (!) Wetter in mehrere dicke Decken gepackt, damit sie für ein paar Minuten auf der Terrasse in der frischen Luft sitzen konnte. Wenn ich anrief und fragte, was sie gerade taten, sagte meine Mutter häufig: »Wir machen Abi, und gerade hat Ana ein Diktat geschrieben, das ich jetzt gleich korrigieren muss!«

Wenn ich zu Besuch kam, entwickelten wir ebenfalls unsere kleinen Rituale. Anfangs, es war Frühlingszeit, fuhren wir immer die gleiche Strecke mit dem Auto, erst zum Friedhof, wo das Grab meines Vaters lag, dann in ein weiter weg gelegenes Dorf, wo die Eltern meiner Mutter und ihre Tante Philomene begraben waren. Ich erinnere mich an blühende Tulpenfelder, die Ana mit Ausrufen der Freude und des Staunens kommentierte. Auf dem Weg dorthin entdeckten wir eine Hütte am Rand einer Straße, wo man Gebrauchtes abgeben und mitnehmen konnte. Wir liebten beide Trödelsachen und fuhren von da an fast jede Woche an dem Häuschen vorbei. Meine Mutter nahm immer wieder Dekoartikel mit, die ich dann zu Ostern oder Weihnachten in ihrer Wohnung bewundern konnte. Zu Hause angekommen, fragte meine Mutter jedes Mal spitzbübisch, ob wir denn nicht mal wieder Pizza essen wollten. Klar wollten wir! Also zog ich los, um für uns eine große Pizza »Vier Jahreszeiten« zu kaufen, die wir dann gemeinsam entweder auf der Terrasse oder im Esszimmer verspeisten. »Das war wieder ein schöner Tag«, sagte meine Mutter oft, wenn ich mich dann auf den Weg machte. Und so fühlte es sich auch für mich an. Die Nachmittage mit den beiden Frauen taten mir gut, ich wurde von Ana liebevoll umsorgt, wir verstanden uns gut, sie brachte Leichtigkeit in das Leben meiner Mutter, die in dieser Zeit oft große Schmerzen hatte.

Beim nächsten Besuch durchforsteten wir die Schränke meiner Mutter und sortierten alles aus, was sie nicht mehr brauchen konnte. Dann brachten wir nun unsererseits einiges in das Trödelhäuschen. Diese Besuche wurden zu einem anregenden »Trödelritual«. Sonntags fuhren wir manchmal zusammen ins China-Restaurant, was für Ana anfangs etwas wirklich Besonderes war.

Wenn ich zu meiner Mutter kam, hatte Ana immer schon das Tor zur Einfahrt geöffnet, was für mich wie ein Willkommensgruß war. Meine Mutter saß am Fenster, schaute hinaus und wartete, dass ich in den Hof fuhr. Ana kam mir dann entgegen und sagte mir jedes Mal, wie sehr sie sich freue, mich zu sehen. Im Esszimmer war bereits der Tisch gedeckt, ich wurde erwartet, es gab köstliche rumänische Gerichte wie z. B. gefüllte Paprikaschoten, und häufig selbst gebackenen Kuchen. Wir überlegten, ob wir gemeinsam etwas unternehmen oder doch lieber spielen wollten, wobei wir uns dann meist für die Unternehmungen entschieden. Ich war gerne mit den beiden Frauen zusammen, manchmal kamen Janina oder Gayane abends dazu, und es herrschte eine entspannte Atmosphäre. Das lag vor allen Dingen an Ana, die mit ihrer bescheidenen und warmherzigen Art die Menschen für sich einnahm und in deren Nähe sich jeder wohlfühlte.

Mit meiner Mutter verband sie etwas ganz Besonderes. Das lag zum einen daran, dass sie regelmäßig zusammen Deutsch lernten und Ana langsam flüssiger sprechen konnte. Zum anderen teilte meine Mutter mit ihr die »rumänische Seele«. Ana praktizierte eine wunderbare Mischung aus aktivierender Pflege – das hatte sie von

Despina übernommen –, andererseits verwöhnte sie meine Mutter, indem sie ihr etwas Leckeres zubereitete, sie massierte und sie häufig umarmte.

Mich bewegte sehr, wie Ana sich freuen konnte, sei es über das erste Schneeglöckchen, das sie fotografierte und mir schickte, über die freundlichen Kontakte mit den Nachbarinnen oder über die Musicalaufführungen, die wir zusammen besucht haben.

Als Weihnachten nahte, war die bange Frage, ob Ana nach Hause fahren würde, denn wir würden meine inzwischen ängstlicher und orientierungsloser gewordene Mutter nicht mehr zu uns nehmen können. Es blieb nur die Möglichkeit, gemeinsam in ihrem Haus zu feiern. Gayane flog nach Armenien zu ihrem Freund, Janina wollte im Haus bleiben. Sie freute sich, als die Entscheidung fiel, dass auch Ana bleiben wollte und wir so zum ersten Mal gemeinsam den Heiligen Abend feiern würden. Ana und ich kauften einen kleinen Weihnachtsbaum, den sie wunderschön schmückte, und ich brachte das Fondue mit, ein Gericht, das beide nicht kannten. Wir verteilten die Aufgaben, sich um die Salate, den Nachtisch und den Einkauf zu kümmern, und so saßen wir erstmals in kleiner Runde um den von Ana und Janina geschmückten Esstisch: meine Mutter, Ana, Janina, mein Mann und ich. Als der Fonduetopf heiß war, mussten wir erst einmal zeigen, wie das mit den Fleischstückchen auf den Spießen im Fett funktionierte. Die Bescherung lief so ab, wie ich es als Kind mit meinen Eltern und später in unserer eigenen Familie praktiziert hatte: Einer überreicht ein Geschenk an einen anderen, der dann wieder das nächste weiterreicht, aber natürlich erst, nachdem er sein Geschenk ausgepackt, allen gezeigt und es gewürdigt hat. Meine Mutter lag währenddessen auf dem Sofa, kommentierte alles und war müde und glücklich. Die beiden Frauen bemerkten wiederholt, noch nie ein so schönes Weihnachtsfest erlebt zu haben. Als mein Mann und ich uns dann gegen zehn Uhr verabschiedeten, um zur Weihnachtsfeier einer unserer Pflegetöchter zu fahren, war meine Mutter längst eingeschlafen. Die beiden Frauen waren allerdings noch in Feierlaune und öffneten den Sekt, den ihnen meine Mutter geschenkt hatte.

Ana war eine durch und durch gute, warmherzige Frau, die uns allen, insbesondere meiner Mutter, guttat. Am Ende ihrer Tätigkeit bei uns konnte sie so gut Deutsch, dass sie über ihre Zeit mit meiner Mutter einen ausführlichen Bericht schrieb, der mich sehr berührte. Ich möchte ihn hier im Original zitieren:

Hier war meine zweite Heimat und ich habe viel gelernt
von Ana Kui

Als ich im Dezember 2013 angekommen bin, hatte ich erst einmal große Angst und einen Knoten im Hals. Ich konnte die deutsche Sprache nicht und ich wusste, dass die Tochter der Frau, die ich zu pflegen haben werde, eine Professorin ist. Bei uns haben die Professoren die Nase oben, du kannst als normaler Mensch gar nicht mit ihnen sprechen. Als ich Sigrid gesehen habe, hat sie gelacht, und Frau Maria war auch freundlich. Da habe ich gefühlt, dass es gut werden wird. Ich hatte aber auch Angst davor, dass ich nicht alles schaffen und gut erledigen kann, was ich sollte.
Am zweiten Tag sagte die vorherige Pflegerin, Roxana aus Rumänien, die mich einweisen wollte, ganz streng zu mir: »Um sieben Uhr musst du bei Frau Maria sein und vorher das Badezimmer putzen.« Ich konnte die ganze Nacht nicht schlafen, und morgens war ich schon um halb sieben unten und dann hat Roxana trotzdem alles alleine gemacht: Blutdruck gemessen, Kaffee gekocht, die Betten gemacht … Ich durfte gar nichts selbst ausprobieren, sie hat mich nicht gelassen. Sie war eine strenge Frau. Dann waren wir zusammen einkaufen und haben die Medizin in der Apotheke liegen gelassen. Ich sollte sie holen und musste den ganzen Weg wieder zurückgehen. Sie hat mich auch nicht kochen lassen, hat Bohneneintopf mit Wurst gekocht, und wir haben dann zusammen gegessen und gespielt. Ich sollte die Küche aufräumen und den Boden putzen. Das habe ich gemacht, aber als Roxana am nächsten Tag mit dem Auto abgeholt wurde, war ich froh, dass ich jetzt für Frau Maria da sein durfte. Janina und Gayane haben

mir dann viel gezeigt: wie die Waschmaschine funktioniert, wie der Blutdruck gemessen wird, wie der Tagesablauf ist, und Janina hat mir mit Frau Maria geholfen, wenn diese nicht aufstehen wollte. Nach ca. zwei Wochen haben wir uns gut verstanden. Ich konnte zwar noch kein Deutsch, aber mit Händen und Füßen haben wir gesprochen. Frau Maria war sehr ungeduldig, und ich habe nicht immer verstanden, was genau sie wollte. Das war nicht so einfach für mich. Aber wir haben viel gespielt, das war gut, weil ich dann mit ihr alleine was machen konnte. Dann haben wir auch Fotos angeschaut. Ich hatte nicht mehr so viel Angst, aber ich wusste nicht genau, was ich alles durfte und was nicht. Ich habe immer gefragt, ob sie will, dass ich bleibe. Oder will sie mich vielleicht nach Hause schicken, weil ich nicht alles verstehe? Das wusste ich anfangs nicht und fühlte mich oft unsicher.

Sigrid kam jede Woche und wir haben uns ausgetauscht, und sie hat mir immer gesagt, dass ich es gut mache, was ich erst gar nicht glauben konnte. Aber später war ich darauf stolz.

Als der erste Monat zu Ende war, haben wir alle zusammen Weihnachten gefeiert, das war so schön. Danach haben wir meinen Geburtstag im Januar gefeiert. Sigrid kam mit dem Akkordeon und hat mir ein Geburtstagslied gespielt. Das war einer der schönsten Tage in der ersten Zeit. Es war eine große Überraschung für mich, dass sie extra für mich gekommen war. Ich war ja doch eine Fremde im Haus. Janina hatte zusammen mit Frau Maria den Tisch schön gedeckt. Frau Maria hat mir eine Karte geschrieben, die ich als Erinnerung behalten habe. Danach habe ich mich besser gefühlt und gemerkt, dass die Familie mich mag.

Anfang April kam Frau Maria ins Krankenhaus. Ich habe den Krankenwagen gerufen und sie jeden Tag im Krankenhaus besucht. Ich musste lernen, wie ich mit Bahn und Bus dorthin fahren konnte. Sigrid und Janina haben mir das gezeigt, aber ich habe mich manchmal doch verlaufen. Und einmal war ein Kontrolleur im Bus. Ich hatte ein Ticket gekauft und musste jeden Tag zehn Euro bezahlen. Einmal habe ich falsch bezahlt und ausgerechnet dann wurde ich erwischt. Ich habe mich so geschämt. Es war sehr peinlich.

Als Frau Maria aus dem Krankenhaus zurückkam, habe ich das erste Mal in meinem Leben Spargel zubereitet und ein Festessen für sie gemacht. Auf der Packung stand, was ich machen muss, und es hat wunderbar geschmeckt. Das erste Mal! Ich wurde langsam etwas selbstständiger, dann war ich auch schon einmal mit Janina in der Stadt. Ich hatte erst Angst, dass ich das nicht darf, aber Janina hat mir gesagt, dass das alle Frauen gemacht haben und ich das darf. Es war schön! Janina war mir eine wichtige Hilfe in der ersten Zeit.

In den nächsten Wochen habe ich viel gelernt. Wir haben mit Frau Maria »Abitur gemacht«, sie hat diktiert und ich habe geschrieben. Sie hat korrigiert und ich habe dann die Fehler verbessert und zehn Mal alles neu geschrieben. Sie war früher Lehrerin und war streng mit mir, aber so habe ich die Sprache mit ihr gelernt. Jeden Tag haben wir geübt. Am Anfang habe ich viele Fehler gemacht. Heute habe ich zehn große Ringbücher, die ich alle vollgeschrieben habe im ersten Jahr. Ich wollte unbedingt lernen.

Manchmal habe ich mit meinem Sohn, der Arzt ist, telefoniert und ihm erzählt, dass Frau Maria zittert und ich nicht wüsste, was ich machen sollte. Er sagte dann: »Du musst den Arzt rufen.« Mein Sohn war für mich auch eine große Hilfe. Es war gut, mit ihm telefonieren zu können.

Zuerst hatte ich wenig Selbstbewusstsein, ich dachte, mein Platz sei in der Küche. Wie geht das hier, wo darf ich sein? Ich war dann aber wie in der Familie. Sie haben gesagt: »Du gehörst zu uns«, das hat aber gedauert, bis ich das auch geglaubt habe. Ich habe auch von den anderen Frauen gelernt. Helga, die Freundin von Frau Maria, hat mich oft ermuntert: »Du musst stark sein, du musst auch mal Nein sagen.« Auch Despina war sehr selbstbewusst, ein ganz anderer Charakter als ich. Ich habe mir abgeschaut, wie sie alles gemacht hat. Sie war ein gutes Vorbild, sie war immer freundlich, aber auch bestimmt und klar. Das hat gutgetan.

Als sie weg war, hat sie mir oft WhatsApps geschickt und gefragt, wo ich bin. Ich habe geantwortet: »Zu Hause.« Da hat sie gefragt: »Wo denn genau? Bei Frau Maria oder in Rumänien?«

Mit den Nachbarn habe ich dann auch Kontakt bekommen, sie waren alle sehr nett, sie haben mir Geschenke gemacht und Frau Maria hat gesagt, ich soll Blumen kaufen und mich bei ihnen dafür bedanken. Sie meinte einen kleinen Strauß, aber ich habe für viel Geld Blumen gekauft, einen viel zu großen Strauß. Wir hatten viel Besuch, jede Woche kam eine Freundin mit ihrem behinderten Sohn, und wir haben zusammen Kaffee getrunken, Abendbrot gegessen und viel gespielt und gesprochen. Wir hatten auch die Nachbarinnen oft zu Besuch, es war immer Abwechslung. Sigrid war jede Woche da, manchmal auch mit ihrem Mann, und sie hat mir viele Hefte und Bücher mitgebracht, z. B. »Erste Klasse Deutschunterricht«. Wir sind dann auch spazieren gefahren, im Restaurant essen gegangen und haben viel Zeit miteinander verbracht, und jedes Mal hat sie einen Blumenstrauß für mich und für Frau Maria mitgebracht. Ich liebe Blumen. Im Lauf der Zeit habe ich fast alle Nachbarinnen kennengelernt, die zum Spielen, zum Geburtstag oder einfach so vorbeikamen. Ich war auch bei ihnen. Eine Nachbarin ist inzwischen wie eine Freundin geworden, wir haben uns wechselseitig geholfen, sie hat einen sehr kranken Mann. Ich war auch bei ihr eingeladen.

Ich habe auch gerne im Garten gearbeitet. Durch den Garten hatte ich meine Freiheit und war in der Natur, habe die Vögel gehört, mich über die Blumen und über die Bäume und das Wachsen der Natur gefreut. Im August war mein Sohn für ein paar Tage bei uns, er hat hier gewohnt und ich hatte freie Zeit, damit wir nach Amsterdam fahren konnten. Wir waren im van Gogh-Museum und an den Grachten spazieren. Ich war schon mit Sigrid in anderen interessanten Städten und konnte meinem Sohn etwas zeigen. Frau Maria war vor der Ankunft meines Sohnes ganz aufgeregt, sie wollte ihn unbedingt kennenlernen. Sie wartete den ganzen Nachmittag auf ihn und hat ihn als Erste begrüßt. Sie war begeistert von ihm, und ich war froh, dass ich allen einen Teil von meiner Familie vorstellen konnte.

2015 hat mich Sigrid in eine interkulturelle Gruppe gebracht, wo ich dann einmal in der Woche ein Treffen hatte. Es gab dort viele nette Menschen aus unterschiedlichen Ländern. Jeder bekam eine deutsche Patin, ich auch, und wir haben uns manchmal getroffen. Sigrid, Frau Maria und ich waren im Frühjahr in einem Schloss auf einer Gartenschau, es gab so viele wunderschöne Blumen: Rosen, Rhododendron, Flieder, Maiglöckchen, und ich musste an meine Oma denken, die mich »Maiglöckchen« genannt hat.

Sigrid ist für mich ein Vorbild, sie lacht viel, ist freundlich und hat mich gelehrt, immer nach vorne zu denken. Nicht zu sagen, was schlecht ist, sondern es gibt viel Gutes und lass den Kopf nicht hängen. Sie hat mir viel Post geschickt, überall, wo sie arbeiten musste, gab es für mich und für Frau Maria eine Karte. Sie hat mir gesagt: »Du musst, wenn du hingefallen bist, aufstehen, die Krone aufsetzen und weitergehen.« Das hat mich hochgebracht. Es war ein guter Kontakt. Wenn Sigrid kam, war das mein Medikament, sie hat mich beruhigt und ich habe auf sie gewartet, so wie auch Frau Maria. Es gab viele schöne Momente, auch mit der Familie von Sigrid. Wir waren oft Eis oder Pizza essen, wir sind mit dem Auto spazieren gefahren, wir waren in chinesischen und griechischen Restaurants, wo wir zusammen Gerichte gegessen haben, die ich noch gar nicht kannte. Sie hat mir eine Karte für das Ballett und für den Zirkus geschenkt, wo wir alle zusammen waren, das war alles so schön. Ich habe viel gesehen und erlebt und dafür bin ich sehr, sehr dankbar.

Als Ana schon eine Zeit lang bei meiner Mutter tätig war, kam Despina wieder zurück, was für eine neue Gruppendynamik und interessante Impulse im Haus sorgte.

Die Familie aus Bosnien zieht ins Haus

Die Geschichte von Despina, der Polizistin aus Bosnien, und ihrer Familie, ist noch nicht zu Ende erzählt. Sie fuhr nach sechs Monaten, die sie bei meiner Mutter verbracht und in denen sie ihre zukünftige Arbeits- und Ausbildungsstätte gefunden hatte, wieder nach Hause zu ihren Kindern und ihrem Partner. Wir blieben miteinander in Verbindung. Ein halbes Jahr später hatte sie endlich ein Visum und kam nach Deutschland zurück, diesmal nicht als Betreuerin für meine Mutter, sondern als Altenpflegeassistentin in einem Seniorenheim.

Sie wohnte erneut bei meiner Mutter, jetzt jedoch in der ersten Etage, da im Dachgeschoss noch immer die russische Studentin Janina und die armenische Sprachschülerin Gayane wohnten und als Springerinnen eingesetzt waren. Sie sorgten dafür, dass Ana genügend freie Zeit nehmen konnte, die jetzt schon seit einiger Zeit bei meiner Mutter als Hauptbetreuerin lebte.

Despina arbeitete zehn Tage in der Woche im Seniorenheim und hatte dann vier Tage frei. In der freien Zeit kaufte sie ein, erholte sich ein wenig und kümmerte sich gemäß unserer Abmachung »Wohnen gegen Hilfe« um meine Mutter. Gleichzeitig waren auch Gayane und Janina mit jeweils fünf Stunden in der Woche eingesetzt, sodass die Betreuungssituation sehr komfortabel für meine Mutter war. Sie genoss das sehr, während Ana anfangs nicht so genau wusste, was sie mit ihrer freien Zeit anfangen sollte. Sie war es gewohnt, immer zu arbeiten, und das Ausruhen oder Nichtstun entsprachen so gar nicht ihrer Mentalität. Es war gut, dass sie sich mit den beiden jungen Frauen angefreundet hatte und immer eine von ihnen Zeit und Freude hatte, mit Ana etwas zu unternehmen oder sich mit ihr zu unterhalten.

In Despinas Wohnung im ersten Stock begannen sich Kleinmöbel, Küchenutensilien, Bettwäsche und Kinderkleidung zu stapeln. Sie war eine begnadete Schnäppchenjägerin und bereitete den

Zuzug ihrer Familie vor. Vorher jedoch kam diese in den Sommerferien für zwei Wochen erst einmal nur zu Besuch. Meine Mutter
freute sich auf die Kinder, von denen sie allerdings wenig zu sehen
bekam, da sie sich in ihre Betten verzogen und den ganzen Tag bei
herrlichem Sommerwetter mit dem Computer beschäftigt waren.
Despinas Mann Gregori war sehr hilfsbereit und machte sich in
Haus und Garten nützlich. Er verstand es als Ausgleich für die
Einladung, in »Frau Marias« Haus zwei Wochen kostenlos verbringen zu können. Es war eine gute Situation, alle waren zufrieden mit
dem Arrangement. Gayane und Janina besuchten in dieser Zeit
ihre Familien und schickten uns Fotos. Mein Interesse an Armenien wuchs, die wunderbare Landschaft, die Klöster und all das,
was Gayane über ihr Land, das sie sehr liebte, zu berichten und
zeigen hatte, machten mich neugierig.

Zum Abschluss der zweiwöchigen Ferienzeit luden wir Gregori
und Despina mit den Kindern zu einem kleinen Grillnachmittag
ein. Der Grill wurde aus Ziegelsteinen gebaut, es gab einen Wä-
schekorb voller Würstchen, Ketchup und Weißbrot und natürlich
einen Kasten Bier und Schnaps, den außer Gregori niemand trank.
Der junge Mann konnte viel vertragen und am Abend war die Flasche leer, ohne dass wir ihm etwas anmerken konnten. Den Kindern wurde das Essen in die Wohnung gebracht. Hier hatte sich die
Familie inzwischen mit den Möbeln, die im Haus noch zu finden
waren, und jenen, die Despina auf Trödelmärkten gesammelt hatte,
provisorisch eingerichtet.

Nach der Abreise der Familie blieben Despina noch zwei Monate Probezeit im Pflegeheim, die sie mit Bravour bestand. Nun
konnte sie nicht nur ihren ersten Jahresurlaub nehmen, sondern
erhielt zudem einen festen Vertrag. Dadurch hatte sie ein relativ
gutes Gehalt, das sie nachweisen musste, um ihre Familie nachho-
len zu können. Sie war überglücklich, fuhr nach Hause, heiratete
Gregori und kam nach zehn Tagen wieder zurück, um die nächste
Etappe zu bewältigen: Nun wollte sie für die Familie ein richtiges
Zuhause schaffen. Hierzu unterschrieb sie einen Mietvertrag mit
meiner Mutter. Den weiteren Hausstand sammelte sie vom Sperr-
müll und von Trödelmärkten zusammen. Es dauerte nicht lange,

da war die Wohnung fix und fertig eingerichtet. Jetzt musste der Rest der Familie in Bosnien nur noch ein Visum bekommen.

In der Zeit ihres Aufbruchs und Neuanfangs saßen wir oft bei meiner Mutter zusammen und sie berichtete über die Widerstände, die sie zu überwinden hatte, um ihr Ziel, in Deutschland zu leben und zu arbeiten, erreichen zu können. Ihr Kampf mit den Behörden war dabei die größte Schwierigkeit. Außerdem musste noch schnell ihre Hochzeit dazwischengeschoben werden. Es wurde kein großes Fest, nur eine kleine Zusammenkunft nach dem Standesamt, und dann ging es schon wieder weiter für sie.

An ihrer neuen Arbeitsstelle im Altenheim war sie sehr gefordert. Sie hatte den Eindruck, dass alles an ihr hing. So kam es mir auch vor, aber sie war trotzdem immer fröhlich und guter Dinge. Zwischendurch nahm sie sich immer wieder Zeit, um mit meiner Mutter zu spielen oder sie zu betreuen. Wenn Despina wieder etwas Neues für ihre Wohnung gekauft oder irgendwo gefunden hatte, zeigte sie es zuerst meiner Mutter, die lebhaft Anteil nahm an Despinas Mühen. Im Gegenzug bat Despina sie oft, von ihrem Neuanfang nach dem Krieg in Deutschland zu erzählen.

Meine Bewunderung für die ausdauernde Kraft dieser zähen Frau wuchs. Nach einem Jahr intensiver Vorbereitung und fleißiger Arbeit war es dann so weit: Die Familie hatte endlich ein Visum erhalten und kam nach Deutschland. Mann und Kinder zogen in die Wohnung im Haus meiner Mutter ein. Das Nest war fertig! In der ersten Zeit gab es für Gregori noch einiges zu reparieren, was er gerne tat. Despina musste sehr früh aufstehen, da sie mehr als eine Stunde Anfahrt zu ihrer Arbeitsstelle im Seniorenheim hatte, Gregori und die Kinder blieben zu Hause. Er sollte auf sie aufpassen, mit ihnen etwas unternehmen und sich um den Haushalt kümmern.

Da gerade Sommerferien waren, hatten die Kinder große Langeweile und Gregori bald keine Aufgaben mehr im Haus zu erledigen. Das, was nötig war, hatte er schon repariert. Eine Arbeitsstelle für ihn war nicht in Sicht, obwohl er sich das sehnlichst wünschte. Gregori trank gegen die Langeweile und die Arbeitslosigkeit ein wenig zu viel Alkohol, die Kinder spielten von morgens bis abends am Computer im Bett und begannen zu verwahrlosen. Das Leben der drei spielte sich in der Wohnung ab, der Fernseher lief den ganzen Tag. Despina hatte genug mit ihrer Arbeitsstelle und der Familienorganisation zu tun. Abends musste sie einkaufen, kochen und sich um die Wäsche und den Haushalt kümmern. Der daraus folgende, unvermeidliche Streit war lautstark und bis nach unten zu hören. Meine Mutter verlor ihre Geduld mit den neuen Hausbewohnern, die sich bei ihr selten blicken ließen.

Ana hielt sich weitgehend zurück. Aber sie konnte nur schwer aushalten, dass die Kinder tagsüber, wenn Despina nicht zu Hause war, kaum etwas zu essen bekamen. Also brachte sie Leckereien nach oben oder lud die Kinder mit dem Vater nach unten ein. Sie nahmen das Essen gerne an, waren aber nicht dazu zu bewegen, mit meiner Mutter und Ana gemeinsam zu essen. Es wurde für alle eine schwierige Zeit. Meine Mutter war plötzlich wieder in ihrer alten Rolle als Vermieterin und ärgerte sich, dass die Miete nicht zum Monatsende bezahlt wurde. Die Streitereien gingen ihr auf die Nerven, ebenso die überfüllten Mülltonnen, in die zudem jede Art Abfall landete und nicht getrennt wurde. Für ihren eigenen Müll gab es keinen Platz mehr. Zudem wurde die Treppe nicht regelmäßig geputzt, Flaschen stapelten sich im Flur. Für meine Mutter gab es genug Gründe, sich aufzuregen. Ich schaltete mich erst einmal nicht ein, da ich merkte, dass sich meine Mutter als Vermieterin in der Verantwortung fühlte und für Abhilfe sorgte, indem sie mit den Mietern sprach und zumindest das Müllproblem geregelt wurde.

Despina selbst hatte kaum mehr Kraft für ihre tägliche Arbeit. Sie war von ihrem Mann, der sie wenig unterstützte, enttäuscht und fragte sich, ob es wirklich die richtige Entscheidung gewesen war, die Familie nachzuholen. Sie selbst sagte nach einigen Jahren, dass dies die schwerste Zeit für sie war, weil sie nicht nur sich, sondern nun auch noch ihre Familie motivieren und animieren musste, sich anzupassen und am gemeinsamen Leben zu beteiligen. Es stellte sich heraus, dass sie mit ihrem starken Wunsch, in Deutschland zu leben, ihrer Familie zumindest in der Anfangszeit keinen Gefallen getan hat. Weder die Kinder noch Gregori, dem es in Bosnien mit verschiedenen Arbeitsaufträgen gar nicht so schlecht gegangen war, hatten den Umzug nach Deutschland gewollt. Zudem gab es finanzielle Engpässe, die dazu führten, dass Despina weder die Miete noch ihre Fahrkarte zur Arbeitsstelle bezahlen konnte.

Despina schüttete mir ihr Herz aus und meinte, ihr Mann habe sich in Deutschland sehr verändert. Sie war der Überzeugung, das läge hauptsächlich daran, dass sie so erfolgreich sei und er immer noch keine Arbeit habe. Schließlich hatte er in Bosnien erst im eigenen Restaurant, später auf dem Bau gearbeitet – schwere Arbeit, die ihn müde, aber zufrieden gemacht hatte.

Während ich ihm half, sich auf Anzeigen zu bewerben oder im Internet etwas Passendes zu suchen, meldete sich die Leiterin des Seniorenheims bei Despina. Es wurde ein Assistent für den Hausmeister gesucht. Gregori war handwerklich sehr begabt, er konnte fast alles und das war sicher die richtige Arbeit für ihn. Allerdings wurde der Posten nicht gut bezahlt und außerdem hätten sie in die Nähe des Seniorenheims umziehen müssen, was sie eigentlich nicht wollten.

Wieder war es Despina, die sich kümmerte und entschied. Gregori bekam nach einer kurzen Probezeit die Stelle und es wurde ihnen sogar eine Wohnung angeboten, was eine besondere Chance war. Nach nur sieben Wochen zog die Familie also wieder aus – ein neues Leben für die vier! Wir feierten noch einmal ein Grillfest zum Abschied und halfen mit einem Transporter, um den inzwischen ziemlich großen Hausstand zu verladen. Die Familie zog in eine großzügige Dienstwohnung im Altenheim ein. Danach wurde es wieder sehr ruhig im Haus. Die Flaschen aus dem Keller und die vielen Möbel in der Garage, die Despina dort abgestellt hatte, weil sie sie letztlich doch nicht gebrauchen konnte, wurden nach und nach von uns entsorgt.

Inzwischen war Janina sehr überstürzt gegangen. Sie hatte sich über die Kinder geärgert, die oftmals laut tobten, und verstand sich von Anfang an nicht gut mit Despina. Sie stritt mit Gregori, weil er in seiner Wohnung rauchte und sie sich dadurch belästigt fühlte. Kurzerhand zog sie zu ihrem Freund. Allerdings blieb sie meiner Mutter und Ana treu verbunden und besuchte sie regelmäßig.

Auch bei Gayane hatte sich etwas verändert. Ihr Freund wurde aus der Armee entlassen, darum wollte sie wieder zurück nach Jerewan. Vorher sollte sie aber noch drei Monate allein bei meiner Mutter bleiben, da Ana eine schwierige Zahnoperation bevorstand, die sie in Rumänien machen lassen wollte. Gayane bewährte sich bei meiner Mutter, wurde aber gegen Ende etwas unruhig und weniger gelassen. Sie vermisste ihren Freund und »Frau Maria« wurde ihr zu anstrengend, da sie nachts häufiger aufwachte, durch das Haus irrte, an Gayanes Tür klopfte, um sich zu vergewissern, dass sie noch da war. Als Ana nach drei Monaten endlich wiederkam, fuhr sie erleichtert ab und deutete schon an, dass wir alle zur Hochzeit eingeladen seien. Ein Jahr später kam dann die offizielle Einladung, die mein Mann und ich gerne annahmen.

Vorläufig wollte Ana keine neuen Mitbewohner mehr im Haus haben, die Wochen mit Despinas Familie waren ihr zu turbulent gewesen. Und so blieben Ana und »Frau Maria« erst einmal eine Zeit lang alleine im Haus, hatten ihren eigenen Rhythmus und Tagesablauf. Im Mittelpunkt stand wieder das Rummikubspiel, das jeden Tag mindestens zwei, manchmal auch bis zu vier Stunden gespielt wurde. Damit Ana genügend Freizeit hatte, kamen wir häufiger zu Besuch, auch Janina und die Enkel kamen hin und wieder vorbei, um sie abzulösen. Es gab inzwischen keine Freundinnen oder Bekannten mehr, die meine Mutter hätten besuchen können. Entweder waren sie verstorben, zu krank oder hatten sich zurückgezogen, weil meine Mutter ihnen zu anstrengend geworden war. Es wurde einsamer um sie. Daraufhin suchte ich über eine Zeitungsannonce eine Frau als Gesellschafterin, die regelmäßig an einem oder zwei Nachmittagen zu Besuch kommen sollte. Es meldeten sich über dreißig Frauen, von denen wir drei einluden. Alle waren sympathisch. Zwei der Frauen wechselten sich nun jeden Montag ab und jeden Samstag kam die nette Renate und erfreute meine Mutter mit ihrem kleinen, lustigen Hündchen. Alle drei spielten mit ihr gerne stundenlang Rummikub. So konnte Ana getrost und beruhigt aus dem Haus gehen und regelmäßig zu ihrem interkulturellen Treffen in die Stadt fahren.

Meine Mutter nahm alles als selbstverständlich hin. Sie genoss die Zweisamkeit mit Ana, gewöhnte sich an die Frau mit dem Hündchen und die anderen beiden Gesellschafterinnen und hatte wieder eine gute Wochenstruktur. So fragte sie Ana jeden Morgen schon beim Frühstück: »Und wer kommt heute?« oder: »Was machen wir heute?« Und bis Mittag hatte sie die Antwort wieder vergessen. Mit Despina gab es noch einige Telefonate und elektronische Grüße und dann hörten wir lange nichts mehr voneinander. Eines Tages besuchte sie gemeinsam mit ihrem Mann »Frau Maria« und Ana, sie zeigten ihnen Fotos von der neuen Wohnung, erzählten von ihren Berufen und bezahlten bei meiner Mutter einen Teil ihrer Mietschulden. Eine Überraschung, mit der keiner mehr gerechnet hatte. Das Geld hatte meine Mutter eigentlich abgeschrieben, aber sie freute sich darüber und lud gleich alle ins China-Restaurant ein. Die Familie hat es geschafft, Despina, die Kämpferin, hat es geschafft. Sie brauchte viel Kraft, Ausdauer und einen großen Willen, um ihre Ziele für sich und ihre Kinder, aber auch für ihren Mann zu erreichen. Sie hat meine große Bewunderung. Und wieder war ein spannendes Kapitel in dem Haus meiner Mutter beendet.

Ein überraschend interkulturelles Weihnachtsfest

Die Heiligabende im Haus meiner Mutter wiederholten sich in der bekannten Konstellation noch einige Male: meine Mutter, Ana, mein Mann und ich und auch Janina kam, nachdem sie ausgezogen war, jedes Jahr weiterhin dazu. Wir waren inzwischen eine gut eingespielte Festtagsgesellschaft.

Bei unserem letzten gemeinsamen Weihnachtsfest im Haus meiner Mutter saßen allerdings noch zwei weitere Menschen in der kleinen Wohnung: Elena, die Mutter von Janina, die aus Moskau angereist war, um ihre Tochter zu besuchen, und Janinas russischer Freund. Janina wollte ihrer Mutter und ihrem Freund unbedingt zeigen, wie bei »Frau Maria« Weihnachten gefeiert wird. Als alle sieben Menschen am ausgezogenen Esstisch zusammenrückten, war es zwar eng, aber gemütlich. Ana hatte den Weihnachtsbaum und das Zimmer wie all die Jahre wunderbar geschmückt. Und sie freute sich auf ihre Heimreise, die Anfang Januar bevorstand. Die Flugtickets nach Rumänien hatte ihr Sohn ihr bereits geschickt.

Das erste Lied wurde angestimmt. Es gab Liederblätter, diesmal mit russischen Weihnachtsliedern, von Janina in Lautschrift vorbereitet für diejenigen, die kein Russisch konnten. Die deutschen Weihnachtslieder, die Janina und Ana inzwischen auch schon kannten, sangen wir aus den etwas abgegriffenen Büchern, die wir jedes Jahr mitbrachten. Alle waren festlich gekleidet, und meine Mutter trug ihre schwere dunkelbraune Bernsteinkette.

Die Kerzen am Weihnachtsbaum brannten schon, als es plötzlich klingelte. Ana ging zur Tür und rief aufgeregt nach mir. Ich eilte nach draußen, dort stand eine mir unbekannte Frau mit mehreren Koffern und sagte schwer verständlich etwas von »Hilfe für Oma und Opa von Organisation aus Rumänien«. Ana und ich waren erstaunt, denn die neue Pflegekraft, die Ana vertreten sollte, während sie in Rumänien war, sollte erst eine Woche später, zum Jahresende kommen. Ana sah sofort logistische Probleme, war erregt und entschied noch an der Haustür, dass sie dann einen Flug früher nehmen würde, den ich ihr gleich über das Internet buchen sollte. Langsam, langsam, dachte ich.

Ich fragte mich: War das jetzt eine Verwechslung? Wieso sprach die Frau davon, dass sie für Oma und Opa komme? Hier gibt es keinen Opa! Sie musste sich vertan haben. Aber die Adresse und der Name meiner Mutter, die sie uns zeigte, stimmten. Ich rief bei der Organisation an, konnte aber am Heiligen Abend dort natürlich niemanden erreichen. Was nun?

Bisher waren wir mit der rumänischen Organisation, die uns Roxana und Ana vermittelt hatte, zufrieden, aber diesmal gab es anscheinend Verständigungs- oder Organisationsprobleme. Wir hatten noch nicht mit der neuen Pflegerin gerechnet, ihr Zimmer war nicht vorbereitet und sie kam jetzt mehr als überraschend und ungelegen. Ja, diese unwillkommene Unterbrechung begann die Feier des Weihnachtsabends zu stören. Entsprechend irritiert, vielleicht sogar ärgerlich, muss ich ausgesehen und reagiert haben. Hinter der inzwischen etwas ängstlich gewordenen Frau aus Moldawien, die immer noch mit ihren Koffern und der Adresse in der Hand draußen vor der Tür stand, tauchte nun ein junger Mann mit Kapuze auf, der seine Hand aufhielt und wiederholte: »Geld für Autofahrt, bitte jetzt.« Eine skurrile Situation am Weihnachtsabend. Bis auf meine Mutter waren alle anderen Weihnachtsgäste inzwischen auch nach draußen gekommen und es wurde Russisch, Rumänisch und Deutsch durcheinandergesprochen. Larissa, die junge Frau, verstand gut Russisch und Rumänisch, aber kaum Deutsch. »Ein Versehen? Falsche Adresse? Wieso kommen Sie denn jetzt schon?«

Plötzlich fiel mir ein, dass mein Mann vor einigen Minuten die Weihnachtsgeschichte vorgelesen hatte, und ich musste in all dem Chaos lachen. Bethlehem also jetzt bei uns vor der Haustür! Larissa konnte nicht mehr zurück, und der Busfahrer musste sein Geld bekommen, schließlich wollte er schnell weiterfahren. Wir bezahlten, Larissa und der Fahrer verabschiedeten sich voneinander, bevor er in der Dunkelheit verschwand.

Nach dem ersten Schreck wurde die moldawische Frau also mit ihren schweren Koffern hereingebeten. »Wollen Sie duschen? Vielleicht schlafen? Oder sich umziehen?« »Nein, nein, nichts davon, alles ist gut so«, sagte sie. Sie setzte sich zu den anderen Gästen an den Tisch, wo fleißige Hände inzwischen schnell ein weiteres Gedeck aufgelegt hatten und ein wackliger Stuhl aus dem Keller abgestaubt bereitstand. Und jetzt? Erst einmal keine weiteren Fragen, sondern da weitermachen, wo wir vor einer halben Stunde aufgehört hatten. Ohne Absprache schienen sich alle daran halten zu wollen.

Die bunt zusammengewürfelte Weihnachtsrunde begann von Neuem, ein Weihnachtslied zu singen, diesmal ein russisches, das Larissa auch kannte und laut mitsang. Wieso muss die junge Frau nach so einer langen Reise nicht duschen? Ist sie nicht müde? Die anderen Pflegerinnen kamen meistens mit einem kleinen Koffer und fuhren mit dreimal so viel Gepäck wieder ab. Larissa kam mit drei sehr schweren Gepäckstücken an. Vielleicht Winterkleidung? Stiefel? Diese Überlegungen gingen mir beim Singen durch den Kopf. Auf die Frage, wie denn die lange Reise von Moldawien nach Deutschland gewesen war, antwortete sie knapp und ausweichend. Sie wollte anscheinend nicht unbedingt darüber sprechen, jedenfalls war sie sehr einsilbig, wenn man sie danach fragte.

Ihre Muttersprache war sowohl Russisch als auch Rumänisch. Moldawien gehörte bis zur Auflösung der Sowjetunion zu Russland und daher war Russisch Amtssprache. Zu Hause wurde allerdings nur Rumänisch gesprochen. Da die angrenzenden Länder Rumänien im Westen und die Ukraine im Osten sind, gibt es dort viele rumänischstämmige Einwohner. Seit 1990 ist Moldawien von der Sowjetunion unabhängig, obwohl die sozialistische Zeit sozusagen noch über dem Land hängt. Auf den Fotos von der Hauptstadt Kishinov, die Larissa uns stolz zeigte, sind die Plattenbauten und die Heldendenkmäler der sowjetischen Zeit im Hintergrund zu erkennen. Vorne sah man eine gut gekleidete Familie: Larissa als junge Frau mit ihrem Mann und ihren beiden kleinen Söhnen. Dann, einige Jahre später, mit den erwachsenen Söhnen und Schwiegertöchtern. Die Frauen sind modern gekleidet, geschminkt, haben gefärbte Haare und tragen hochhackige Schuhe, während die Männer Trainingsanzüge anhaben. Sie zeigte uns auf ihrem Smartphone viele dieser gestellten Fotos vor dem Denkmal für den Gefallenen Soldaten.

Ich fragte sie irgendwann, ob sie denn nicht mal eben zu Hause anrufen wolle, um zu sagen, dass sie gut angekommen sei, nach so einer langen Reise. Das mache sie später, antwortete sie, jetzt wolle sie feiern, singen und essen – ich ergänzte den Satz im Geist: und in Ruhe gelassen werden. So haben es wohl auch die anderen Gäste wahrgenommen, denn keiner fragte mehr nach, es wurde von allen so akzeptiert, wie es war. Jetzt war Weihnachten – und danach immer noch genügend Zeit, Genaueres über das Terminchaos zu erfahren und die Organisation anzurufen. Am Weihnachtsabend jedenfalls saß eine muntere Runde zusammen, die in drei Sprachen erzählte und Weihnachtlieder sang. Ana unterhielt sich mit Larissa auf Rumänisch. Im Lauf der gemeinsamen Woche, die sie nun ungeplanterweise gemeinsam bei meiner Mutter verbringen mussten, konnten sie sich so gut verständigen. Somit musste Ana nicht, wie in der ersten Aufregung gefordert, einen früheren Flug nach Hause nehmen.

Nach dem Essen wurden Geschenke ausgetauscht. Ich suchte noch schnell ein paar Handschuhe und eine kleine Flasche Parfüm aus dem Fundus meiner Mutter heraus, verpackte diese in Geschenkpapier, sodass auch der Überraschungsgast nicht zu kurz kam. Im Gegenzug überreichte Larissa meiner Mutter eine kleine Flasche Cognac aus Moldawien und noch am Abend öffneten wir sie. Jeder musste kosten und drückte seine Anerkennung über diesen besonderen Tropfen aus. »Ja, Cognac und Wein werden aus Moldawien nach Deutschland exportiert, weil sie so hervorragend sind. Das ist der Geschmack meiner Heimat, der Republik Moldau«, erklärte Larissa stolz mit roten Wangen. Sie betonte mehrmals, dass sie eigentlich erst am sechsten Januar Weihnachten feiert, am »Craciunul«, dem orthodoxen Weihnachtsfest. Es tue ihr leid, dass sie unser Fest gestört habe. Gleichzeitig freute sie sich zu erleben, wie in Deutschland gefeiert wird.

Janinas Mutter aus Moskau, die von Beruf Friseurmeisterin ist, überreichte meiner Mutter und mir je einen Gutschein für einen

Haarschnitt, der allerdings sofort am Weihnachtsabend eingelöst werden musste, da sie am nächsten Tag schon wieder nach Hause fliegen sollte. Während alle anderen noch ein paar Weihnachtslieder lernten, wurden im Bad die Haare geschnitten. Alle waren überzeugt, dass diese Haarschnitte die besten seit Langem waren, russischer Weihnachtshaarschnitt eben. Mein Mann überlegte, wie wir beiden Frauen bald wieder zu einer solch guten Frisur kommen könnten. Ein Flug nach Moskau? Meine Mutter war Feuer und Flamme, ihr immer noch junger Geist hatte für einen Moment vergessen, dass der alte Körper das nicht mehr schaffen würde. Dann wurde sie traurig. »Wie schön wäre es, wenn ich wieder reisen könnte. Das ist vorbei, endgültig vorbei!«, sagte sie. Die Friseurin vertröstete auf den nächsten Besuch in Deutschland, der schon geplant sei. Selbstverständlich käme sie dann auch wieder zum Haareschneiden vorbei. Versprochen!

Inzwischen wurde für Larissa das Zimmer im Dachgeschoss hergerichtet, sie wollte nun doch noch duschen. Die beiden Männer schleppten schnaufend das bleischwere Gepäck unters Dach. Auch die anderen Gäste verabschiedeten sich, nachdem alle noch beim Aufräumen geholfen hatten. Für meine Mutter wurde das Bett im Wohnzimmer hergerichtet, sie war erschöpft von dem anstrengenden Abend, aber freute sich noch immer darüber, dass sich Menschen aus so unterschiedlichen Kulturen so gut verstanden hatten. »In wie vielen Sprachen haben wir uns heute Abend unterhalten und gesungen?« »Deutsch, Ungarisch, Rumänisch und Russisch!« »Und wie viele Kulturen waren hier vertreten?« »Menschen aus vier Ländern: Deutschland, Rumänien, Russland und Moldawien!« »Und zu welchem Land zählst du dich?«, fragte ich meine Mutter. »Ich bin eine Russland-Deutsche – zwei Kulturen trage ich in mir, das ist ein besonderer Lebensschatz!« »Ja, das stimmt«, lachten die anderen und riefen der Mutter zu: »Spokoynoy nochi – gute Nacht« und »Spasibo za zamechatel'nyy vecher! – Danke für den schönen Abend!«.

Es war schon fast Mitternacht, als mein Mann und ich bei der Familie einer unserer Töchter ankamen, um dort noch ein wenig mitzufeiern. Die Geschichte mit Larissa haben wir natürlich sofort erzählt und unsere kritischen Familienmitglieder waren entsetzt: »Unverantwortlich«, »Frauenhandel«, »unprofessionelle Organisation!«. Einig waren sich aber alle darin, dass irgendetwas nicht stimmte. Ich war nach dem ersten Schreck nicht mehr ganz so ärgerlich. Außerdem war ich froh, dass überhaupt eine Pflegekraft gekommen war, die fröhlich, liebevoll und einfühlsam zu sein schien. Eine Woche früher oder später, was machte das schon aus? Verabredungen in Russland sind eben oft anders als bei uns – dehnbarer, flexibler! Die deutsche Pünktlichkeit und Verlässlichkeit können nicht überall vorausgesetzt werden, und auch Verträge werden gemacht und wieder verändert. Spontane Lösungen, die aus der Situation heraus entstehen, können vielleicht manchmal sinnvoller sein als die gut geplanten. Das jedenfalls waren unsere Erfahrungen in all den Jahren, aber auch wir mussten das erst einmal lernen.

Trotzdem wollte ich nach den Feiertagen doch einmal genauer wissen, was eigentlich an dem Abend passiert war. Die anderen Familienmitglieder konnten sich dann beim Besuch am zweiten Weihnachtstag selbst ein Urteil darüber bilden, ob Larissa wirklich Opfer von Frauenhandel geworden war, wie sie vermuteten. »Nein, diese selbstbewusste Frau weiß, was sie tut, und ist keineswegs ein Opfertyp«, stellte eine unserer Töchter fest. Dann war es wohl ein Fehler der Organisation. Oder könnte es auch noch einmal ganz anders gewesen sein?

Einige Tage später wurde die Geschichte transparent. Die Mitarbeiterin der Organisation wähnte Larissa noch immer in Moldawien und war überaus erstaunt, von mir zu hören, was sich am Heiligen Abend ereignet hatte. Sie stellte Larissa zur Rede. Aus ihrer Sicht verhielt sich die Geschichte folgendermaßen: An Heiligabend war morgens ein Kleinbus unterwegs, der sechs Frauen im Rheinland abzuholen hatte, um sie wieder in ihre Heimat, nach Moldawien, zu bringen. Larissa saß auch in dem Bus, eher unfreiwillig, weil sie noch ein paar Monate in Deutschland arbeiten und Geld verdienen wollte. Drei Wochen lang hatte sie bei einem alten Ehepaar gearbeitete, beide waren dement und lebten im Haus ihres Sohnes. Die Schwiegertochter war den ganzen Tag da und verdächtigte sie, mit ihrem Mann ein Verhältnis zu haben. Die Situation war äußerst angespannt, und zu Weihnachten wurde Larissa vor die Tür gesetzt. Sie bekam ein paar Tage vorher ihren Lohn und hatte noch die Gelegenheit, all das einzukaufen, was sie dringend brauchte, um demnächst ein Restaurant eröffnen zu können: verschiedene Küchengeräte, Töpfe, Porzellan und natürlich: Waschpulver. Schweres Gepäck also. Der Fahrer holte sie ab, hatte aber unterwegs eine bessere Idee für seinen Fahrgast. Statt sie wieder nach Hause zu bringen, schlug er ihr vor, sie einfach bei einer anderen Familie abzuliefern, von der er schon die Adresse hatte. Diese Familie waren wir. Er sollte meiner Mutter eigentlich erst auf der nächsten Tour eine andere Frau aus Moldawien bringen, die sich schon darauf eingestellt hatte, in Deutschland zu arbeiten. Er fand es aber wohl absolut bedauerlich, dass Larissa schon nach drei Wochen Arbeit wieder zurückfahren sollte. Also überredete er sie, sich auf seinen Vorschlag einzulassen und sie einfach bei uns abzusetzen. Man könne es ja mal bei unserer Adresse versuchen, die ganz in der Nähe sei, meinte er. Falls keiner da wäre, sei das kein so großer Umweg. Falls die Familie sie nicht hereinließe, sei das auch nicht weiter schlimm, dann fahre sie eben wieder mit ihm zurück. Sollte es aber gelingen, wäre das nicht nur für Larissa, sondern auch für den Fahrer ein gutes Geschäft. Er könnte dann an ihrer Stelle einen Bekannten mitnehmen, der auch eine Transportmöglichkeit suchte. So ganz uneigennützig waren seine Ideen demnach auch nicht.

Also fuhr der Fahrer mit Zustimmung Larissas bei uns vor, setzte sie mit dem Gepäck ab, hielt sich im Hintergrund und wartete auf unsere Reaktion. Ja, es gab etwas Ärger, und dass die Organisation telefonisch an dem Abend nicht zu erreichen war, war gut für den Plan. Larissa wurde mit ihrem Einverständnis mitsamt Gepäck rausgesetzt, das Fahrgeld für die angeblich lange Reise aus Moldawien ließ er sich auch noch geben und schon war für ihn nicht nur ein gutes Geschäft zustande gekommen, sondern auch noch ein zweites in Aussicht. Gut ausgedacht!

Wie Larissa immer wieder beteuerte, dachte sie sich nicht viel dabei, da sie zum einen noch unbedingt arbeiten und Geld verdienen wollte, zum anderen war es ja nur ein Versuch. Hätten wir sie an dem Abend abgelehnt, wäre sie eben nach Moldawien gefahren und einige Zeit später wieder zu einer anderen Familie nach Deutschland zurückgekommen. Das wären allerdings zwei lange Fahrten von je 2500 Kilometer gewesen, die sie sich auf diese Weise ersparen konnte. Ist doch verständlich, oder? Das war doch viel praktischer und vernünftiger so – oder etwa nicht?

Jetzt verstanden wir auch, warum sie nicht müde war, sich weder duschen noch umziehen musste, sie kam ja nicht aus Moldawien, sondern aus einer Nachbarstadt zu uns. Larissa konnte sich mit Ana schon verständigen und lernen, was sie zu tun hatte, dazu gab es natürlich nun genügend Zeit. Und »Frau Maria« freute sich doch sehr, dass sie nun wieder Russisch sprechen durfte.

Ich versuche einen Perspektivwechsel: Wieso haben wir uns eigentlich so angestellt, weil ein Termin nicht eingehalten wurde? Hat die Frau nicht tatsächlich unseren Abend auf ihre eigene Art bereichert? War die zusätzliche Woche nicht gut genutzt, sowohl für die Einführung in die Aufgaben als auch als langsame Ablösung von Ana? Schließlich konnten wir mit Ana sogar noch an einem Abend in den Weihnachtszirkus gehen und mussten für diese Zeit keine Betreuung für meine Mutter suchen. Es war doch eigentlich eine gute Lösung. Und Larissa hatte sich tatsächlich eine unnötige und lange Fahrt gespart. Wo lag das Problem?

Die Organisation schlug vor, Larissa mit dem nächsten Bus abholen und stattdessen die neue Pflegerin kommen zu lassen. Inzwischen waren sie und meine Mutter aber schon einigermaßen vertraut miteinander, sodass ich das in Absprache mit meiner Mutter und Ana für keine gute Idee hielt. Nach einer Zeit konnten wir alle über die Geschichte lachen.

Larissa wurde zu einer guten Pflegerin. Sie berichtete liebevoll über ihr Heimatland Moldawien. »Wenn du wissen willst, wo Moldawien liegt«, so erklärte sie meiner Mutter auf Russisch, »dann frag, wo das Paradies ist. Es liegt auf dem Weg dorthin, so sagen die Menschen. Moldawien ist im Sommer grün und im Winter haben wir minus dreißig Grad.« Was sie nicht erzählte: dass der durchschnittliche Arbeitslohn 150 bis 200 Euro beträgt und dass

Moldawien als ärmstes Land Europas gilt. Über eine Million Menschen aus dieser Region arbeiten bereits im Ausland, um für sich und ihre Familien eine Perspektive zu haben. Die große Armut zwingt viele Frauen in die Prostitution, Männer und Frauen verdingen sich als Leiharbeiter, was von Menschenhandel nicht weit entfernt ist. Aber es gibt auch bessere und offizielle Möglichkeiten, Geld im Ausland zu verdienen. Eine davon hat Larissa gewählt: sich an eine rumänisch-deutsche Organisation zu wenden und offiziell als Pflegehilfe für drei Monate ins Ausland zu gehen. Die wenigsten der Frauen wollen nach ihrem Arbeitseinsatz in der Europäischen Union bleiben, vielmehr geht es den meisten darum, der bedrängenden Armut zu entfliehen und darüber hinaus Geld für eine berufliche Perspektive zu haben. So möchte Larissa zum Beispiel gemeinsam mit ihrer Familie ein Restaurant eröffnen, sie ist nicht nur eine gute Köchin und Organisatorin, sondern auch mutig und kreativ. Ihr Ziel ist es, einen gewissen Wohlstand zu erreichen und ihren fast erwachsenen Söhnen damit berufliche Perspektiven im eigenen Land zu ermöglichen. Sie liebt ihre Heimat und ihre Familie und möchte, dass sie in Moldawien zusammen ein Auskommen haben und gut leben können. In diesem Fall kann die Arbeitsmigration durchaus ein positiver Beitrag sein, sowohl für die Linderung der Armut im eigenen Land als auch für bessere Perspektiven Einzelner und für Familien.

Nachdem wir Ana Anfang Januar zum Flughafen gebracht hatten, sorgte Larissa mit ihrer eigenen zupackenden Art für eine gewisse Unruhe im Haus. Obwohl Ana alles ordentlich und sauber hinterlassen hatte, glaubte sie, alle Schubladen und Schränke aufräumen zu müssen, und wirbelte den ganzen Tag herum. Emotional konnte sie wenig mit meiner Mutter anfangen, auch wenn sie sich auf Russisch gut miteinander verständigten und alle Aufgaben von ihr zu ihrer Zufriedenheit erledigt wurden. Larissa sollte vertragsgemäß nach drei Monaten wieder zu ihrer Familie fahren. Ana würden wir kurz vor Ostern an einem Flughafen abholen, den sie uns noch nennen wollte. Und noch einmal war es Larissa, die zu Ostern wieder für ein kleines Chaos sorgte, das dieses Mal konfliktreicher war als die Überraschung zum Weihnachtsfest.

Konflikte zu Ostern

Ana sollte von ihrem Urlaub bei ihrer Familie kurz vor Ostern zurückkommen. Bis zwei Wochen vorher war nicht klar, mit welchem Flug sie an welchem Zielflughafen ankommen würde, weil ihr Sohn, der sie zum Flughafen bringen sollte, noch keinen neuen Arbeitsplan für diese Zeit hatte. Auch Larissa musste wissen, wann sie sich von dem Kleinbus wieder abholen lassen konnte, da auch das terminiert und vorher gebucht werden musste. Die Organisation hatte für sie die Rückreise am Montag vor Ostern vorgesehen. Da wir nicht wussten, ob Ana dann schon da sein würde, hatte sie freundlicherweise ihre Abfahrt um eine Woche verschoben und über die Organisation für Ostermontag buchen lassen. Ich war ihr dankbar, dass sie so flexibel war. Für sie war es der letztmögliche Termin, da sie verständlicherweise zum Osterfest, das nach dem russisch-orthodoxen Kalender eine Woche später gefeiert wird, in Moldawien bei ihrer Familie sein wollte. Die Fahrt von Deutschland in ihre Heimat dauerte zweieinhalb Tage.

So einigten wir uns nach einem Telefonat mit Ana darauf, dass sie spätestens bis Ostersonntag kommen sollte. Da ihr Sohn an den Ostertagen frei hatte und es auch genügend Flüge von unterschiedlichen Flughäfen aus Ungarn nach Deutschland gab, schien das nun eine gute Perspektive zu sein. Das Flugticket und damit die genaue Uhrzeit und ein Datum hatten wir allerdings auch nach diesem Telefonat noch nicht. Wir standen sozusagen auf Abruf. Das war die erste große Zitterpartie.

Fragen schwirrten mir durch den Kopf: War es nicht viel zu kurzfristig, jetzt erst zu buchen? Wird es überhaupt noch freie Plätze nach Deutschland geben? Wird zu Ostern nicht alles schon besetzt sein? Was sollen wir tun, wenn Larissa fährt und Ana noch nicht wieder da ist? Direkt nach Ostern waren wir selbst wieder eingespannt und hatten keinen Plan B. Es wird schon gut gehen, so unser Motto, das sich bisher auch meist bewahrheitet hatte.

Zehn Tage vorher kam dann die frohe Botschaft: Dienstag der Karwoche war ein Flug gebucht. Allerdings würde Ana in Holland landen, 240 Kilometer von unserem Wohnort entfernt. Da würden wir ein wenig fahren müssen, um sie abzuholen. Hauptsache, sie kam überhaupt ... Anas Ankunftstag war der erste sonnige Tag in diesem Jahr. Es roch nach Frühling. Mein Mann und ich saßen auf einem gemütlichen holländischen Marktplatz, tranken »een copje koffie«, lauschten dem großartigen Glockenspiel mittags um zwölf, das von der Kirche herüberschallte, und hatten Urlaubsgefühle. Es war ein freudiges Wiedersehen am Flughafen, und bereits im Auto wurde viel erzählt. Als wir Ana dann zu meiner Mutter brachten, schienen alle zufrieden zu sein. Wir holten Pizza und berichteten, was sich in den drei Monaten alles ereignet hatte. Meine Mutter freute sich, da sie nun für ein paar Tage zwei liebe Frauen an ihrer Seite haben würde. Larissa und Ana kannten sich schon vom Weihnachtsfest und der Woche danach und unterhielten sich auf Rumänisch. So fuhren mein Mann und ich erleichtert und um schöne Erlebnisse an einem ungeplanten Urlaubstag in Holland reicher nach Hause.

Die erste Herausforderung war bewältigt, Ana, unsere vertraute gute Kraft, war da, jetzt konnte nichts mehr passieren, so dachten wir. Das nächste Problem wurde jetzt jedoch unerwartet Larissa, die schon einen Tag später keine Lust mehr hatte, bis Ostersonntag mit Ana zusammenzuarbeiten. Ich vermute, sie war eifersüchtig, da sich Ana und meine Mutter gut verstanden. Möglicherweise gab es zwischen den Frauen einen Streit, von dem ich nichts wusste, oder die Sehnsucht nach ihrer Heimat überwältigte sie. Jedenfalls wollte sie plötzlich so schnell wie möglich nach Moldawien zurück und nicht auf den Bus am Ostermontag warten, immerhin waren es noch fünf Tage bis dahin. Warum jetzt plötzlich alles so schnell gehen sollte, habe ich bis zuletzt nicht verstanden.

Ohne uns oder die Organisation zu informieren, engagierte sie nach einem Telefonat mit ihrem Mann einen privaten Fahrer aus Moldawien, der sie abholen sollte. Es gibt immer wieder Menschen, die ihr Auto als Taxi einsetzen und irgendetwas zu transportieren haben und dann auf dem Rückweg Passagiere mitnehmen. In diesem Fall war es jemand, der mit einem Anhänger kommen und ein oder zwei Autos aus Deutschland nach Moldawien mitnehmen wollte. Er hatte noch zwei Sitzplätze in seinem Auto frei, die er vermietete. Es gab speziell dafür im Internet eine moldawische Mitfahrerbörse, wie wir später von Larissa erfuhren.

Der Mann, den Larissa kontaktiert hatte, wollte nun am Karsamstag kommen – nur zwei Tage früher als geplant. Das teilte sie uns telefonisch mit und erinnerte mich daran, dass ich ihr auf jeden Fall bei unserem Besuch am Karfreitag ihren Lohn für den letzten Monat mitbringen solle. Das hatte ich zusammen mit einem Geschenk bereits vorbereitet, da wir verabredet hatten, Karfreitag noch gemeinsam Ostereier zu färben und ein kleines Abschiedsfest zu feiern. Es wäre mir insgesamt angenehmer gewesen, ihr das Gehalt zu überweisen, wie ich das bei all den anderen Frauen getan hatte. Sie wollte es von Anfang an unbedingt in bar ausgezahlt haben, da sie, wie sie uns versicherte, kein Bankkonto besaß. Also war für Karfreitag sowohl die Geldübergabe als auch das Eierfärben und ein kleines Abschiedsfest für Larissa geplant.

An Gründonnerstagabend rief mich Larissa aufgelöst an und sagte mir, dass ich sofort kommen müsse, um ihr das Geld zu geben. Ana schaltete sich ein und bat mich dringend, noch am Abend mit dem Geld zu kommen, da Larissa nicht erst am Samstag, sondern schon Karfreitag gegen elf Uhr abgeholt würde. Es war schon acht Uhr abends – sollte ich mich jetzt wirklich aufmachen und 120 Kilometer durch die Nacht hin und wieder zurückfahren, um Larissa ihr Geld zu bringen? Gab es wirklich keine andere Möglichkeit? Vielleicht eine Bankverbindung von Freunden oder der Vermittlungsorganisation? Oder eine Postanweisung an ihre Adresse?

»Sie sagt«, so Ana am Telefon, »sie hat keine Bankverbindung, du musst kommen.« Dann legte sie auf. Ich hatte absolut keine Lust, mich auf diese Forderung einzulassen, und rief Larissa auf ihrem Handy an, um ihr das noch einmal in Ruhe mitzuteilen. Ein Wortschwall russischer Sätze prasselte durch das Telefon, ich verstand wenig davon, nur so viel, dass ich das Geld – »*dengi, dengi*« – bringen sollte. In gebrochenem Deutsch, mit tränenerstickter Stimme erklärte sie, dass sie jemanden gefunden habe, der sie abholen käme, da sie keine Lust habe, bis Montag mit Ana zusammen im Haus zu bleiben. Also bat ich wieder Ana ans Telefon, die mir sagte, sie sei mit den Nerven am Ende. Es sei den ganzen Abend schon Theater, weil Larissa auf sie und meine Mutter eingeredet habe, sie sollten mich davon überzeugen, dass ich ihr an dem Abend noch das Geld bringe. Ana verstand zwar kein Russisch, bekam aber die Dynamik mit und meinte, es sei vielleicht wirklich besser, wenn wir mit dem Geld kämen. Ich kam mir vor wie in einem Krimi, wenn die mysteriöse Geldübergabe bevorsteht.

Die drei Frauen waren hörbar aufgelöst. Ich überlegte mit meinem Mann, was nun zu tun sei. Wir entschieden widerwillig, dass wir am kommenden Tag schon früh statt wie geplant nachmittags losfahren würden, um das Geld vorbeizubringen. Wir waren ziemlich ärgerlich, auch auf uns selbst, dass wir uns jetzt auf diesen Deal eingelassen hatten. Der höhere Wert war, dass die drei Frauen wieder Frieden finden konnten, nicht nur meine Mutter, die ziemlich hilflos war, sondern auch Ana und nicht zuletzt auch Larissa, die Verursacherin dieses Chaos. Ich teilte ihr also mit, dass wir am nächsten Morgen das Geld brächten, und sie jetzt schlafen könne und Ruhe geben solle. Gegen zehn Uhr früh waren wir dann am nächsten Tag bei meiner Mutter. Mein Mann blieb verärgert im Auto sitzen, als ich Larissa das Geld und das Geschenk überreichte und mich von ihr verabschiedete. Meine Mutter schlief noch. Ich nahm Ana kurz in den Arm und teilte ihr mit, dass wir am Nachmittag wie verabredet wiederkämen und wir dann genügend Zeit hätten zu sprechen. Wir fuhren einen kleinen Umweg, um unsere Tochter zu besuchen, was eigentlich für den Abend geplant war.

Als wir Karfreitag spätnachmittags wieder bei meiner Mutter ankamen, war Larissa immer noch da. Der fremde Fahrer aus der moldawischen Mitfahrerbörse hatte sie weder, wie mit ihr verabredet, abgeholt noch sich bei ihr gemeldet. Sie lag mit verweinten Augen im Bett, um sie herum mindestens sechs gepackte Koffer und Taschen. Meine Mutter hatte den Stress des vergangenen Tages mit ihr schon wieder vergessen und spielte in aller Ruhe und Freude mit Ana Rummikub. So kann Vergesslichkeit auch entlastend sein.

Larissa tat mir jetzt leid, ich bat sie, zum gemeinsamen Kaffee zu kommen, was sie aber auf keinen Fall wollte. Sie zeigte auf ihre rotverweinten Augen und drehte sich weg. Sie hatte seit dem Vormittag keinen Kontakt mehr zu dem Fahrer aus Moldawien. Es blieb uns nichts anderes übrig, als sie in ihrem Bett mit dem Handy in der Hand ihrem Elend zu überlassen und nun unsererseits Eier für alle Familienmitglieder zu bemalen, was uns trotz der Aufregung Freude bereitete. Meine Mutter war wie jedes Jahr mit Feuereifer dabei und hatte die kreativsten Ideen. Sie bemalte ein Ei für Larissa und bat mich, es ihr zu bringen. Larissa lag apathisch in ihrem Bett und nahm mich kaum wahr, ich legte das Ei auf eine ihrer vielen Taschen, tröstete sie ein wenig, verabschiedete mich mit einer Umarmung und wünschte ihr eine gute und sichere Fahrt.

Am Ostersonntag, als wir erneut bei meiner Mutter und Ana waren, war sie immer noch da und ließ sich wieder nicht blicken. Schlussendlich hatte sie der Fahrer, den sie sich organisiert hatte, im Stich gelassen. Er meldete sich nie mehr und war auch nicht mehr erreichbar. Sie wurde dann, wie mit der Organisation vereinbart, am Ostermontag früh abgeholt. Mit Larissas Abreise kehrte Ruhe ein, und alle waren erleichtert. Ein solches Chaos an zwei großen Festtagen, an das sich wahrscheinlich alle Beteiligten noch lange erinnern werden, gab es zum Glück nur mit Larissa.

Nur meine Mutter, die immer vergesslicher wurde, wusste in den folgenden Tagen schon gar nicht mehr, wer Larissa überhaupt war und dass sie drei Monate mit ihr zusammengelebt hatte. Ihre Vergesslichkeit nahm rasant zu, betraf allerdings vor allen Dingen ihr Kurzzeitgedächtnis und hier insbesondere die Namen der Menschen um sie herum, an die sie sich nicht erinnern konnte.

Der »Schwarze Affe« verändert vieles

Die Jalousien sollten bereits nachmittags heruntergelassen werden, die Türen wurden mehrmals abgeschlossen, aus den Zeitungen schnitt meine Mutter die Berichte über Einbrüche heraus, bewahrte sie sorgfältig auf und las sie mir, sobald ich zur Tür herein war, als Erstes in dramatischem Ton vor. Ängstlich sprach sie dann davon, die Einbrecher kämen demnächst zu ihr, es sei schließlich ganz leicht, irgendwo im Haus einzusteigen – und es gelang mir immer seltener, ihre Ängste zu entkräften. Ich versuchte, sie zu beruhigen, zeigte ihr die Sicherheitsschlösser an den Fenstern und Türen, das große Hoftor, das immer abgeschlossen wurde, und natürlich die schwere, dreifach gesicherte Eingangstür, die mein Vater schon vor Jahren hatte einbauen lassen. Als sie es noch selbst konnte, verschloss sie alles eigenhändig. Später kontrollierte sie mehrmals täglich, ob ihren Anweisungen auch Folge geleistet wurde, indem sie nicht müde wurde zu fragen. Sie begann ihrer Umwelt zu misstrauen, was ich gar nicht von ihr kannte und was mich anfangs entsetzte. Es passte so gar nicht zu der Frau, die allen Menschen einen Vertrauensvorschuss gab und jedem erst einmal offen, mit einer gewissen Neugierde gegenübertrat. Abends wurde sie besonders ängstlich, nachts musste man ein Licht brennen lassen.

Ich erinnere mich an die Tage, als der »Schwarze Affe« der Angst und Verwirrtheit sich häufiger meldete und sie, wie sie selbst über sich sagte, immer weniger »Herrin im eigenen Haus« war. Diejenige, die sich in ihrem inneren Haus, ihrem Persönlichkeitskern nicht mehr zurechtfand, fühlte sich zunehmend auch in dem äußeren Haus unsicher, verloren, und wurde immer unruhiger. Es dauerte eine Weile, bis ich verstand, dass sie mit dem »Schwarzen Affen« die Symptome ihrer Verwirrtheit, ihre Orientierungslosigkeit und Vergesslichkeit meinte. Wie sie auf den Namen gekommen ist, weiß ich nicht. Hatte sie irgendwann einmal darüber etwas gelesen oder gehört? Hatte er mit ihrer Vergangenheit zu tun oder war er eine Metapher, die in ihrem Unbewussten schon länger vorhanden war? Ich schaute im Internet nach, was ich darüber finden konnte, und stieß dabei auf das Traumsymbol des »schwarzen Affen«. In der Realität ein wildes Tier, das in Urwäldern und Dschungeln lebt. Betont wird das Wort »wild«, und im Traum steht es für »die animalische und unzivilisierte Seite in uns«. Ihre kognitiven Fähigkeiten ließen nach und sie hatte ihren Geist immer weniger unter Kontrolle. Was nicht mehr koordiniert ablaufen kann, wird als ungeordnet und »wild« empfunden und macht Angst. Weiter erfuhr ich, dass in der arabischen Welt der Affe als Symbol für den Feind steht, und wer in Indien von einem Affen träumt, tut möglicherweise unüberlegte Dinge oder verhält sich kindisch. Als Traumsymbol soll er ein Hinweis auf ein seelisches Ungleichgewicht sein. Meine Mutter erlebte ihren »Schwarzen Affen« in der Tat als persönlichen Feind. Er raubte ihr ihre Autonomie, veränderte ihren Persönlichkeitskern und brachte ihr seelisches Gleichgewicht durcheinander. Das verringerte ihre Lebensqualität deutlich, zumal sie dadurch immer abhängiger von anderen Menschen wurde. Die Veränderung stellte für sie eine massive Bedrohung dar, die der Hausarzt »wegmachen« sollte. Ich hörte sie ihn häufiger bei seinen Hausbesuchen fragen, ob man denn da gar nichts machen könne und es keine guten Medikamente dagegen gäbe. Er antwortete etwas genervt, weil er diese Frage schon kannte, sie werde damit leben und es akzeptieren müssen. Sie imitierte ihn dann jedes Mal und sprach laut und deutlich, in abfälligem Ton das Wort »AKZEPTIEREN« aus, indem sie jeden einzelnen Buchstaben betonte. Dann schüttelte sie ihren weißhaarigen Kopf: »Nein, das kann ich niemals akzeptieren.«

So fand sie immer seltener in sich vor, was sie früher als eine starke Persönlichkeit ausgemacht hatte. Manchmal wurde sie böse, wenn sie nicht mehr so agieren konnte, wie sie es wollte, wenn ihr zum Beispiel ein Wort nicht einfiel, der Schwindel sie aus dem Gleichgewicht brachte oder wir ihre Wünsche nicht direkt erfüllten. »Ihr versteht mich nicht«, sagte sie dann. Und es geschah vielleicht zwei oder drei Mal, dass der »Schwarze Affe« seinen Platz räumte und sich stattdessen eine unerträgliche Traurigkeit in ihr ausbreitete. Dann fing sie plötzlich an zu weinen. Sie legte die Arme auf den Tisch, stützte ihren Kopf darauf und schluchzte. Ihr alter Körper schüttelte sich, und wir hatten Mühe, sie zu trösten.

Es gab Wesensveränderungen, die sie bemerkte, bevor wir darauf aufmerksam wurden, und die sie vor uns zu verbergen suchte. So vergaß sie zum Beispiel die Namen der Betreuerinnen und nannte einfach alle Olga. Ich korrigierte sie und sagte ihr den jeweils richtigen Namen. Sie machte eine wegwerfende Handbewegung und meinte sehr bestimmt: »Egal, für mich heißen sie alle Olga, ist doch leichter zu merken.« So hatte sie für sich eine gute Lösung gefunden, der Komplexität so vieler Namen und Personen eine einfache Struktur zu geben: Olga eben!

Je vergesslicher und desorientierter sie wurde, desto weniger konnte ich mich darauf verlassen, dass sie mir am Telefon erzählte, was sie den Tag über erlebt hatte. Ich war noch mehr darauf angewiesen, dass verlässliche Betreuerinnen um sie waren. Meine Mutter und ich telefonierten fast täglich, aber zum Schluss konnte sie wegen ihrer Schwerhörigkeit nichts mehr verstehen. Dann wurden über ihr Smartphone von den Betreuerinnen Fotos hin und her geschickt.

Nach anstrengenden Arbeitstagen kam ich manchmal erschöpft bei meiner Mutter an. Sie empfing mich immer häufiger mit Jammern und Vorwürfen: »Warum kommst du erst jetzt? Mir geht es so schlecht, du kümmerst dich gar nicht um mich, ich habe auf dich gewartet. Du warst schon ewig nicht mehr hier.« Dabei war ich drei Tage zuvor noch mit ihr beim Akustiker oder im Garten. Sie hatte auch das vergessen. Als ich sie daran erinnerte, dass wir anschließend noch im Eiscafé waren, wurde sie böse und meinte, das sei doch alles schon vor einem Monat gewesen, ich solle sie nicht anschwindeln.

Für sie war das Warten auf mich oder generell auf Besuch verbunden mit dem Gefühl, man habe sie verlassen, und daher schwer auszuhalten. Als ihre innere Unruhe mit einer Störung des Schlaf-Wach-Rhythmus ebenso zunahm wie ihre Depressionen und die starken Schwindelattacken, gab uns der Hausarzt, der diese Symptome als Alzheimer diagnostizierte, eine Überweisung zu einem

Neurologen. Dieser bestätigte mithilfe einer Magnetresonanztomografie und der Untersuchung der Hirnflüssigkeit die Diagnose und ergänzte, dass es sich bei dieser Erkrankung um eine »primär degenerative Demenz« handele, die zur Schrumpfung des Gehirns führe, im Lauf der Jahre kann das bis zu zwanzig Prozent ausmachen. Jeder dritte Deutsche, der älter als 85 Jahre wird, erkrankt im Übrigen an einer Alzheimer-Demenz. Vor allen Dingen jene, die zu hohe Cholesterinwerte, einen hohen Blutdruck und Diabetes mellitus haben, sind besonders gefährdet. Meine Mutter hatte alle diese Erkrankungen schon seit Jahren. Der Arzt verschrieb sogenannte Antidementiva, die sie regelmäßig zu nehmen hatte, nicht ohne darauf hinzuweisen, dass dadurch das Absterben der Nervenzellen bzw. der Verlust der bestehenden Verbindungen zwischen den Neuronen nicht zu stoppen sei, aber die Symptome erträglicher würden. Zwischen den Nervenzellen hatten sich inzwischen Eiweißablagerungen, sogenannte Plaque, gebildet, die den Stoffwechsel und die Verbindung der Neuronen störten.

Nun war medizinisch bestätigt, was wir lange ahnten: Meine Mutter hatte schon seit einigen Jahren die häufigste psychiatrische Erkrankung im Alter, deren genaue Ursachen weitgehend unbekannt sind. Der Alzheimer-Typ stellt die häufigste Form der Demenz dar. Circa eine Million Menschen in Deutschland sind davon betroffen und man geht davon aus, dass es bis zum Jahr 2050 etwa doppelt so viele sein werden. Der Neurologe erklärte mir nach seiner Untersuchung, es sei mit einem rapiden Fortschreiten der Erkrankung in den nächsten Jahren zu rechnen, was zum weiteren Abbau des Gedächtnisses und zu einer erheblichen Einschränkung der Wahrnehmung und der emotionalen und sozialen Fähigkeiten führen könne. Zum Zeitpunkt dieser Untersuchung war meine Mutter 88 Jahre alt. Die Störung ihrer Merkfähigkeit und die mangelnde Orientierung seien nur die Anfangssymptome. Allerdings traten erst im letzten Jahr ihres Lebens, als sie bereits in der Seniorenwohngruppe lebte, die schwereren Symptome auf, von denen der Arzt sprach: Sie entwickelte einen leichten Tremor, Wahnvorstellungen, in denen fremde Männer eine Rolle spielten, sie hatte vermehrt Sprachstörungen und große Schwierigkeiten beim Schlucken. Trotzdem las sie noch zwei Wochen vor ihrem Tod einigermaßen verständlich, allerdings sehr leise, ein Weihnachtsgedicht vor. Sie musste sich enorm anstrengen, um die Worte und Sätze zu bilden. Anschließend war sie so erschöpft, dass sie in ihrem Pflegesessel zusammensackte. Wegen der Schluckbeschwerden konnte sie nur noch aus einem Schnabelbecher trinken, und das Essen, in das die zerstoßenen Medikamente untergerührt waren, musste püriert werden.

Ihre unregelmäßig auftretenden Krampfanfälle machten uns schon ein paar Jahre vorher Sorgen, da meine Mutter dann teilnahmslos, weiß im Gesicht, schweißgebadet mit steifem Körper und verdrehten Augen plötzlich, meist aber beim Toilettengang zu zittern begann, woraufhin Ana sofort den Hausarzt benachrichtigte. Er beruhigte sie und ordnete an, dass sie ihr einen kalten Waschlappen auf das Gesicht legen oder den Notarzt anrufen solle. Nach einiger Zeit war der Anfall tatsächlich vorbei, meine Mutter sank erschöpft in ihr Bett, schlief noch länger als sonst und war apathisch. Ana holte sich zudem Rat von ihrem Sohn, der Arzt in Ungarn war, und auch er meinte, dass es da nicht viel mehr zu tun gäbe als abzuwarten, sie mit kaltem Wasser zu erfrischen und darauf zu achten, dass sie sich nicht an ihrer Zunge verschlucke. Ich wurde selten Zeugin eines solchen Anfalls und war sehr beunruhigt, als das geschah, während ich sie ins Bett brachte. Ich hätte die Krampfanfälle nicht mit ihrer Grunderkrankung in Verbindung gebracht, erinnerte mich dann allerdings daran, dass der Neurologe von diesem Symptom gesprochen hatte. Was mich jedoch sehr irritierte war, dass es Tage gab, an denen sie völlige Klarheit zeigte, wir uns sogar über vergangene Dinge unterhalten konnten oder sie mit mir Pläne für einen kleinen gemeinsamen Urlaub machte. Dann folgten wieder Tage mit geringer und manchmal auch großer Verwirrtheit. Wenn ich in der Zeit der Konfusion mit ihr so sprach wie immer, in der Hoffnung, ihr Geist könne mir folgen, verweigerte sie sich, wenn sie bemerkte, dass sie das Gesagte nicht einordnen konnte. Dann zog sie sich zurück, begann albern zu werden und antwortete mit inhaltsleeren Floskeln. Manchmal wurde sie böse und drohte mit ihrem Stock.

Ich nahm auch andere Veränderungen wahr, vor allem in der Zeit, als sie noch regelmäßig zu uns zu Besuch kam. Früher war sie ganz begeistert, wenn sie bei uns die Weihnachts- und Ostertage oder die Sommerferien verbringen konnte. Plötzlich fiel ihr die Umstellung von ihrem Haus auf die für sie wieder fremd gewordenen Gegebenheiten in unserer Wohnung schwerer. Sie konnte sich nicht mehr orientieren. Es war für sie eine enorme Anstrengung und forderte eine Anpassungsleistung, der sie nicht mehr gewachsen war. Wir bemerkten schon bei ihren letzten Besuchen, dass sie sich immer häufiger zurückzog und ihre Kontaktfreudigkeit einer größer werdenden Ängstlichkeit wich. Obwohl sie seit Jahren immer wieder zu Gast war, wurde ihr unsere Wohnung und wurden ihr die Familienmitglieder ebenso fremd wie unsere Freunde. Sie kannte die Namen der Menschen, die ihr früher vertraut waren, nicht mehr und vermied es, an Gesprächen teilzunehmen. Auch das war ungewöhnlich für die ehemals so kontaktfreudige Frau. Häufig fragte sie mich leise: »Sag mal, wo sind wir denn gerade eigentlich?« Nach ein paar Stunden bei uns äußerte sie den Wunsch: »Wann bringt ihr mich endlich wieder nach Hause?« Meine Reaktion war meist: »Aber warum willst du denn jetzt schon wieder nach Hause? Du bist doch gerade erst angekommen und wolltest zwei Wochen mit uns zusammen hier verbringen.« Dann willigte sie notgedrungen ein, noch ein wenig zu bleiben, aber nach kurzer Zeit stellte sich die Unruhe erneut ein und ihre Bitte, nach Hause gebracht zu werden, wiederholte sich. Traurig sagte sie dann: »Ich habe mich verloren.«

Wir haben dann tatsächlich nach ein paar unruhigen Tagen und schlaflosen Nächten, in denen sie laut rief oder durch ihr Zimmer wanderte, entschieden, ihren letzten Besuch bei uns abzubrechen. Also wurde alles wieder zusammengepackt, der Rollstuhl, der Rollator, der Toilettenstuhl, die Medikamente, das Extrakissen und der Koffer im Auto verstaut und sie auf den Beifahrersitz gesetzt. Freudig begrüßte sie das Ortsschild bei der Einfahrt ins Dorf, und als sie ihre Tür aufschloss, ging sie beglückt durch ihre Wohnung, streichelte das Sofa, begutachtete kritisch die Pflanzen auf der Fensterbank und rief aus: »Ja, hier bin ich zu Hause, in meinem

kleinen Reich! Und die Pflanzen haben auch auf mich gewartet!«
Bei unserer Abreise bedankte sie sich herzlich für unsere Mühe und
fragte mich: »Und wann kommst du wieder? Melde dich, damit ich
weiß, dass du mich nicht vergessen hast!« »Ja, das mache ich doch
immer, mach dir keine Sorgen, ich rufe dich jeden Tag an und
vergesse dich nicht!«, antwortete ich. Sie atmete erleichtert auf, um
mich fünfzehn Minuten später erneut danach zu fragen, wann ich
wiederkäme und ob ich sie auch regelmäßig anriefe. In fremder
Umgebung schien ihr »Verlorensein« größer zu sein als in vertrauten Räumen mit wiederkehrenden, ihr bekannten Alltagsritualen.

Nach dem letzten unglücklichen Weihnachtsfest bei uns, bei
dem sie schon Heiligabend wieder nach Hause wollte, beschlossen
wir gemeinsam mit ihr, in Zukunft nicht mehr bei uns, sondern in
ihrem Haus in kleinerem Kreis Weihnachten zu feiern. Sie war
über diese Entscheidung erleichtert, und somit wurden alle Feste
einige Jahren lang in die Wohnung der Mutter verlegt, was für sie
weniger angstbesetzt und für uns stressfreier war. Sie konnte in
ihrer gewohnten Umgebung bleiben, musste keine weiten Fahrten
auf sich nehmen und ihre Besucher konnten sich auf mehrere Tage
verteilen.

Interessant war für mich, dass sie anderes zwischenzeitlich sehr
gut beherrschte, z. B. mit Hilfe im Internet zu surfen, mit Unterstützung kleine Texte mit zwei Fingern zu tippen, Briefe, sogar auf
Russisch, in ihrer immer noch schönen Handschrift zu verfassen
oder mit Ana »Abitur« zu machen, das heißt, ihr etwas zu diktieren,
entweder einen Text aus ihrer Fantasie oder einen Artikel aus der
Zeitung, und anschließend zu korrigieren. Die Rechtschreibung
beherrschte sie perfekt und Russisch oder Englisch sprach sie auch
noch fast bis zum Schluss ziemlich gut. Ein Phänomen, über das
ich immer erstaunt war. Manchmal dachte ich deshalb, dass es mit
ihr vielleicht doch nicht so schlimm stand und wir diese guten
Möglichkeiten unbedingt weiter fördern müssten, was wir auch
taten. So fand ich eine Dame, die einmal wöchentlich zu Besuch
kam und sich mit ihr auf Russisch unterhielt. Mit mir machte sie
immer häufiger Reisen in die Vergangenheit, indem wir uns die
Fotos anschauten und sie die Geschichten dazu erzählte. Die Men-

schen auf den Fotos erkannte sie, sie waren in ihrem Langzeit-
gedächtnis gespeichert, worüber sie sich freute. Es war schön zu
sehen, wie sie aufblühte, wenn ihr etwas gelang.

Immer wieder zählte sie die Namen der vielen Menschen auf,
die bereits vor ihr gestorben waren. »Ich bin übrig geblieben«, war
dann ihr trauriges Resümee. Es gab keinen der ehemals vertrauten
Menschen mehr, weder aus ihrer Verwandtschaft noch aus ihrem
so großen Kreis von Freunden und Freundinnen. Sie hatte in den
letzten Jahren viele Verluste hinnehmen müssen und fühlte sich
innerlich einsam und verlassen, was ich nachvollziehen konnte. Da
halfen die liebevollen Betreuerinnen wenig.

Ich selbst war in den letzten Jahren immer häufiger zu Besuch,
zum einen, um mit ihr zusammen zu sein, aber auch, um Besorgungen zu machen, sie spazieren zu fahren und mich um die jeweilige Betreuerin zu kümmern. Trotzdem fühlte sie sich ständig alleine, verlassen, einsam. Ich bemerkte bald, dass sie die meisten der
Menschen, die mit ihr in ihrem Haus gelebt und sie versorgt hatten, tatsächlich vergessen hatte. Selbst Tim, der von ihr über alles
geliebte Hund, war auch dann nicht in ihrer Erinnerung zu finden,
wenn sie ihn auf einem Foto sah. Sie schmunzelte und meinte:
»Ach, ich weiß gar nicht, dass ich mal einen Hund gehabt haben
soll. Aber ich hätte gerne einen. Besorge mir doch genau so ein
kleines süßes Hündchen.«

Als Ana nachts immer seltener durchschlafen konnte, weil meine
Mutter laut rief oder sich mit dem Rollator bis zu ihrem Bett
schleppte und Ana zudem ständig Angst hatte, sie könne fallen,
wurde es immer schwieriger, sie alleine zu betreuen. Ich bot an,
eine zweite Kraft einzustellen und wieder den ambulanten Pflegedienst hinzuzunehmen. Es wäre finanziell sehr eng geworden, aber
irgendwie hätten wir das für eine Zeit lang schaffen können.

Ana wollte die Verantwortung nicht mehr tragen und war selbst
gesundheitlich mit ihren Zahnproblemen angeschlagen. Nach dem
letzten Besuch in Rumänien überraschte sie uns ziemlich bald mit
der Ankündigung, dass sie im Sommer für immer nach Hause zu-
rückkehren wolle. Sie würde dort von ihrer eigenen Mutter und der
Familie gebraucht.

Es war für uns alle eine sehr schwere Entscheidung, den nächsten Schritt zu gehen. Zunächst überlegte ich noch, ob ich eine andere Frau bei der deutsch-rumänischen Organisation anfordern sollte, aber da diese dann ebenfalls allein mit meiner Mutter gewesen wäre, hätte ich keine Kontrolle über das gehabt, was mit ihr passierte. Janina und Gayane waren schon lange ausgezogen. Sie wären vielleicht gute zusätzliche Unterstützerinnen und kritische Beobachterinnen gewesen wie damals, als Malgorzata, die polnische Dame mit dem weißen Mercedes, meine Mutter nicht gut behandelt hatte. Gayane überlegte aus der Ferne, ob sie mit ihrem Mann kommen sollte. Sie wäre als Ansprechpartnerin für meine Mutter und die zukünftige Betreuerin, aber auch für mich zuständig gewesen, und wir hätten eine weitere Frau als Hauptbetreuerin einstellen können. Auf Gayane hätte ich mich verlassen können. Aber sie bekamen kein Visum, da ihr Mann kurz vorher erst aus der Armee entlassen worden war.

Es folgte eine lange Zeit, in der wir vieles überlegten, gegeneinander abwägten. Ich versuchte immer wieder, meine Mutter mit einzubeziehen. Bei jedem Besuch zeigte ich ihr Prospekte von einem Seniorenheim, das ich in die engere Wahl gezogen hatte, und in guten Stunden war sie nicht abgeneigt, dorthin umzuziehen. Allerdings erst zur Probe, wie sie immer wieder betonte. Vor allen Dingen, wenn ich ihr sagte, dass das Pflegeheim ganz in meiner Nähe sei und wir sie so viel häufiger als jetzt besuchen könnten, stimmte sie freudig zu. Sie machte sich allerdings Sorgen, ob wir das Haus alleinlassen könnten, wer die Blumen versorgen sollte und ob die Gefahr eines Einbruchs nicht zu groß sei. Bei unserem nächsten Gespräch wusste sie nichts mehr von unseren Überlegungen und ich fing wieder von vorne an, mit ihr einen möglichen Umzug zu planen. Schon lange empfand sie das Haus als eine Belastung, es war ihr alles zu groß und sie fühlte sich nicht mehr sicher, aber zurücklassen konnte sie es auch nicht.

Ana riet mir, jetzt selbst eine Entscheidung zu treffen. Meine Mutter sei nicht dazu in der Lage. Das wusste ich auch, ich wollte aber nicht wahrhaben, dass es nicht möglich war, mit ihr gemeinsam über ihr weiteres Leben nachzudenken. So hatten wir es früher immer gemacht – und nun sollte ich die Entscheidung über ihre Zukunft alleine treffen? Ich wartete auf ein Zeichen, von ihr oder von außen, damit ich wüsste, was ich zu tun hätte, aber es gab keins. Ich fühlte mich absolut überfordert. Nach vielen Gesprächen mit unterschiedlichen Menschen und schlaflosen Nächten habe ich mich dazu durchgerungen, meine Mutter in einem Seniorenheim anzumelden. Ich erbat eine Probezeit und war damals noch der festen Überzeugung, dass sie wieder zurückkommen könnte, wenn es im Heim nicht klappt. In der Zwischenzeit würden wir, so glaubte ich, eine gute andere Möglichkeit finden. Warum sollte nicht auch dieses Mal eine Lösung gefunden werden oder auf uns zukommen?

Ana machte mir jedenfalls in jedem Gespräch Mut, meine Mutter nicht mehr im Haus zu lassen. Sie verwies auf das alte Badezimmer und merkte an, dass es immer schwerer würde, meine Mutter in der Enge dieses Zimmers zu waschen. Sie meinte, da sie zunehmend dementer würde, hätte ich auch keine Kontrolle über das, was neue, mir unbekannte Pflegekräfte mit ihr machten. Und ich sei doch zu weit weg, um die neue Betreuerin hin und wieder zu beobachten oder zu unterstützen. Zudem bestätigte sie immer häufiger, wie anstrengend die Betreuung in den letzten Monaten geworden sei und dass das nur von zwei Frauen bewältigt werden könne. Sie wusste, wie lange ich unterwegs zu meiner Mutter war, und führte als weiteres Argument an, dass es für mich leichter sei, nicht mehr wöchentlich oder noch häufiger diese Strecke fahren zu müssen.

Viele meiner Freundinnen, die die Geschichte mit der Betreuungssituation Anteil nehmend verfolgt hatten, wunderten sich schon seit Langem, wie ich diese Belastung aushielt, und redeten mir wiederholt ins Gewissen, endlich ein gutes Seniorenheim für sie in meiner Nähe zu suchen. Sie führten verschiedene Beispiele von alten Menschen an, die sie kannten und die sich gut eingelebt hatten. Als im Haus einige große Reparaturen anstanden, dachte ich, das könnte das Zeichen sein, auf das ich gewartet hatte: Neuerdings gab es bei starkem Regen häufiger Wassereinbrüche im Keller, einige Dachziegel mussten erneuert werden, es taten sich gravierende Risse in den Wänden auf und die Nachbarn bestanden darauf, die großen Tannen im Garten zu fällen, da die Wurzeln bereits auf ihrem Grundstück die Bodenplatten anhoben. Letzteres habe ich noch bei einer Gärtnerei in Auftrag gegeben – und dabei gemerkt, wie viel es mich an Zeit, Kraft und Fahrerei kostete, alles zu regeln. Wollte ich das bei den zukünftigen Reparaturen wieder auf mich nehmen? Ich war mit meiner Kraft inzwischen selbst am Ende und hoffte, dass das Seniorenheim für die letzten Jahre meiner Mutter eine gute Entscheidung wäre. Ein wichtiges Argument wurde zusätzlich, dass sie in meiner Nähe ist und ich mich besser um sie kümmern könnte.

Dann stand der Umzugstermin fest. Es war ein besonders schöner Tag Mitte Juni. Ana legte in einen Koffer meiner Mutter diesen Abschiedsbrief, den sie im Seniorenheim lesen sollte:

»Liebe Frau Maria,

nach mehr als vier Jahren mit Ihnen zusammen fahre ich nun für immer nach Rumänien zurück, dort warten andere Aufgaben auf mich. Es ist schwer für mich, Sie und meine zweite Familie hier zu lassen. Ich habe mich mit Ihnen sehr gut verstanden, wir haben uns gemocht, und wir haben »Abi« gemacht. Sie haben mir viel mit der Sprache und dem Schreiben geholfen. Ich fühlte mich hier zu Hause, das war meine zweite Heimat, und wir haben viel zusammen erlebt und geschafft. Ich sage von Herzen DANKE und möchte, dass Sie noch lange leben und sich wohlfühlen, da, wo Sie jetzt sind. Ihre Ana Kui, die Sie sehr vermissen wird. Immer!«

Eine neue Heimat auf Zeit?

Nun war es also so weit, wir standen mit Ana am Flughafenschalter, um ihre schweren Koffer nach Bukarest aufzugeben. Viele Pakete mit ihren Büchern, den Kladden mit den Diktaten, den Geschenken für ihre große Familie, den neuen flotten Kleidungsstücken und den besonderen Lebensmitteln, die es in Rumänien nur zu erhöhten Preisen gibt, waren schon per Post vorausgeschickt worden. Wir waren alle traurig. Ana, mein Mann und ich warteten lange am Abfertigungsschalter und nutzten die Zeit, um Bilanz zu ziehen. Wir versicherten uns gegenseitig zum wiederholten Mal, dass wir in Kontakt bleiben und uns entweder in Rumänien oder bei uns irgendwann wiedersehen würden. Ana kannte meine Mutter wie kaum jemand anderer, liebte sie und ging auf sie ein. Mit ihr hatte ich in den letzten Wochen wiederholt über die wichtige Entscheidung nachgedacht: Seniorenheim – Ja oder Nein? Würde ein Umzug nicht ihre alte Entwurzelung reaktivieren und damit ihre demenzielle Erkrankung beschleunigen? Welche Alternativen haben wir noch? Ich war unsicher und spürte, dass egal, wie ich mich entschied, jetzt alles nur »halb richtig« sein würde.

Ich hatte mir Pflegeheime in unserer Nähe angeschaut und darum gebeten, mich zu benachrichtigen, falls ein Platz frei würde. Nach einem Monat bekam ich eine Zusage von einem Heim, das mir gefiel. Die Leiterin, eine flotte, energische Dame, war mir so sympathisch wie ihr individuelles Pflegekonzept. Auch die bunten Veranstaltungspläne mit täglich wechselnden Angeboten, die im Flur und im Aufzug hingen, sagten mir zu.

Das war noch vor Anas Weggang. Sie, meine Mutter und ich gönnten uns daraufhin drei Wochen Abschiedszeit und genossen die Sommertage gemeinsam im Garten. Wir beide wussten, dass es eine geschenkte gemeinsame Zeit war – wunderbar warme Tage, meine Mutter lag auf der Terrasse, braun gebrannt. Ich war häufiger als sonst bei ihnen, wir spielten, schauten uns Fotos an, aßen Eis und meine Mutter war sichtbar zufrieden.

Schon zwei Monate vorher hatten Ana und ich begonnen, die beiden oberen Etagen leer zu räumen. In den intensiven letzten drei Wochen sortierten wir auch die Schränke und Schubladen aus. Das, was meine Mutter ins Seniorenheim mitnehmen würde, kam in die Umzugskisten mit dem Buchstaben »M«. Weitere Umzugskisten gab es für das, was Ana gebrauchen konnte oder was meine Familie oder ich behalten wollten. Weitere Optionen waren: wegwerfen, der Katzenhilfe für den Trödelmarkt anbieten, Kleidercontainer. So haben wir nach und nach alles ausgeräumt, weggeworfen, verschenkt oder in Paketen nach Rumänien verschickt. Die Wohnung meiner Mutter ließen wir jedoch mit all dem ausgestattet, was sie brauchen würde, falls sie wieder zurückkommen sollte. Bettwäsche und Handtücher blieben im Schrank, ein paar Weihnachtskugeln und Osterschmuck ebenfalls, die Kleidungsstücke aus den letzten Jahrzehnten wurden stark reduziert. So verschwand langsam alles, was sich in einem Haushalt in 55 Jahren angesammelt hatte, oder wurde neu geordnet. Meiner Mutter haben wir von dem Seniorenheim erzählt, ihr den Prospekt gezeigt und von den Angeboten wie Gedächtnistraining, Bewegungsrunde, Kreativwerkstatt etc. vorgeschwärmt. Aber sie vergaß alles schnell wieder und verstand nicht, warum wir so viel zu kramen hatten. Der Gärtner wurde gebeten, für die kommenden Monate nach dem Rechten zu sehen, den Rasen zu mähen, die Post hereinzuholen und die Mülltonnen rauszustellen. Ich informierte die Nachbarn, der Arzt musste noch einen Abschlussbericht schreiben.

Dann kam der Tag, an dem Ana und ich meine Mutter ins Seniorenheim brachten. Wir packten das Auto und sorgten dafür, dass das Haus in Ordnung war. Ana ließ die Jalousien herunter, ich schloss dreimal die Haustür ab und Ana legte um das Hoftor die Kette mit dem Schloss. Noch einmal ein langer Blick zurück, und dann fuhren wir traurig los.

Wie immer konnte meine Mutter am Tag der Abreise wegen des Schwindels morgens nicht aufstehen. Als wir mittags sagten, dass wir ins China-Restaurant zum Essen gehen wollten, nahm sie ihre

Kraft zusammen und nach einer Weile konnten wir los. Nach dem Essen wollte sie unbedingt nach Hause, um sich hinzulegen. Als wir ihr dann im Auto mitteilten, dass wir nun ins Seniorenheim führen, war sie zufrieden, betrachtete die Landschaft und kommentierte, was sie sah: »Schau mal, der Lastwagen kommt aus RO, das ist doch Rumänien!« Wir hatten Glück, sie hatte einen guten Tag, fühlte sich nicht so schlecht und machte mit.

Nach zwei Stunden Fahrt im Auto, vollgepackt mit Koffern, dem Rollator, dem Toilettenstuhl, einem Beistelltisch und einer Gartenliege, kamen wir im Seniorenheim an. Es begrüßte uns eine Schwester freundlich mit den Worten: »Herzlich willkommen. Sie sind Frau S., ich weiß, Sie kommen aus dem Krankenhaus, Sie sind die Stoma-Patientin und haben einen Katheter. Kommen Sie doch einmal mit.« Ich widersprach vehement: »Nein, das ist zwar Frau S., aber sie kommt weder aus dem Krankenhaus noch hat sie einen Katheter. Wir sind zwei Stunden gefahren, sie muss dringend zur Toilette. Bitte begleiten Sie sie in ihr Zimmer. Wir müssen den Wagen entladen.« Sie schaute in ihre Akte, blieb dabei, dass es sich um die Stoma-Patientin handeln müsse, nahm meine Mutter aber erst einmal mit und verschwand mit ihr im Aufzug. Ana und ich schauten uns fassungslos an, luden aber zunächst das Auto aus. Wir waren beide von der Fahrt und der Packerei am Vormittag ziemlich erschöpft. Der Empfang irritierte uns und ich fragte mich, was noch alles verwechselt würde, wenn schon gleich die Begrüßung damit begann.

Niemand kam uns beim Aus- und Einräumen zur Hilfe, aber wir ermutigten uns gegenseitig, dass wir das jetzt auch noch schafften. Einige Einrichtungsgegenstände hatten mein Mann und ich schon ein paar Tage vorher in dem Zimmerchen untergestellt und ein Koffer mit Wäsche, die mit ihrem Namen versehen werden sollte, war ebenfalls schon dort.

In ihrem Zimmer angekommen, fanden wir meine Mutter erschöpft auf ihrem Bett liegen. Eine freundliche Dame vom Sozialdienst kam, brachte ihr ein Glas Wasser und bat sie, ins Wohn-Esszimmer mitzukommen, da sie den Biografiebogen ausfüllen müsse. Jetzt? Nachdem sie eine so lange Fahrt hinter sich gebracht hatte? Kann das nicht noch im Lauf der Woche geschehen?, war meine erste Reaktion.

Aber meine Mutter freute sich an dem Interesse, das man an ihr hatte, ließ sich auf dem Rollstuhl nieder und wurde ins Esszimmer gefahren, wo drei andere Seniorinnen in ihren Sesseln saßen. Diese hörten interessiert zu, was meine Mutter in einer enormen Lautstärke auf die Fragen der freundlichen Fachkraft antwortete.

Sie war infolge einer schweren Bronchitis so schwerhörig geworden, dass man sich mit ihr nur verständigen konnte, indem man ihr ins Ohr schrie oder alles aufschrieb. Das teilte ich der Fachkraft noch mit. Ich hörte über den ganzen Wohnbereich die Fragen der Pflegerin: Wie hieß Ihr Vater mit Vornamen, Ihre Mutter, welche Berufe hatten sie? Wie viele Geschwister hatten Sie, wie hießen sie? Mussten Sie im Haushalt mithelfen? Welche Hobbys hatten Sie als Kind? Meine Mutter antwortete, fragte aber zwischendurch immer wieder, wozu das wichtig sei. Sie wollte den Sinn der Fragen verstehen. Manchmal konnte sie sich auch nicht erinnern und ich hörte über den Flur, wie die nächste Frage gestellt wurde. Später teilte sie mir mit, dass sie ganz schön ausgefragt worden sei. Sie fand es komisch, dass alle mithören konnten. Das fand ich allerdings auch.

In der Zeit des »Ausfragens« räumten Ana und ich die Koffer aus, stellten die Fotos auf, sortierten die vielen kleinen und großen Dinge im Badezimmer oder in den Schubladen im gemütlich eingerichteten Zimmerchen mit Balkon. Ein Kaffee und eine kleine Verschnaufpause wären jetzt richtig gut gewesen! Aber niemand bot uns etwas an.

Meine Mutter wurde nach einiger Zeit erschöpft in ihr Zimmer zurückgebracht, wir wunderten uns, woher sie die Kräfte an diesem Tag genommen hatte: Mittagessen im China-Restaurant, lange Fahrt, neuer Ort, Biografiegespräch. Sie hatte für diese kurze Zeit wieder einen so klaren Geist – wie war das möglich?

Erschöpft lag sie am Ende eines langen Tages auf ihrem neuen Pflegebett, sah sich im Zimmer um und fragte, warum nur ein Bett hier stünde und wo wir denn schliefen. Wir antworteten, dass Ana und ich gleich zu mir nach Hause gingen und morgen wiederkämen. Da brach sie förmlich zusammen und schluchzte immer wieder: »Wollt ihr mich hier alleine lassen, ganz alleine?« Sie tat uns leid. Wir schrieben ihr auf viele Zettel und in ihr neues Kommunikationsbuch, dass wir am nächsten Tag wiederkämen und sie hier gut aufgehoben sei: »Du bist im Seniorenheim und die Schwestern sind alle sehr nett und freundlich. Und im Esszimmer gleich nebenan sitzen die anderen Bewohnerinnen und Bewohner, die sich auf dich freuen.« Ihrer großen Erschöpfung war es zuzuschreiben, dass sie sich irgendwann resigniert zurücklehnte und einschlief. Auf der Rückfahrt waren Ana und ich deprimiert und redeten uns gut zu, dass sie sich bestimmt einleben wird.

Als wir am nächsten Tag gegen Mittag wieder ins Heim kamen, gingen wir in ihr Zimmer und waren geschockt: Es war ein kühler Tag, meine Mutter saß mit dem Gesicht zum Fenster und dem Rücken zu uns in ihrem dünnen Nachthemd, barfuß ohne Jacke vor dem geöffneten Fenster, es war kalt im Zimmer, sie fror. Es roch nach Urin. Ana schaute sofort in den Toilettenstuhl, der neben dem Bett stand – er war bis oben hin voll. Sie schnappte meine Mutter, brachte sie ins Badezimmer und duschte sie warm, damit sie sich aufwärmen konnte.

Während ich ihre Sachen zusammensuchte, kam eine Schwester herein und war erstaunt, uns anzutreffen. Ich erzählte ihr, wie wir meine Mutter vorgefunden hatten. Die freundliche Pflegerin war entsetzt, brachte sofort den Toilettenstuhl nach draußen, entschuldigte sich und holte die diensthabende Schwester. Inzwischen war der Nachmittagsdienst dran und sie wusste nicht, was am Morgen passiert war. Sie rief aber sofort die zuständige Pflegekraft aus der Frühschicht an, die ihr sagte, meine Mutter sei geduscht und angezogen worden. Dann müsse sie sich eben wieder ausgezogen und ans Fenster gesetzt haben. Das konnte auf keinen Fall stimmen, denn Ana hatte meiner Mutter vor der Dusche genau die Unterhose ausgezogen, die sie ihr am Tag vorher morgens angezogen hatte. Diese Unterhose war noch nicht wie die anderen im Schrank gekennzeichnet und das Gummiband war nicht gut eingenäht, daran konnte sie erkennen, dass sie auf keinen Fall ausgewechselt worden war. Zudem stank sie, war gelb und feucht. Der Siphon in der Dusche dagegen war trocken gewesen, ebenso die Waschhandschuhe, die auf dem Waschbecken lagen. Wieso wurden wir angelogen? Wir waren beide sehr aufgebracht.

Die Schwester steckte die Unterhose sofort in einen Beutel und entschuldigte sich mehrfach. Sie sagte, das dürfe nicht vorkommen und würde auch nie mehr wieder passieren. Sie regelten das untereinander. Meine Mutter war verstört, sie hörte wegen ihrer Schwerhörigkeit zwar nichts, spürte aber die Aufregung im Raum. Wir konnten ihr so schnell nichts aufschreiben, was die Situation erklärt, sie aber nicht unnötig beunruhigt hätte.

So blieben Ana und ich bis zum Abend und spielten mit ihr. Zwischendurch kam immer mal wieder jemand herein. Besonders gefreut haben wir uns über eine fröhliche Italienerin, die Raumpflegerin im Haus war und gleich in ein freundliches Gespräch mit meiner Mutter einstieg. »Wir zusammen Party machen! Kommst du mit?«, fragte sie. Meine Mutter konnte nicht alles verstehen und so mussten wir ihr wieder aufschreiben, worum es ging. Am Ende lachten wir alle über die temperamentvolle Frau, die versprach, sich zwischendurch um meine Mutter zu kümmern. Die Raumpflegerin wurde die einzige bleibende Bezugsperson meiner Mutter in der ganzen Zeit. Alle anderen Pflegerinnen wechselten häufig, da hier viele Halbtags- und Aushilfskräfte arbeiteten, die zum Teil nur an bestimmten Wochenenden oder an einigen Tagen im Monat Dienst hatten.

Am nächsten Morgen gingen wir wieder hin, ich wollte gerne mit der Pflegerin sprechen, die meine Mutter in der schmutzigen Unterhose im Nachthemd an das Fenster gesetzt hatte, den Toilettenstuhl nicht geleert und behauptet hatte, sie geduscht zu haben. Sie hatte keinen Dienst, stattdessen war eine sehr liebenswerte Fachkraft da, die Russisch sprach. Sie hatte auch gleich schon ein paar Zettel auf Russisch in der Hand und kommunizierte freundlich mit meiner Mutter. Das machte sie und uns glücklich. Leider sahen wir diese Schwester nie wieder, da sie eigentlich auf einer anderen Station arbeitete und an diesem Tag nur zur Aushilfe da war.

Es war Anas letzter Tag in Deutschland. Sie verabschiedete sich tränenreich von meiner Mutter und wusste, dass sie sie wahrscheinlich nicht wiedersehen würde. Meine Mutter war mit der Russisch sprechenden Pflegerin, die sich etwas Zeit für sie nahm, ganz zufrieden und so gingen wir diesmal zwar traurig, aber doch etwas beruhigter aus dem Zimmer.

Im Flur trafen wir auf eine Schwester, die uns noch nicht bekannt war. Sie stellte sich vor und sagte, sie fände es komisch, meine Mutter trinke doch Kaffee, habe diesen aber nun mehrmals hintereinander stehen gelassen. »Meine Mutter hat noch nie Kaffee getrunken, sie trinkt Tee mit Milch«, antwortete ich etwas ungehalten, da ich das neben anderen Besonderheiten in dem Aufnahmebogen vermerkt hatte. Die Fachkraft widersprach mir trotzig: »Nein, das kann nicht sein, sie trinkt Kaffee.« Ich wurde ärgerlich und fragte, welche Verwechslung denn jetzt wieder vorläge. Die Schwester zuckte die Schultern und ging. Der Start im Heim war nicht wirklich gut, so war unsere Meinung. Wir hofften, dass es sich in Zukunft besserte.

Nachdem wir Ana am Flughafen verabschiedet hatten, fuhren mein Mann und ich noch einmal ins Heim. Hier trafen wir auf dieselbe Schwester, die davon überzeugt war, dass meine Mutter Kaffee statt Tee trinkt, und diesmal sprach sie uns auf den Vorfall am ersten Vormittag an. Sie meinte entrüstet: »Ich hatte auch Dienst, Ihre Mutter schlief den ganzen Vormittag fest und wollte nicht gestört werden, darum haben wir sie liegen gelassen.« Ich war erstaunt, hatte ich doch eine ganz andere Version der Geschichte zu hören bekommen. »Angeblich ist sie doch geduscht und angezogen worden? Und was war dann mit dem übervollen Toilettenstuhl, der schmutzigen Unterhose und dem kalten Zimmer?«, fragte ich sie. Sie wurde rot, schwitzte sichtlich und bat mich, die Sache nicht an die Leitung weiterzugeben, das würden sie im nächsten Teamgespräch untereinander klären. Ich hoffte, dass es in Zukunft keine Vorfälle dieser oder ähnlicher Art mehr geben würde.

Meine Mutter lag in ihrem Zimmer und freute sich, dass mein Mann und ich da waren. Ich sah das Tablett mit den Resten des Mittagessens und fragte: »Warum bist du denn nicht in den Speisesaal zu den anderen gegangen?« »Ich kann nichts verstehen, die sprechen so leise«, antwortete sie. »Du bist schwerhörig und kannst den Schreibblock hinlegen, damit sie dir was aufschreiben«, meinte ich. »Das machen sie hier nicht, dazu haben sie keine Zeit«, erklärte sie mir.

Sie war ganz aufgebracht, als wir am Abend wieder nach Hause fuhren. Ich machte mir Sorgen und stellte zum wiederholten Mal meine Entscheidung infrage. Hätten wir es nicht doch weiterhin bei ihr zu Hause versuchen sollen? Sollte ich sie wieder zurückbringen und dafür sorgen, dass wir doch noch eine Lösung fänden? Mein Mann beruhigte mich und war davon überzeugt, dass sie Zeit bräuchte, um sich zu orientieren. Er appellierte an meine Geduld und ich nahm mir vor, am Ende der nächsten Woche mit der sympathischen Leiterin ein Gespräch zu führen. Nicht nur meine Mutter brauchte eine Eingewöhnungszeit, sondern auch die Fachkräfte, die einen Zugang zu ihr finden mussten. Und ich selbst brauchte ebenfalls eine Zeit, um die großen Unterschiede zwischen der Betreuung und Pflege zu Hause und dem, was ich jetzt beobachtete, erst einmal einzuordnen.

Montags fuhren mein Mann und ich mit ihr zum Akustiker, der uns große Hoffnung machte. Mit einem neuen Gerät würde sie wenigstens wieder fünfzig Prozent Hörfähigkeit haben. Die traurige Botschaft: Die Geräte würden erst in vierzehn Tagen da sein. Also würde sie weiterhin nichts hören, keine Sozialkontakte haben und darauf angewiesen sein, dass sich ab und zu jemand Zeit nimmt und ihr etwas aufschreibt.

Als ich dann am nächsten Tag wieder in die Einrichtung kam, begegnete ich der stellvertretenden Heimleitung und der Pflegedienstleiterin auf dem Flur. Sie hätten gehört, dass etwas schiefgelaufen sei, sagten sie und baten mich in ihr Büro. Gemeinsam schauten wir uns auf dem Bildschirm die Dokumentationen an, sie waren erschüttert über meine Beobachtung und versprachen, diese Abteilung in Zukunft engmaschiger zu kontrollieren. Es wird nicht mehr vorkommen, das versicherten mir beide.

Die ersten Tage waren für alle anstrengend gewesen. Ich nahm mir vor, meiner Mutter die Eingewöhnungszeit zu erleichtern und weiterhin in engem Kontakt mit den Schwestern und der Heimleitung zu bleiben. Das Gespräch mit ihnen hatte mich ermutigt. Ich ging erleichtert aus dem Büro und hatte dabei in den Ohren, dass die meisten Bewohnerinnen und Bewohner bis zu acht Wochen und mehr Eingewöhnungszeit benötigen und meine Mutter noch nicht einmal eine volle Woche dort war. »Noch keine Woche ist sie im Seniorenheim«, ging mir durch den Kopf, »und doch ist schon so viel Unangenehmes passiert!«

Ein Sturz, Krankenhausaufenthalte und wieder ein Umzug

Am nächsten Tag nahm ich mir vor, gemeinsam mit meiner Mutter eins der Angebote zu besuchen und dort für sie als »Dolmetscherin« tätig zu sein. Um sechzehn Uhr sollte eine Kreativwerkstatt stattfinden. Also kam ich gegen fünfzehn Uhr in ihr Zimmer, ermunterte sie aufzustehen, wir tranken zusammen Tee und redeten ein wenig. Sie war tatsächlich bereit, mit mir dorthin zu gehen. Ich ging vor, um zu schauen, wohin ich mit ihr im Rollstuhl fahren musste, und stellte fest, dass sich im angegebenen Raum niemand befand. Auf meine Frage, wohin ich denn mit ihr fahren müsse, wurde mir mitgeteilt, das Angebot falle leider aus. Die Begründung: »Derjenige, der es anbieten sollte, hat das heute nicht auf die Reihe bekommen.«

Ich ärgerte mich darüber und vertröstete meine Mutter, holte Rummikub aus der Schublade und wir spielten gemütlich auf dem Balkon. Ich ließ sie gewinnen, sie war froh und freute sich auf das Abendessen. Noch ahnte ich nicht, dass es in dieser Woche auch kein Bingospiel und in der nächsten Woche kein Kegeln geben würde. Auf Nachfrage erklärte man mir, dass es für Bingo auf der Wohnetage zu heiß gewesen sei und man ansonsten mit den Vorbereitungen für das Sommerfest genug zu tun hatte. Ja, und die Bewegungsrunde hatte leider schon eine halbe Stunde früher begonnen, als auf dem Plan angegeben. Somit war auch das schon vorbei, als wir ankamen. Ich wurde langsam ärgerlich und nahm mir vor, diese Dinge zu protokollieren, um sie mit der Heimleiterin zu besprechen.

Am nächsten Nachmittag war die dritte Runde der Fußballweltmeisterschaft für die Deutschen, alle waren aufgeregt, wollten die Übertragung sehen. Im Haus wurden die alten Menschen mit Rollstühlen und Rollatoren zum Fernseher in den Gemeinschaftsraum gebracht. Einige hatten Deutschlandfähnchen auf die Wangen gemalt bekommen. Wir interessierten uns nicht für das Fußballspiel und ich schlug meiner Mutter vor, mit mir in den Garten zu gehen. Da ihr die Reha-Firma den gerade gelieferten Rollstuhl wieder abgenommen hatte, weil die Krankenkasse mit einer anderen Firma einen Vertrag hat, versuchten wir mit dem Rollator vom zweiten Stock ins Erdgeschoss zu gelangen. Bis zum Aufzug schafften wir es. Sie konnte sich auf den Rollator setzen und ich schob sie. Aber vom Aufzug durch eine andere Wohngruppe in den Garten wurde es für uns beide schwierig. Ich rief nach einer Pflegerin, die mir helfen könnte, aber es war keine zu sehen. Plötzlich tauchte die nette Italienerin auf, die als Raumpflegerin angestellt war, half mir mit meiner Mutter, besorgte flink Auflagen für die Gartenstühle und eine Tischdecke. Es war ein so schöner Nachmittag, die Sonne schien – aber es waren keine Auflagen auf den vielen Stühlen? Sitzen die alten Menschen nicht gerne draußen? Hatte man vergessen, es im Garten gemütlich zu machen? Ich konnte all das nicht nachvollziehen.

Die italienische Dame brachte uns eine Flasche Wasser und Gläser und sorgte dafür, dass wir es uns angenehm machen konnten. Wieder war es diese Frau mit Herz, die sah, was getan werden musste, und reagierte. So saßen wir also zu zweit und spielten. Ich schaute auf die übervollen Aschenbecher und fragte mich, ob hier die Seniorinnen und Senioren so viel rauchten. Erst später nahm ich wahr, dass immer wieder einige des Pflegepersonals im Garten ihre wohlverdienten Pausen verbrachten, was ich gut verstehen konnte. Aber warum kam keiner auf die Idee, die Aschenbecher zu leeren? Ich schnappte mir zwei und entsorgte den Inhalt in die Mülltonne.

Es kamen noch zwei weitere Bewohnerinnen, die sich zu uns setzten, eine wurde im Rollstuhl an unseren Tisch gefahren, eine andere schaute uns beim Spielen zu und versuchte, die Regeln zu verstehen. Wir unterhielten uns, sangen und spielten. Zwei Pflegerinnen gingen an uns vorbei und setzten sich einen Tisch weiter, um Pausen zu machen. Keine begrüßte uns oder fragte, ob alles in Ordnung sei. Komisch, dachte ich. Überlastung? Keine Zeit? Kein

Interesse? Doch dann kam noch eine nette Pflegerin, setzte sich dazu, fragte nach, erzählte, dass sie aus Tibet stamme und bereicherte die kleine Gesellschaft mit ihrer freundlichen Ausstrahlung.

Als es Abendbrotzeit war, wollte ich mit meiner Mutter und dem Rollator wieder in ihre Wohngruppe in den zweiten Stock. Ich bat eine andere Fachkraft, die den Tisch im Wohnbereich im Erdgeschoss deckte, mir kurz bis zum Aufzug zu helfen. Sie antwortete etwas genervt, dass ich warten solle, sie rufe jemanden vom Wohnbereich meiner Mutter an. Sie telefonierte und verschwand dann hinter dem Busch, um eine Zigarettenpause zu machen. Hätte sie nicht schnell einfach mit anpacken und uns bis zum Aufzug begleiten können? Die sehr freundliche Fachkraft vom anderen Wohnbereich kam atemlos aus der zweiten Etage. Sie half uns, und ich sah, dass sie erschöpft und gestresst war. Ich fragte nach und sie antwortete, dass sie momentan nicht nur alleine für zwölf Damen und Herren auf ihrer Station zuständig sei, sondern auch die anderen beiden Wohngruppen mitversorge. »Wo sind denn die anderen Fachkräfte?«, fragte ich erstaunt. Sie zuckte mit den Schultern: »Wahrscheinlich alle beim Fußballspiel.« »Haben Sie das Spiel auch gesehen?« »Nein, ich musste mich um alles kümmern.« Ich bewunderte sie, wie sie durch die drei Stockwerke rauf und runter lief, für das Abendessen deckte, einige alte Menschen zur Toilette brachte, so wie jetzt auch meine Mutter, die es plötzlich dringend hatte und nicht wusste, wohin sie musste. Die Pflegerin begleitete sie zur Toilette, während drei andere alte Menschen auf ihr Abendbrot warteten und nach Tee, Käse oder Pudding riefen. Ich beobachtete, wie sie in Windeseile alles hinstellte, aufdeckte, Essen anreichte. Sogar für ein paar freundliche Worte hatte sie noch Zeit. Aber etwas aufschreiben, um jemandem, der nicht hört, das Gefühl zu geben, am Gespräch teilnehmen zu können? Dafür reichten die Zeit und die Kraft einfach nicht, was ich sehr gut verstehen konnte.

Inzwischen kamen die anderen Fachkräfte und halfen. Ich bat darum, meine Mutter ins Zimmer zu begleiten, da ich mich nun von ihr verabschieden wollte. Sie wollte mich nicht gehen lassen. Ich schrieb ihr auf, dass ich am nächsten Tag wiederkommen würde, brachte sie dann doch selbst ins Zimmer und konnte sie überreden, auf den Balkon zu gehen, um mir nachzuwinken. Ich ging nachdenklich zum Parkplatz, schaute nach oben zum Balkon, wo meine Mutter mir in gebeugter Haltung traurig nachwinkte. Ich hatte immer mehr das Gefühl, dass ich sie nicht guten Gewissens in diesem Seniorenheim lassen kann, und fuhr mit einem schweren Herzen nach Hause.

Es gab wirklich einige gute und liebenswerte Fachkräfte, aber die waren einen Tag da und dann wieder an anderer Stelle eingesetzt oder hatten als Aushilfskräfte sowieso nur an einem Wochenende im Monat Dienst. Es waren auch einige ungelernte Fachkräfte dabei. Eine der Damen erzählte mir, dass sie eine Stelle in einer Fleischerei habe und sich an den Wochenenden im Seniorenheim Geld dazuverdiene, das sie für den Urlaub spare. Bisher hatte ich keine Kontinuität im Dienst der Pflegekräfte entdecken können. Ich war davon überzeugt, dass es meiner Mutter beim Einleben helfen könnte, wenn sie eine oder zwei kontinuierliche Bezugspersonen hätte. Wir mussten eine Lösung finden!

Am nächsten Tag kam ich morgens, die Pflegerinnen waren aufgebracht, holten mich ins Schwesternzimmer, wo sie bewusst zu zweit mit mir sprechen wollten. Sie wolle das Gespräch unter Zeugen führen, bestimmte eine Pflegekraft, und behauptete vorwurfsvoll, meine Mutter spiele Theater. Sie wolle sich nicht waschen lassen, nicht aufstehen, sage, ihr sei schwindelig. Sie werfe sich immer wieder ins Bett zurück und sie müssten sie zu zweit festhalten, um sie zu waschen. Meine Mutter klage morgens über alles Mögliche, aber wenn sie alleine sei, ginge sie mit ihrem Stock durchs Zimmer und krame herum. Käme eine Schwester, ließe sie sich fallen und wolle bedauert werden. Sie sei eine »große Markiererin«, so die Aussage der Schwester. Ich blieb ganz ruhig, fragte, ob es vielleicht noch eine andere Möglichkeit gäbe, diese Situation zu interpretieren. Ich kannte das beschriebene Verhalten bei meiner Mutter, aber ist das wirklich Theater? Vielleicht »markierte« sie tatsächlich, aber was war der Grund? Könnte es nicht sein, dass ihr wirklich schwindelig war? »Wenn das so wäre, dann könnte sie nichts essen. Sie hat aber gut gefrühstückt und ihre Blutwerte sind ebenfalls bestens«, so die Pflegerin.

Dann blieb immer noch die Frage, ob der Schwindel psychosomatische Ursachen hatte oder eine Nebenwirkung der Medikamente war, die sie am Morgen zu sich nahm. Wir vereinbarten, dass wir im Gespräch bleiben. Ich atmete durch und ging zu meiner Mutter. Weil es sehr warm war, wollte ich ihr eine kurzärmlige Bluse anziehen. Ich war entsetzt, sie hatte blaue Flecken am Oberarm. »Bist du gefallen?«, fragte ich. Sie konnte sich nicht daran erinnern. Ich fand in ihrem Kommunikationsblock eine Eintragung, die ich wortwörtlich wiedergebe: »Sie können laufen, es wird gewaschen! Wir können Sie nicht jeden Tag liegen lassen! Wir bekommen Ärger mit Ihrer Tochter. Die will, dass Sie gewaschen und ordentlich versorgt werden. Und jetzt wird am Tisch gefrühstückt! Und Mittagessen gibt es nur im Speiseraum!« Eine Befehlssprache, die Rückschlüsse auf die Haltung zuließ?

Ich schaute mich um, sah die Reste des Frühstücks: ein halbes Brötchen und Wurst lagen auf dem Tablett. Also wird sie im Zimmer gefrühstückt haben. In dem Moment kam eine Schwester, die ich noch nicht kannte, sie ist Pflegeassistentin und erzählte mir sehr erbost, dass meine Mutter sich nicht waschen ließe, sie sie zu zweit ins Badezimmer geschleppt hätten und sie sich immer zurückgeworfen habe. Sie solle sich nicht immer so anstellen. Als ich fragte, ob meine Mutter dabei gefallen sei, gab sie zur Antwort: »Wenn Sie die blauen Flecken am Arm meinen, dann kann es sein, dass sie zu blauen Flecken neigt, wir haben sie nur etwas fester anfassen müssen, damit sie nicht fällt.«

Nach dieser Begegnung ging ich noch einmal zurück ins Schwesternzimmern. Eine Pflegerin fegte im Wohnbereich Glasscheiben zusammen und ich fragte sie, ob ich kurz mit ihr sprechen könne, weil ich eine Idee für die kommenden Tage hätte. Sie schaute nicht auf, fegte weiter und sagte: »Reden Sie ruhig, ich höre Ihnen zu, muss das hier noch eben wegfegen.« Ich sprach also auf ihren Hinterkopf und ihren Rücken, dass ich meine, sie sollten sie morgens vielleicht doch länger liegen lassen. Gegebenenfalls könnten sie ihr ein kleines Frühstück im Bett reichen, sie ein wenig frisch machen und schlafen lassen, bis sie selbst aufstehen will. »Ja, ja, ist in Ordnung, das machen wir dann so«, und schon ging sie mit dem Kehricht weiter, ohne mir einmal ins Gesicht geschaut zu haben.

Ich sah, dass sich einige der Fachkräfte viel Mühe gaben, aber für viele Dinge fehlte ihnen die Zeit. Sie hatten inzwischen kleine Schilder geschrieben, auf denen Informationen standen: »Was wollen Sie frühstücken? Guten Morgen! Wollen Sie an den Angeboten teilnehmen? Blutdruck messen!« Im Kommunikationsblock, der auf dem Tisch lag, standen selten persönliche Eintragungen.

Inzwischen hatte ich Norzia, eine Freundin aus Afghanistan, die in der Nähe wohnt, darum gebeten, täglich bei meiner Mutter vorbeizuschauen und mit ihr zu spielen, Mittag zu essen und so lange bei ihr zu bleiben, bis ich komme. Sie machte das gerne, da sie ein kleines Taschengeld gut gebrauchen konnte. Somit hatte meine Mutter neben mir und meinem Mann eine weitere Bezugsperson, die täglich anwesend ist. Ich wollte selbst für eine Form von Kontinuität sorgen, die durch das Haus nicht gegeben war, und war auch gerne bereit, dafür zusätzlich zu zahlen, wenn es meiner Mutter die Eingewöhnungszeit erleichterte.

Das Sommerfest nahte und wir freuten uns darauf, zumal die Vorbereitungen schon seit Tagen liefen. Meine Mutter nutzte beim wirklich besonders schönen und liebevoll durchgeführten Sommerfest die Möglichkeit, ein paar Runden zu kegeln und blühte auf. Die beiden Kinder einer Fachkraft brachten ihr die Kugel, schenkten ihr einen kleinen Preis, als die neun Kegel gefallen waren, und unterhielten sich mit ihr. Das tat ihr so gut und ich schlug ihr vor, dass ich am Montag komme und mit ihr zum Kegeln gehe. Das wollte sie gerne.

Als ich an diesem Tag ins Seniorenheim kam, wurde mir gleich gesagt, dass das Kegeln ausfalle, dafür würde ein Entenrennen im Bassin stattfinden und es würden Luftballons abgeschickt. Nein, Luftballons wollte meine Mutter nicht in den Himmel schicken. »Das ist was für Kinder.« Ich fuhr sie stattdessen mit dem Rollstuhl ein wenig herum, aber irgendwann protestierte sie lautstark, sie wolle jetzt nach Hause. Plötzlich hielt sie inne und fragte: »Wo ist denn mein Zuhause eigentlich?« Ich brachte sie zum Aufzug, wir stiegen in der zweiten Etage aus. Plötzlich wusste sie, wo wir sind, zeigte mir den Weg zu ihrem Zimmer und legte sich gleich erschöpft auf ihr Bett. Ich verabschiedete mich und diesmal ließ sie mich auch gehen. Auf dem Nachhauseweg fragte ich mich, ob noch jemand in ihr Zimmer kommen würde, um wenigstens ein paar Minuten mit ihr zu sprechen oder sie aufzumuntern?

Ich fand es beruhigend, dass zum Sommerfest sowohl die Pflegedienstleiterin als auch die Heimleiterin zu uns kamen und mir die Gelegenheit gaben, über die letzten Vorgänge zu berichten. Es wurde verabredet, dass wir uns noch einmal treffen, um zu überlegen, was verbessert werden könne. Der etwas schnippische Schlusssatz der Pflegedienstleiterin gab meinem guten Gefühl allerdings wieder einen kleinen Dämpfer: »Sie können hier keine Eins-zu-Eins-Pflege erwarten, wie Sie das von zu Hause gewöhnt waren!«

Ja, das stimmte, aber gab es zwischen einer Eins-zu-Eins-Pflege und dem, was wir momentan erlebten, nicht doch noch einige Abstufungen? Oder war ich zu anspruchsvoll? Erwartete ich zu viel? Ist es nicht selbstverständlich, dass ich für meine Mutter eine gute Pflege und Betreuung wünschte und durch die Ereignisse der vergangenen Wochen wenig Vertrauen hatte? Ich wollte nicht in der Rolle derjenigen sein, die kontrollieren muss. Gleichzeitig war ich schon längst genau da hineingerutscht und wurde verständlicherweise von den Pflegekräften auch so gesehen. Ich hoffte, dass wir uns alle noch aneinander gewöhnen, miteinander im Gespräch blieben, sich einige Dinge ändern und meine Mutter sich bald wohler fühlen würde. Noch war sie ängstlich, wollte nicht mit den anderen Bewohnerinnen zusammen sein, bestätigte aber, dass die Pflegerinnen alle sehr nett seien. Diese Äußerung meiner Mutter erleichterte mich, ließ mich hoffen und war ein großes Lob für diejenigen, die mit Herz und Engagement ihr Bestes gaben. Ich bemühte mich, das Lob weiterzugeben, war aber selbst nicht ganz davon überzeugt, dass meine Mutter wirklich gut versorgt war.

Nun war sie seit drei Wochen im Seniorenheim und hatte endlich nach zwanzig Tagen das Hörgerät bekommen. Es war schwierig für sie, sich daran zu gewöhnen. Der Akustiker meinte, sie müsse das Hören wieder neu lernen.

Einen Tag nach dem Besuch beim Akustiker besuchte ich meine

Mutter erst nach sechs Uhr am Abend. Es war ein sehr heißer Tag gewesen, sie klagte über Herzschmerzen, war schweißnass, ihr war schwindelig. Wieder stand das Abendessen unangetastet auf dem Tablett. Ich wollte ihr etwas zu trinken geben, aber es standen weder eine Flasche noch ein Glas im Zimmer. Ich ging also in den Wohnbereich und nahm vom Esszimmertisch eine Flasche Wasser und ein Glas. Ich gab ihr etwas Wasser, versuchte, sie zu beruhigen. Sie klagte ununterbrochen über Herzschmerzen. So blieb ich, zusammen mit Norzia, die inzwischen auch gekommen war, bei ihr. Kurz vor zwanzig Uhr kam eine Pflegeassistentin, um das Tablett abzuräumen. Ich teilte ihr mit, dass es meiner Mutter nicht gut gehe, dass sie kein Wasser im Zimmer hatte, aber alle zwanzig Minuten zur Toilette müsse. »Ihre Mutter war den ganzen Nachmittag im Garten und hat sich bestens unterhalten. Da ging es ihr gut und sie hat jede Menge getrunken. Dann muss man eben häufiger zur Toilette, ist doch normal. Morgens ist es bei uns immer hektisch, da haben die Fachkräfte eben vergessen, Getränke hinzustellen. Sie hat ja jetzt etwas da stehen!«, bekam ich zur Antwort. »Ja, das habe ich ihr hingestellt«, sagte ich ihr. Sie stellte sich, die Arme über der Brust verschränkt, hin und antwortete eher herablassend: »Was glauben Sie, was sie immer mit uns macht? Morgens wirft sie sich nach hinten, wir müssen sie zu zweit festhalten. Wenn wir aus dem Zimmer sind, geht sie mit ihrem Stock herum. Das lassen wir uns nicht gefallen und da müssen wir auch durchgreifen, das wird alles dokumentiert!« »Und wie erklären Sie sich, dass sich meine Mutter von einer anderen, sehr liebevollen Pflegekraft ohne Probleme duschen lässt?«, fragte ich zurück. Ich meinte eine Pflegerin, die mir bestätigt hatte, dass sie keine Mühe habe, meine Mutter zu duschen oder zu waschen, aber sie tue das meist später am Vormittag, wenn es ihr etwas besser ging. Daraufhin erwiderte die Pflegeassistentin harsch: »Keine Sorge, wir kommen schon mit ihr zurecht, wir machen aber klare Ansagen.«

Ich war über den Ton erschrocken und gab zu bedenken, dass der Schwindel, über den sie klagte, sicher nicht sehr angenehm sei. »Die Blutdruckwerte sagen etwas anderes!« Auf meine Frage, ob es vielleicht am erhöhten oder zu niedrigen Blutzuckerspiegel liegen könne, bekam ich die pampige Antwort: »Damit habe ich nichts zu tun, Blutzucker messen nur die Examinierten.« Sie nahm das Tablett und sagte laut, dass sie jetzt gehen müsse, schließlich sei sie schon fünf Minuten über der Zeit und habe jetzt Feierabend. Und eigentlich hätte sie nur das Tablett holen und nicht noch ein Gespräch führen wollen. Ich öffnete ihr die Tür und sie schwirrte nach draußen.

Norzia hatte das Gespräch mitbekommen und schüttelte den Kopf: »Warum sind die Leute in Deutschland so? Sie muss doch sehen, dass es ihr nicht gut geht«, fragte sie mich. »Es sind nicht alle so und es gibt hier wirklich viele sehr freundliche und mitfühlende Fachkräfte«, beruhigte ich uns beide und wusste, dass es stimmte. Aber es hing so viel davon ab, wer gerade Dienst hatte!

Es war nach acht, als ich zu meinem Auto ging. Ich überlegte, ob wohl am Abend noch jemand zu ihr ins Zimmer kommen würde, um ihr für die Nacht den Toilettenstuhl neben das Bett zu stellen. »Das hätte ich doch noch tun sollen«, dachte ich, als ich schon im Auto unterwegs nach Hause war. Ich beruhigte mich damit, dass sie ja noch die Schlaftablette bekäme, bei der Gelegenheit würde man bestimmt sehen, dass der Toilettenstuhl fehlte, an den sie schon von zu Hause gewohnt war und den ich extra von dort mitgebracht hatte. Außerdem würde ihr sicher jemand beim Auskleiden helfen, da die diensthabende Schwester schließlich nicht wissen konnte, dass die afghanische Freundin und ich sie bereits ausgekleidet und ins Bett gebracht hatten. Im Nachhinein habe ich mich gefragt, warum ich an dem Abend nicht auf meine Intuition gehört habe und noch einmal zurückgefahren bin, um ihr den Toilettenstuhl ans Bett zu stellen.

Um halb zehn klingelte das Telefon. Die Nachtschwester teilte mir mit, dass sie meine Mutter jammernd auf dem Boden vor der Toilette gefunden habe und sie über große Schmerzen in der Schulter klage. Sie habe sie mit großer Mühe ins Bett gebracht und den Krankenwagen gerufen. Ich fragte, ob meine Mutter den Toilettenstuhl am Bett hatte, was sie verneinte.

Mein Mann und ich fuhren sofort ins Seniorenheim, wo die Schwester am Eingang stand und den Krankenwagen erwartete.

Wir gingen mit ihr zu meiner Mutter, die käsebleich in ihrem Bett lag und über große Schmerzen in der linken Schulter und am Bauch klagte. Ich tröstete sie und nahm sie in die Arme. Als ich mich im Zimmer umschaute, lagen die Kleidungsstücke, die ich ihr am Abend ausgezogen hatte, immer noch so auf dem Stuhl, wie ich sie hingelegt hatte. Das Wasser, das ich ihr hingestellt hatte, war nicht angerührt. Also hatte sie auch keine Schlaftablette erhalten und dazu getrunken. Als sie mir sagte, dass sie dringend zur Toilette müsse, wollte ich den Toilettenstuhl holen und stellte fest, dass keine Schüssel darin war. Die Schwester lief los, um sie zu holen. Inzwischen waren die Sanitäter da, wir zogen meiner Mutter noch schnell Strümpfe und eine Hose an. Leider bekam sie keine Gelegenheit mehr, die Toilette aufzusuchen, mit der Folge, dass sie im Krankenwagen einnässte, was ihr sehr peinlich war.

Ich packte ein paar Sachen für das Krankenhaus zusammen, die Nachtschwester, die immer wiederholte, dass es ihr leidtäte, gab mir die Medikamente für den nächsten Tag mit. Im Krankenhaus begleiteten wir meine Mutter in die Notaufnahme, sie wurde untersucht, geröntgt und anschließend in ein Krankenzimmer gebracht, in dem zwei andere alte Damen schliefen. Ihre Schulter war gebrochen und sie war nach all den Untersuchungen orientierungslos, unruhig und verwirrt. In der Nacht konnte noch nicht entschieden werden, ob sie operiert werden musste. Die Entscheidung sollte zwei Tage später gefällt werden, wenn der Chefarzt wieder da war. Jetzt hatte ich erst einmal die Hoffnung, dass sie im Krankenhaus die Pflege und Unterstützung bekommt, die sie braucht.

Gegen zwei Uhr waren mein Mann und ich zu Hause. Ich war erschöpft, konnte aber nicht schlafen, da ich mir große Vorwürfe machte. Zum einen, weil ich meine Mutter nicht schon längst aus diesem Seniorenheim genommen hatte, und zum anderen, weil ich nicht zurückgefahren war, um den Toilettenstuhl ans Bett zu stellen. Über die Nachlässigkeit und Unachtsamkeit war ich ebenso empört wie über die Ignoranz und den herablassenden Ton der Pflegeassistentin. In dieser Nacht entschied ich, ein anderes Pflegeheim für meine Mutter zu suchen. Ich wollte sie nicht mehr dorthin zurückbringen müssen.

Sowohl eine unserer Pflegetöchter, die selbst Altenpflegerin ist, als auch Freundinnen rieten mir, die Heimaufsicht einzuschalten. Ich hatte bereits einen Brief aufgesetzt, den ich aber nie abgeschickt habe. Ich hatte keine Kraft mehr, auch diese Diskussionen noch zu führen, und wollte so schnell wie möglich eine andere Lösung für meine Mutter finden.

Sie wurde nicht operiert, musste allerdings einen besonderen Verband tragen, damit die Fraktur zusammenwachsen konnte. Im Krankenhaus stellte man zudem fest, dass sie stark verwirrt war, eine große motorische Unruhe und Schlafstörungen hatte, die auf ein Delir hinwiesen. Wegen ihrer ausgeprägten Angststörung mit Panikattacken wurde sie in die geriatrische Klinik überwiesen, wo sie drei Wochen blieb. Eine Harnwegsinfektion kam hinzu, ebenso eine beginnende Lungenentzündung. In der Abteilung mit nur zwölf Patienten wurde sie liebevoll versorgt, hatte kompetente Ansprechpartnerinnen, bekam Physiotherapie und Ergotherapie und wurde medikamentös gut eingestellt. Wenn ich zu Besuch kam, saß sie in einem Pflegesessel zwischen anderen Patienten, schaute fern oder spielte mit Norzia Rummikub. In der Zwischenzeit suchte ich nach Alternativen zum Seniorenheim.

Auf jeden Fall sollte es nun ein Haus sein, in dem demente Menschen in einer kleinen Wohngruppe untergebracht waren. So jedenfalls ließ ich mich im Krankenhaus von der Sozialarbeiterin beraten, die mir zwei Adressen in unserer Nähe gab. In einer Wohngemeinschaft mit acht demenziell veränderten Menschen wurde ich freundlich empfangen. Die Leiterin teilte mir mit, dass es momentan zwar kein freies Zimmer gäbe, eine Bewohnerin jedoch im Sterben liege. Sie wollte ihr Zimmer für meine Mutter reservieren.

Es dauerte noch ein paar Wochen, bis das Zimmer in der Seniorenwohngemeinschaft frei wurde und ich es zusammen mit unserem Pflegesohn eingerichtet hatte. Somit musste meine Mutter nach dem Aufenthalt in der Geriatrie doch noch einmal für ein paar Tage zurück ins Seniorenheim. Wir feierten dort ihren 98. Geburtstag, allerdings in ihrem neuen Zimmer im Erdgeschoss, das sie mit einer anderen Dame teilte und wo sie deutlich besser und liebevoller versorgt wurde. Das Geburtstagsfest war auch gleichzeitig ihr Abschied, da sie drei Tage später in die Wohngemeinschaft umziehen konnte.

Nach zweieinhalb Monaten, von denen sie vier Wochen in zwei verschiedenen Krankenhäusern verbracht hatte, ließen wir das Seniorenheim und die traurigen Erfahrungen dort hinter uns und zogen mit Stehlampe, Beistelltisch, den Bildern und den Koffern erneut um. Meine Mutter war zu schwach, um von dem Umzug viel mitzubekommen. Sie wurde vom Krankenwagen in die Seniorenwohngemeinschaft gebracht, wo man sie auf das Bett legte, sie sich umdrehte und sofort einschlief.

Der letzte Weg

Der Aufwand, sich neu zu informieren, eine andere Lösung zu suchen und noch einmal umzuziehen, hatte sich gelohnt. Meine Mutter bekam zunehmend wieder Freude am Leben. Auch wenn sie nur noch dreieinhalb Monate in der Wohngemeinschaft lebte, blühte sie hin und wieder auf, zum Beispiel, wenn sie an den kleinen »Küchenpartys« teilnahm, zu denen es Waffeln und Spiele gab. Unter den Fachkräften war eine gewisse Kontinuität gegeben und drei Betreuerinnen, die eine besondere Beziehung zu ihr aufbauten, regten sie an, zu erzählen oder zu spielen. Sie holten sie immer wieder in die Wohnküche zu den anderen, wo sie im großen Pflegesessel dabeisitzen konnte, während die anderen miteinander Späße machten, Schlager von früher spielten und manchmal sogar tanzten. Sie fühlte sich dort weniger allein und ließ mich nun auch ohne Weiteres nach einem Besuch gehen.

Ein Mitbewohner besuchte sie häufiger in ihrem Zimmer, wenn sie nicht aus dem Bett wollte, setzte sich neben sie, streichelte ihre Hand und erzählte aus seinem Leben. Sie hörte nicht zu, aber bestimmt war es ihr angenehm, einen Menschen neben sich zu wissen. Die afghanische Freundin kam manchmal zu Besuch. Es gelang sogar hin und wieder, sie zum Rummikub zu animieren, wobei man ihr die Regeln immer wieder neu erklären musste. Dabei saßen wir auf dem Balkon der Wohngruppe unter dem Sonnenschirm und wurden manchmal sogar mit Kaffee und Kuchen verwöhnt.

In dieser Zeit gab es viele schöne Momente. Sie hielt ihr Gesicht in die Sonne, schaute auf die Häuser gegenüber und erklärte mir, dass diese alle erst gebaut worden seien, als ihr Mann und sie schon längst in ihrem eigenen Haus wohnten. »Ja, das Dorf hat sich gut weiterentwickelt. Aber wie die Nachbarn jetzt dort drüben alle heißen, habe ich vergessen.«

Manchmal war sie davon überzeugt, in ihrem alten Haus zu sein. Ein Zeichen dafür, dass sie sich wohlfühlte. Die Schulter wuchs nicht gut zusammen. Der Verband wurde leider immer wieder falsch angelegt und man achtete nicht darauf, ob sie ihn überhaupt trug. Somit konnte sie mit der rechten Hand nicht mehr bis zum Mund greifen und bekam einen besonders langen Löffel. Eine Schwester trainierte das mit ihr und sie freute sich, wenn sie es manchmal schaffte, selbst zu essen. Ich kam häufiger, um sie zu »füttern«, wie ich sagte, wurde aber von der Praktikantin zu Recht belehrt, dass ihr das Essen »angereicht« wurde. Wenn ich nachmittags kam, saßen die sieben Damen und der alte Herr meist schon am gedeckten Kaffeetisch. Zwei Betreuerinnen waren dabei, unterhielten sich mit ihnen, zeigten ihnen Bücher oder machten am Tisch kleine Gymnastikübungen. Es herrschte meist fröhliche Stimmung und meine Mutter saß dabei.

Ab Anfang Dezember schaffte sie es immer seltener, in der Küche mit den anderen zu sitzen, und blieb im Bett. Sie nahm mich manchmal nicht mehr wahr, wenn ich zu Besuch kam. Es dauerte eine Weile, bis sie durch mein Streicheln und meine Ansprache langsam aus ihrer Apathie erwachte. Manchmal war es mir dann möglich, sie zusammen mit einer Fachkraft in ihren Pflegesessel zu setzen. Es gab einige wunderbare Tage, an denen wir uns fast wie früher unterhalten konnten und viel lachten.

Ich hatte ihr eine Mappe zusammengestellt, in der ihre Geschichten und Gedichte gesammelt waren, die sie in den letzten Jahren geschrieben und mithilfe von Gayane und Janina am Computer abgetippt hatte. Früher las sie gerne in ihren Frauenkreisen daraus vor. Ich brachte das Ringbuch mit den Texten in die Wohngemeinschaft, wo ihr die Schwestern häufig die Gelegenheit gaben, sie vorzulesen, was sie stolz und mit Freude tat, wenn es ihr gut ging. Ihre Mitbewohnerinnen hörten gerne zu.

In einer ihrer guten Stunden bat sie mich, ihr »Dankgebet einer Seniorin« mehrmals zu kopieren, sie wollte es zu Weihnachten an die Betreuerinnen im Haus mit einem Weihnachtsgruß weitergeben, was ihr auch noch gelang. Bereits Ende November hatte sie für etwa zwanzig Mitarbeiterinnen die Kopien eigenhändig unterschrieben, was einen ganzen Nachmittag Zeit und Kraft gekostet hatte. Aber sie war glücklich, dass ihr ein persönlicher Gruß möglich war.

Im Dezember raffte sie ihre ganze Kraft zusammen, um mir zum Geburtstag zu gratulieren und mir zu sagen, wie dankbar sie mir war, dass ich sie nicht im Stich gelassen hatte. Wie war es möglich, dass sie sich überhaupt an meinen Geburtstag erinnerte? Ich war gerührt, wir aßen mit der Wohngemeinschaft meinen mitgebrachten Kuchen und die Bewohnerinnen und Bewohner sangen zusammen mit den Schwestern ein Geburtstagslied. Einige Male brachte ich noch mein Akkordeon mit, in der Wohnküche wurden die Adventskerzen angezündet, die Anwesenden sangen oder summten zu meinem Spiel. Meiner Mutter gefielen diese Nachmittage, obgleich sie sich bald danach wieder ins Bett legen wollte, weil sie immer schneller erschöpft war.

Nach diesem letzten Weihnachtsfest, an dem sie ihr Weihnachtsgedicht vorlas, meine Hand festhielt und ihren Blick nicht von den Weihnachtskerzen abwenden konnte, nahm ihre Kraft rapide ab. Sie wollte nichts mehr essen, trank nur noch manchmal aus der Schnabeltasse und stand nicht mehr auf. Die Ärztin, die sie in diesem Zustand besuchte, meinte zu mir: »Ich glaube, sie macht sich jetzt auf den Weg.« Die Medikamente wurden abgesetzt, und die Ärztin gab die Anweisung, ihr nur noch Schmerzmittel zu verabreichen.

Am 5. Januar war ich zusammen mit unserem Pflegesohn schon vormittags bei ihr. Wir schoben das Bett von der Wand ab, sodass an jeder Seite einer sitzen und eine Hand halten konnte. Wir sangen ihr Lieder aus ihrer Kindheit vor, streichelten sie, aber sie war nicht mehr ansprechbar. Als mein Mann kam, segnete er sie und in diesem Moment tat sie ihren letzten Atemzug. Sie lag friedlich da, entspannter als all die Wochen und Monate zuvor. Der Arzt, der den Totenschein auszustellen hatte, bestätigte, dass sie erlöst aussähe.

Zusammen mit einer Pflegerin wusch ich sie. Wir zogen ihr den roten Lieblingspullover an und legten ihr ihre Bernsteinkette um. Eine Enkelin kam abends dazu, ebenso die afghanische Freundin, die ein muslimisches Totengebet sprach. Eine Kerze brannte an ihrem Bett und ihre Lieblingspflegerin kam trotz freiem Wochenende extra vorbei, legte ihr eine Blume auf die Brust und blieb noch lange mit uns bei ihr. Es war ein würdevoller Abschied.

Zu ihrer Beerdigung spielte die Freundin Elke auf dem Friedhof ihr russisches Lieblingslied auf dem Akkordeon, so wie sie es sich gewünscht hatte. Wir sahen sie tanzen.

Dankgebet einer Seniorin (Maria Scheffler)

Danke denen, die es übersehen,
wenn meine Hand zittert und ich stolpere beim Gehen.
Danke denen, die mich ertragen,
wenn ich schwer höre, was sie zu mir sagen.
Danke denen, die bei mir verbleiben,
um mit Gesprächen, Lachen und Spielen die Zeit zu vertreiben.
Danke denen, die es ertragen,
mir geduldig zu antworten auf meine neugierigen Fragen.
Danke denen, die mich nicht richten,
wenn ich erzähle immer dieselben Geschichten.
Danke denen, die mich begleiten
bei meinen Erinnerungen an vergangene Zeiten.
Danke denen, die anrufen und schreiben,
um mit mir in Kontakt zu bleiben.
Danke denen, die mir gestehen,
mich als wertvollen Menschen zu sehen.
Auch wenn sich meine Lebensqualität senkt,
es geht irgendwie weiter, denn der Mensch denkt
und Gott lenkt.

Offene Fragen

Nach dem Tod meiner Mutter habe ich mir immer wieder die Frage gestellt, ob es nicht besser gewesen wäre, alles zu unternehmen, dass sie doch zu Hause hätte bleiben können bis zum Ende ihres Lebens. Habe ich falsch entschieden? Habe ich das falsche Seniorenheim ausgesucht? Hätte ich anders handeln müssen? Ich habe mich auch selbstkritisch gefragt, ob ich zu viel für meine Mutter geregelt habe. Habe ich in Prozesse eingegriffen, die ohne mich vielleicht anders, aber auch irgendwie gut geworden wären? Hätte sie sich, wie die Heimleiterin mir oft sagte, nach einiger Zeit von selbst eingelebt, wenn ich sie anfangs nicht täglich besucht hätte? Habe ich sie zu sehr verwöhnt, wie mir eine meiner Freundinnen vorgeworfen hat?

Mir wurde schon in den ersten Tagen, die meine Mutter im Seniorenheim verbrachte, deutlich, dass es dort zu wenig Personal gab und die Pflegedienstleiterin nicht sehr kooperativ war. Zudem tauchten ständig andere Betreuungspersonen auf, die selten wirklich ansprechbar und für mich präsent waren. Auch wussten sie häufig keine Antwort auf meine Fragen, da viele von ihnen von einer anderen Station zur Aushilfe geschickt wurden und darum meine Mutter gar nicht kannten. Der Stress des Personals übertrug sich auf die alten Menschen und auch ich als Besucherin bekam davon einiges mit. Diejenigen, die keine Angehörigen hatten, die nachfragten, wenn etwas schieflief, sich erkundigten, mithalfen und unterstützten oder Fehlendes besorgten, hatten es deutlich schwerer. Sie wurden viel häufiger alleingelassen und waren bequemere Bewohner als jene, die durch ihre Angehörigen vertreten wurden. Angehörige, die sich engagieren, eingreifen oder sich auch schon einmal beschweren, sind unbequem, kosten Zeit und sind darum nicht bei allen gerne gesehen.

Natürlich gab es auch im Pflegeheim einige Ausnahmen. Schwestern oder Pfleger, die mir hinter vorgehaltener Hand zu verstehen gaben, dass ich genau die Punkte anmahnte, die tatsächlich im Argen lagen und unter denen sie selbst litten. Aber ändern konnten sie es nicht, es lag an der Struktur, am Geld, dem fehlenden Pflegepersonal, dem Dienstplan, der Pflegedienstleitung … dem allgemeinen Pflegenotstand in unserer Gesellschaft eben, so ihre achselzuckenden Kommentare. Einige hatten längst resigniert und taten mehr oder weniger engagiert, was ihnen angesichts der schwierigen Rahmenbedingungen möglich war.

In Kindertageseinrichtungen wird längst durchgesetzt, dass eine Bezugsperson bis zu sechs Wochen bei dem Kind bleibt, das neu in eine Einrichtung kommt. Es soll sich langsam an die fremde Situation gewöhnen können. Eingewöhnungsphase wird das dort genannt. Bei der Suche im Internet stieß ich auf einen Artikel, in dem über die Eingewöhnungsphase von Katzen nachgedacht wurde, über Ähnliches bei alten Menschen in Pflegeheimen habe ich jedoch nur gefunden, dass Einrichtungen damit werben, für die Eingewöhnung ihrer Bewohner besondere Maßnahmen zu ergreifen. Dazu gehört, dass die Angehörigen einbezogen werden und es eine kontinuierliche Bezugsperson unter dem Pflegepersonal gibt, die vorwiegend für die neuen Bewohner zuständig ist. Das wurde als Alleinstellungsmerkmal beworben. Auch ich bin davon überzeugt, dass alte Menschen, die zudem häufig verwirrt sind, unbedingt die Möglichkeit bekommen müssen, sich zusammen mit einem vertrauten Menschen langsam an eine völlig fremde Umgebung gewöhnen zu können. Eine Übergangsphase von einem Leben in ein anderes, ein Umzug, ein Berufswechsel, eine Trennung oder ein Neuanfang stellen in jedem Lebensalter eine kritische Lebensphase dar. Es bedarf der Begleitung durch vertraute Menschen und einiger gewohnter Rituale, die dem Leben in der neuen Umgebung – ob Kita, Pflegeheim oder auch Krankenhaus – Struktur und Sicherheit geben können.

Alte, verwirrte Menschen brauchen Zuwendung und liebevolle Begleitung. Die Pflegekräfte können das nur bedingt leisten, da sie in einem System arbeiten müssen, in dem die physischen und psychischen Belastungen enorm hoch sind, die Entlastung wegen fehlender Pflegekräfte gering ist und die Bezahlung nicht hinreichend.

Liebevolle Zuwendung seitens des Personals bedeutet zusätzlichen Zeitaufwand. In pflegerischen Berufen spiele die professionelle Distanz eine große Rolle, die dazu diene, »die Probleme der anderen nicht mit nach Hause zu nehmen«, sagte mir eine Pflegerin. Ich gebe ihr durchaus recht, frage mich allerdings, wo daneben die »professionelle Nähe« ihren Platz hat, über die zumindest im pädagogischen Kontext inzwischen ebenso intensiv nachgedacht wird. Beides, Nähe und Distanz, gehört in Beziehungsprozessen zusammen.

Und doch gab es immer wieder Pflegekräfte, denen ich dankbar war, weil sie meiner Mutter die Hand gehalten, sie gestreichelt, in eine warme Decke gewickelt oder einfach mal einen Spaß mit ihr gemacht haben. Im Seniorenheim waren es hauptsächlich eine sehr engagierte Raumpflegerin und einige wenige Fachkräfte, denen der menschliche Kontakt wirklich wichtig war. Das waren auch diejenigen, die das Verteilen der Tabletten nicht wie Roboter vollzogen, indem sie ins Zimmer kamen, die Tabletten hinlegten und ohne ein freundliches Wort wieder rausrauschten, sondern dies als Kontaktzeit nutzten und gleichzeitig wahrnahmen, ob die Medikamente tatsächlich eingenommen wurden. Aber wie soll das möglich sein, wenn die Zeit fehlt?

Im Gegensatz dazu zeigten in der Wohngemeinschaft fast alle Pflegekräfte im Verlauf des Alltags immer wieder kleine Gesten der Zuneigung. Insgesamt war spürbar, dass die Haltung der Mitarbeiterinnen von Achtung gegenüber den alten, dementen Menschen geprägt war. Der witzig gemeinte Ausspruch einer Mitarbeiterin, als es einmal zwei Tage hintereinander Kartoffelsalat geben sollte, war da eher die Ausnahme: »Die merken das ja doch nicht, wenn es zwei Tage hintereinander das gleiche Essen gibt, die haben doch nur Stroh im Kopf.« Die beiden anwesenden Pflegerinnen stellten die Mitarbeiterin in meinem Beisein sofort zur Rede und untersagten ihr einen solch entwürdigenden Ausspruch. Insgesamt war die Atmosphäre offen und entspannt, da auch das Setting und der Personalschlüssel anders waren. Acht Bewohnerinnen und Bewohner wurden in der Regel von zwei, in Stoßzeiten auch drei Mitarbeiterinnen betreut, gepflegt und versorgt. Manchmal bekam ich sogar

Fotos von einer Pflegerin zugeschickt, auf denen meine Mutter im Kreis der anderen zu sehen war. Man wollte mir mitteilen, dass es ihr gut gehe und ich mir keine Sorgen machen müsse. Durch solche Gesten wuchs mein Vertrauen und so lernte ich langsam wieder mehr loszulassen. Als meine Mutter mir z. B. erzählte, dass sie immer Hunger habe und keiner ihr etwas zu essen gäbe, erzählte ich den Pflegerinnen davon, die mir ihrerseits Fotos schickten, die meine Mutter beim Essen zeigten. Die Kooperation war gut und wir sprachen die Dinge zeitnah an, die geklärt werden mussten.

Im Seniorenheim hingegen waren in einer Extremsituation am ersten Ferienwochenende zwei nicht ausgebildete sehr engagierte junge Männer, die ein freiwilliges soziales Jahr machten, für etwa 35 Bewohnerinnen auf drei Etagen im Einsatz. Ein examinierter Pfleger war zusätzlich für zwei Häuser mit ungefähr siebzig Bewohnern zuständig. Die beiden Männer hatten ihren ersten Arbeitstag. Sie waren dankbar, als ich ihnen zeigen konnte, wo die Bettpfannen waren, von denen meine Mutter eine brauchte. In einer solchen Situation ist es kein Wunder, wenn das Hörgerät nicht eingesetzt wird oder die Tabletten auf dem Boden landen. Ich habe immer wieder versucht, Perspektivwechsel zu vollziehen und Verständnis für die schwierige Situation des Pflegepersonals aufzubringen. Unter den Bedingungen möchte ich nicht arbeiten müssen. Aber hier ging es um meine Mutter, die ich gut betreut wissen wollte, da nahm ich es auf mich, als Kontrolleurin oder Störerin wahrgenommen zu werden. Gleichzeitig war ich durchaus bereit, mit anzupacken und das Pflegpersonal zu entlasten.

In den Besuchszeiten bei meiner Mutter verbrachte ich im Seniorenheim einen Großteil damit zu organisieren, Dinge zu klären, zu besorgen, Absprachen zu treffen oder mir Vorwürfe über meine Mutter anzuhören. »Ihre Mutter macht Terror!«, war eine dieser Bemerkungen über ihre nächtliche Unruhe. Dass meine Mutter durch ihre Rufe in der Nacht auf der Suche nach vertrauten Stimmen oder der Nähe eines Menschen war und möglicherweise Angst hatte, wurde gar nicht erst in Betracht gezogen. Ich wollte gerne guten Kontakt zum Pflegepersonal aufbauen, aber durch die komplizierte Anfangssituation war das Verhältnis belastet.

Es sind viele offenen Fragen geblieben, mit denen ich mich im Nachhinein und schon während der Zeit, die sie im Seniorenheim verbrachte, gequält habe. Lange Zeit hatte ich keine Antwort darauf – und ich habe auch jetzt keine endgültige, wie ich meiner Mutter einiges hätte ersparen können. Mit dem Abstand, den ich inzwischen zu alldem habe, quäle ich mich nicht mehr, sondern kann es sein lassen, wie es war. Ich konnte nicht anders handeln, als mich so zu kümmern, wie ich es in dieser Zeit getan habe.

Nach dem unglücklichen Sturz, der durch die Unachtsamkeit einer Fachkraft geschah, kam sie mit einem komplizierten Schulterbruch und vielen traumatischen Erfahrungen aus den Krankenhäusern als Pflegefall in das Seniorenheim zurück. Einen weiteren Umzug hätte ich ihr gerne erspart. Ich fühlte mich in dem, wie ich sie begleitet habe und gehandelt hatte, nie richtig gut, schon gar nicht perfekt. Der Schmerz darüber, was ich glaubte, versäumt zu haben und ihr schuldig geblieben bin, wollte lange nicht heilen.

Alles, was ich versucht hatte, um ihr im Alter ein würdiges autonomes Leben zu ermöglichen, empfand ich nur als halb gut, bruchstückhaft eben. Mit den Gedanken des Theologen Fulbert Steffensky, dass unser Leben als Fragment gut genug ist, fühlte ich mich getröstet und einverstanden mit den Bruchstücken, die ich zurückließ. Ich konnte in der Hoffnung leben, dass die andere Hälfte, die immer wieder fehlte, damit es gut geworden wäre, nicht in meiner Hand lag. Mit der Zeit trat so an die Stelle des Schuldgefühls, das mich plagte, die Dankbarkeit über das, was uns dennoch alles gemeinsam möglich war.

Irgendwann habe ich entschieden, die traurigen Bilder aus dem Seniorenheim zur Seite zu schieben und mir bewusst die aus den schönen letzten Jahren mit ihr in ihrem Haus vor Augen zu halten. Ich habe mich darüber gefreut, dass sie viele Jahre dort leben konnte, was sie sich immer gewünscht hatte. Es gab viel Zuneigung und Anregung durch die unterschiedlichen osteuropäischen Frauen und Männer und so hatte sie tatsächlich noch ein »spannendes Leben«, wie sie selbst sagte.

Als ich begann, die vielen Tagebuchaufzeichnungen der letzten fünfzehn Jahre zu lesen und mich zu erinnern, staunte ich nicht nur, wie sie und ich das zusammen mit den osteuropäischen Frauen und Männern geschafft hatten, sondern fragte mich auch, wie es allen Beteiligten immer wieder gelungen ist, ein gemeinsames Leben mit Pflege, Betreuung und einer gewissen Kontinuität in Fröhlichkeit und mit großer Selbstverständlichkeit zu gewährleisten.

Wenn ich nun mit Abstand an die gemeinsam verbrachte Zeit mit meiner Mutter zurückdenke, dann überwiegen die positiven Erfahrungen und Begegnungen. Ich kann inzwischen sowohl auf die Schwere dieser Zeit als auch auf die vielen glücklichen Momente mit Dankbarkeit schauen, in denen für sie trotz allem ein insgesamt würdevolles und ihr angemessenes Leben im Wärmestrom der Zuneigung vieler Menschen möglich war.

Nach ihrem Tod war ich lange Zeit traurig und ich vermisse sie auch jetzt immer wieder, vor allen Dingen ihre verschmitzten Bemerkungen, ihre Fragen und ihr Interesse an mir und ihre offene Art, Menschen vorurteilsfrei zu begegnen.

Irgendwann spürte ich, dass die Last der Verantwortung so langsam von mir abfiel – und im Lauf der Zeit stellte sich neben dem liebevollen Erinnern eine neue große innere Freiheit ein.

»There is a crack, a crack in everything
That's how the light gets in.«

Da ist ein Riss, ein Riss in allem
Das ist der Spalt, durch den das Licht einfällt
(Leonhard Cohen: Anthem Songtext)

Überlegungen zum wertschätzenden Miteinander in Betreuung und Pflege

In Deutschland sind, wie bereits im Vorwort erwähnt, 3,4 Millionen Menschen auf Pflege angewiesen, und es gibt zurzeit ca. 1,7 Millionen Pflegende, die die Patientinnen und Patienten betreuen. Das ist zu wenig Personal für zu viele kranke und alte Menschen. Wegen der zu erwartenden Alterung der Gesellschaft werden es demnächst noch mehr sein, die auf Unterstützung, Hilfe bei medizinischer Versorgung, Körperhygiene oder Alltagsentlastung angewiesen sind. Es wird vermutet, dass Zehntausende Pflegekräfte aktuell fehlen und es in den nächsten Jahren noch deutlich mehr sein werden.

Inzwischen scheinen auch Politiker die Situation erkannt zu haben und reagieren mit dem neuen Pflegepersonalstärkungsgesetz, das u. a. weitere Stellen in der Pflege finanzieren soll. Allgemein ist auch das Ziel, dass die Arbeitsbedingungen verbessert, mehr Männer für diesen Beruf gewonnen werden und insgesamt die Wertschätzung für diese physisch und psychisch anstrengende Arbeit in Form ausreichender Bezahlung gewürdigt wird. Ausgebildetes Pflegepersonal, das nicht mehr in der Pflege arbeitet, soll durch bessere Arbeitsverhältnisse wieder motiviert werden, in den alten Beruf zurückzukehren. Ob damit ein gehobener Stellenschlüssel in der Pflege gewährleistet wird, bleibt abzuwarten, da es einige Zeit dauern wird, bis diese Vorhaben umgesetzt und alle offenen Stellen mit qualifiziertem Fachpersonal besetzt sein werden. Das ist mit ein Grund, weshalb der amtierende Gesundheitsminister Jens Spahn im Sommer 2019 in den Kosovo gereist ist, um dort Pflegepersonal für Deutschland anzuwerben (man könnte auch böse sagen: im jeweiligen Land abzuwerben, da sie dort als Fachkräfte fehlen werden). Die Anwerbung gut ausgebildeter osteuropäischer Pflegekräfte für Krankenhäuser und für die ambulante und stationäre Seniorenpflege ist Teil einer »Konzertierten Aktion«, mit der u. a. der Pflegenotstand in Deutschland gelöst werden soll.

Die Vermittlungsagenturen der 24-Stunden-Hilfen wandten ihren Blick schon vor vielen Jahren nach Osteuropa. Allerdings sind nicht alle ausländischen Betreuungskräfte, die als ArbeitsmigrantInnen auf Zeit in Deutschland, Österreich oder der Schweiz in die häusliche Betreuung gehen, auch tatsächlich ausgebildete Pflegekräfte. Je nach Organisation werden unausgebildete Kräfte ebenso vermittelt wie gut qualifizierte oder in Zusatzkursen befähigte Frauen und Männer.

Man kann davon ausgehen, dass viele derjenigen, die aus Osteuropa kommen und Arbeit in der häuslichen Betreuung und Pflege in Westeuropa suchen, finanziell unter Druck stehen. Die Arbeitslosigkeit und Inflation in den Heimatländern sind allgemein sehr hoch. Gerade in Regionen wie Ungarn spielen auch die extremer werdenden politischen Verhältnisse oft eine Rolle für die Orientierung hin zum westlichen Ausland. Seit der Industrialisierung gibt es diese Arbeitsmigration: Menschen aus industriell weniger gut entwickelten suchen eine Arbeit in ökonomisch stabileren Ländern. Somit ist das keine Besonderheit in der 24-Stunden-Pflege. Die meisten der Frauen und Männer arbeiten eine Zeit lang in Deutschland, reisen dann wieder nach Hause, unterstützen ihre Familien dort und kommen in regelmäßigen Abständen zurück. Die wenigsten bleiben tatsächlich für immer in Deutschland, so ein weitverbreitetes Vorurteil, mit dem die Angst vor illegaler Einwanderung geschürt wird. In Deutschland wird die Beschäftigung von ausländischen Helferinnen im Haushalt und in der häuslichen Pflege sehr kontrovers diskutiert. Zum einen geht es um die sozialpolitische Frage und den Vorwurf, es handle sich um prekäre Arbeitsverhältnisse und Schwarzarbeit. Angesichts der Zunahme der Pflegefälle in Deutschland und der Abnahme ausgebildeter Pflegekräfte und guter Heimplätze wird diese Situation allerdings stillschweigend geduldet, auch wenn sie sich in einer juristischen Grauzone abspielt. Auch Politiker wissen natürlich von diesem Arbeitsmarkt, der als Beitrag zur Überwindung eines Pflegenotstandes nicht mehr wegzudenken ist. Es ist sicher auch kein Geheimnis, dass sie häufig selbst für ihre Angehörigen von dieser Hilfe aus Osteuropa Gebrauch machen und man nicht gleich jeder Familie unterstellen kann, dass sie ihre osteuropäischen Kräfte in Schwarzarbeit beschäftigt.

Seit 2011 können Pflegekräfte aus Osteuropa (Polen, Slowenien, Slowakei, Tschechien, Ungarn, Estland, Lettland und Litauen) vermittelt werden und seit 2014 haben Menschen aus Bulgarien und Rumänien ebenfalls die Möglichkeit, in der EU zu arbeiten. Es wird davon ausgegangen, dass mehr als 200.000 Pflegebedürftige auf diese Weise bereits betreut werden, die Dunkelziffer hoch und der Bedarf für diese Betreuungsform steigend ist. Meist sind die Pflegekräfte rund um die Uhr mit den alten und kranken Menschen, die sie in ihrem Alltag und bei der Pflege unterstützen, zusammen, obwohl sie natürlich nicht 24 Stunden an sieben Tagen in der Woche nur arbeiten, wie das oft suggeriert wird. Ob und wie viel freie Zeit den Betreuungskräften zusteht, ist in den Verträgen sehr unterschiedlich geregelt, und es wird selten überprüft, ob die freien Tage auch gewährleistet werden. So gibt es teilweise gravierende Probleme, nicht nur, was die Freizeit der Betreuerinnen betrifft. Auch deren Wohnsituationen, der menschliche Umgang mit ihnen und die Anforderungen im Pflegealltag sind je nach Familie und dem zu betreuenden Menschen sehr unterschiedlich. Zudem spielt der Bedarf an Unterstützung und die innere Haltung der BetreuerInnen gegenüber alten, kranken Menschen eine große Rolle für die Zusammenarbeit und müssen unbedingt in Vorgesprächen geklärt werden. Einige gute Vermittlungsorganisationen haben inzwischen Qualitätskriterien aufgestellt, achten auf die Passung, indem sie auf beiden Seiten längere Bewerbungsgespräche führen, und bleiben auch nach der Vermittlung Ansprechpartner für Konflikte und Krisen, was ich für außerordentlich wichtig halte. Hätten wir solche Ansprechpartner gehabt, wäre möglicherweise das Problem mit Malgorzata, der Dame, die mit ihrem Mercedes überstürzt abgereist ist, erst gar nicht aufgetaucht oder wir hätten vielleicht auch schneller Unterstützung bekommen, was ich mir damals sehr gewünscht hätte.

Wichtig ist noch zu erwähnen, dass nicht ausgebildete Pflegerinnen keine Medikamente geben oder Verbände wechseln dürfen. Darum ist es notwendig, dass Angehörige zusätzlich einen Pflegedienst vor Ort engagieren. Wir haben erst in der letzten Zeit den Pflegedienst hinzugeholt, da meine Mutter lange Zeit noch selbst penibel darauf geachtet hat, ihre Medikamente zu nehmen und ich anfangs gemeinsam mit ihr und später zusammen mit der jeweiligen Betreuerin diese für eine Woche zusammengestellt habe. Die Pflegedienste, die wir später engagiert hatten, bedeuteten für uns eine zusätzliche Entlastung. Sie können für Beratungen in Anspruch genommen werden und stellen neben den Angehörigen für den alten Menschen eine zusätzliche Kontinuität dar. Aber diese ist natürlich nicht immer gewährleistet, da es leider auch in der ambulanten Pflege durch Personalmangel ständigen Wechsel gibt. Zumindest ist so täglich jemand vor Ort, der mit beobachten und die Situation zusammen mit der Betreuungskraft einschätzen kann.

Nach wie vor gibt es allerdings keine offiziellen Qualitätsstandards oder Kontroll- und Beschwerdeinstanzen, weder für die Betreuenden noch für die zu Pflegenden, was dringend nötig wäre. Noch hängt es von den individuellen Bedingungen ab, die je nach Familie für eine Betreuerin zufriedenstellend, besonders gut oder tatsächlich entwürdigend und katastrophal sind. Ein Blick nach Österreich zeigt, dass dort die 24-Stunden-Hilfe sehr gut geregelt ist. Die Frauen und Männer arbeiten mit einem Gewerbeschein, suchen sich die Stelle selbst aus, indem sie Anzeigen schalten, oder bewerben sich auf Angebote. Es gibt genaue gesetzliche Regelungen, wie sich Betreuungskräfte und Agenturen zu verhalten haben. Sie werden im Einwohnermeldeamt registriert, zahlen Steuern und sorgen selbst für ihre Versicherungen. Despina, die ehemalige Polizistin, hatte bereits in Österreich gearbeitet und war als Selbstständige in ihrem Heimatland registriert. Wir hatten aufgrund ihrer Anzeige in der Regionalzeitung mit ihr Kontakt aufgenommen. Diese Möglichkeit, sich mit einem Gewerbeschein selbstständig zu machen, ergreifen immer mehr Frauen, allerdings sollte man sich genau informieren, ob hinter der persönlich wirkenden Anzeige tatsächlich eine einzelne Frau steht oder doch eine dubiose Organisation, die hohe Gebühren für die Vermittlung nimmt.

Die Menschen, die betreut werden, haben nicht unbedingt die Gewähr, dass sie durch die 24-Stunden-Betreuung einen Menschen an ihrer Seite haben, der sowohl fachlich als auch menschlich gut mit ihnen umgeht. Aber das ist auch in einer offiziell als gut eingestuften Pflegeeinrichtung, je nach MitarbeiterInnenstruktur, nicht unbedingt gewährleistet, wie wir am Beispiel des von uns gewählten Seniorenheimes leider erfahren mussten. Der Unterschied ist, dass man sich in kritischen Fällen von einer 24-Stunden-Kraft schneller trennen kann als von der Mitarbeiterin in einem Seniorenheim, die für diese Abteilung eingeteilt ist. Menschliche Wärme und der kontinuierliche Kontakt zu ein oder zwei Personen sind neben den guten Pflegebedingungen die Basis dafür, dass sich alte Menschen geborgen und wohlfühlen.

Worauf sollte man nun achten, wenn man eine 24-Stunden-Hilfe sucht und einstellen möchte? Und wie kann die Seriosität einer Vermittlungsagentur festgestellt werden? Zwar gibt es dazu keine allgemeingültigen Vorgaben und Kriterien, aber doch einige Punkte, die man berücksichtigen kann und die von der Agentur transparent gemacht werden sollten:

• Wie ist der Betrag, den der Auftraggeber zu zahlen hat, zwischen Agentur und Pflegekraft aufgeteilt und wie transparent wird das gemacht? Was sind sogenannte Overheadkosten für die Agentur (wie z. B. Anmietung der Räume, Personal, Telefon- und Fahrtkosten etc.) und was bekommt die Betreuerin ausbezahlt? Gibt es eine einmalige Vermittlungsgebühr oder wird jeden Monat eine Bearbeitungsgebühr abgerechnet? Was sind die Leistungen, die einem dann zur Verfügung stünden? Gibt es z. B. regelmäßige Betreuungsbesuche vor Ort und ein Beschwerdemanagement? Werden im Krisenfall andere Betreuerinnen schnell zur Verfügung gestellt? Kommt eine Mitarbeiterin ins Haus, um die Aufgabe einer Mediatorin zu übernehmen, falls es Auseinandersetzungen gibt? Wie sind die Betreuenden vor der Willkür der Angehörigen oder des zu Betreuenden geschützt? Und umgekehrt: Wie ist der alte Mensch geschützt? Natürlich gibt es auch Situationen, in denen die Betreuenden fahrlässig handeln. Geschichten, in denen sie z. b. betrunken waren, sich nicht gekümmert oder verantwortungslos gehandelt haben, kommen immer wieder vor und machen dann in Internetforen die Runde. Auch damit muss man rechnen. Aber es gibt nicht nur in unserer Familie die vielen gelungenen Geschichten, die wir die meiste Zeit über fünfzehn Jahre lang erlebt hatten. Eine gewisse soziale Kontrolle durch Angehörige oder befreundete Menschen in der Nähe ist darum ebenso wichtig wie ein grundsätzliches Vertrauen in die Herzensbildung, Kompetenz und Menschlichkeit derer, die nach Deutschland kommen.

- Wenn die deutsche Agentur mit einem Kooperationspartner aus Osteuropa zusammenarbeitet, sollte man die Adresse, Telefonnummer und Kontaktpersonen des Kooperationspartners erhalten. Das heißt, die Frage muss sein: Kann man sich mit dieser Organisation in Osteuropa in Verbindung setzen, bekommt man telefonische Auskunft, könnte man sie sogar vor Ort aufsuchen oder handelt es sich um eine Briefkastenfirma? In einer solchen Organisation wird u. a. darüber entschieden, ob eine Frau legal nach Deutschland kommt oder nicht, welche Qualifikationen, sowohl im pflegerischen Bereich als auch bezüglich der Deutschkenntnisse, vorausgesetzt werden und ob und wie sie im Herkunftsland versichert ist. Wie wird man darüber von der deutschen oder osteuropäischen Agentur informiert? Gibt es eine Personalakte und bekommt man Einsicht in diese?

- Gibt es Steuernummern sowohl von der Deutschen Agentur als auch von den Kooperationspartnern? Ist die Agentur beim Amtsgericht zugelassen, dann gibt es eine Registriernummer, die transparent gemacht werden kann. Welche Zertifikate hat die Agentur, gibt es z. B. Testergebnisse, Auskünfte über die Verbraucherberatung etc.? Der Bundesverband für häusliche Seniorenbetreuung e. V. (BHSB) verlieh 2016 erstmalig den »BHSB Care Award«, der seither jährlich verliehen wird. Er ist die erste Auszeichnung dieser Art in der Dienstleistungsbranche für die häusliche Betreuung alter und kranker Menschen. Der TÜV Rheinland bestätigt die Qualität der Dienstleistung von Pflegeagenturen mit einem Zertifikat, falls diese sich überhaupt dem Verfahren aussetzen. Die Zufriedenheit der Angehörigen und der zu Pflegenden wird durch die Pflegeliga e. V. überprüft und kann im Internet abgerufen werden. Nach solchen oder ähnlichen Zertifikaten sollte man sich unbedingt erkundigen.

• Verbraucherberatungsstellen können ebenfalls eine gute Anlaufstelle sein, um zu erfahren, ob die ausgewählte Agentur seriös arbeitet. Es lohnt sich, gezielte Informationen einzuholen, im Internet die Foren zu besuchen, in denen es um häusliche Pflege und speziell um 24-Stunden-Kräfte aus Osteuropa geht, oder sich mit Menschen auszutauschen, die selbst in ähnlichen Situationen sind und Betreuungskräfte suchen oder bereits eingestellt haben. Jedenfalls nimmt die Suche nach einer guten Agentur viel Zeit und Kraft in Anspruch.

All diese Wege haben wir natürlich auch beschritten und sind trotz intensiver Recherche auch an schlechte Agenturen, einmal an eine unfähige Betreuerin und zum Ende hin an ein nicht besonders gutes Seniorenheim geraten. Wie bereits im vorigen Kapitel erwähnt, ist unser Leben und sind auch unsere Entscheidungen bruchstückhaft und werden es bleiben. Vielleicht kann es entlastend sein, daran erinnert zu werden, dass unser Leben bruchstückhaft ist und wir nicht perfekt sind. Im Lauf der Zeit habe ich immer wieder lernen müssen, mir meine Fehler und falschen Entscheidungen zu verzeihen und auch meine eigene Hilflosigkeit in manchen Situationen zu akzeptieren und auszuhalten.

Was sind die Bedingungen für die Zufriedenheit der Betreuungskräfte? Eine kleine Studie

Mein erstes Anliegen war natürlich, dass es meiner Mutter gut geht. Je kompetenter und menschlicher, aber auch je zufriedener die Betreuerinnen waren, umso besser war die Beziehung zwischen uns allen. Was aber machte die Zufriedenheit der Betreuerinnen aus? Worauf gilt es zu achten, wenn man fremde Menschen ins Haus holt?

In einer kleinen Erhebung habe ich fünfzehn Betreuerinnen über einen Zeitraum von zehn Jahren danach befragt und die Ergebnisse festgehalten.

Die Frauen und Männer im Haus meiner Mutter waren insgesamt relativ zufrieden mit ihrer Arbeitsstelle, was sie auch häufiger zum Ausdruck brachten. Wir haben zum einen regelmäßige Gespräche darüber geführt, wie es ihnen geht und was sie zu kritisieren oder anzumerken haben, damit wir es verbessern können. Außerdem habe ich die meisten gebeten, sich am Ende ihrer Arbeitszeit auf einer Zufriedenheitsskala von eins bis zehn einzuordnen, wobei die Ziffer »eins« sehr schlecht und »zehn« sehr gut war. Je nach aktueller Situation gab es folgende Ergebnisse:

Von fünfzehn Befragten ordneten sich alle zwischen sieben und zehn ein. Eine Betreuerin fragte, ob es auch eine elf gäbe. Die Betreuerin, die fluchtartig unser Haus verließ, konnte ich nicht mehr befragen, aber ich vermute, sie war unzufrieden, da wir ihren Forderungen nach mehr Haushaltsgeld nicht entsprechen konnten und sie sich durch uns kontrolliert fühlte. Auf die Frage an die 24-Stunden-Kräfte, was die Gründe für die hohe Punktzahl und ihre Zufriedenheit waren, gab es folgende Antworten:

- Alle gaben an, der wichtigste Punkt für sie sei gewesen, dass sie sich mit meiner Mutter gut verstanden haben, sich respektvoll behandelt fühlten und wir Vertrauen zu ihnen hatten. Bei drei Frauen wurde das Freundschaftsverhältnis zu mir oder zu meiner Mutter als Hauptgrund für die Zufriedenheit genannt. Vier sagten, dass es schön sei, so oft miteinander lachen zu können. Jedenfalls war die gute Beziehungsebene für alle ein erstes, wichtiges Kriterium, das in einem Atemzug mit der angemessenen Bezahlung genannt wurde.
- Elf von fünfzehn Frauen hielten die Bezahlung für angemessen (der Mindestbruttolohn liegt durchschnittlich je nach Arbeitsaufwand bei ca. 1400 bis 2400 Euro, Kost und Logis sind frei). Ihre Absicherung war weitgehend geregelt, d. h. sie hatten entweder über die Agentur oder über den Arbeitgeber oder bereits selbst eine Kranken-, Unfall- und Rentenversicherung abgeschlossen. Wichtig für uns war in diesem Zusammenhang übri-

gens auch die sogenannte A 1 Bescheinigung, die die Betreuungskraft dem Arbeitgeber (oder der Agentur) vorlegen muss und die Sozialversicherung im Heimatland nachweist. Vier Frauen gaben an, sie würden gerne mehr verdienen, aber dafür, dass sie kostenlos wohnen könnten und das Essen ebenfalls gratis sei und sie häufig Geschenke bekämen, sei es dann doch so in Ordnung. Zu erwähnen ist noch, dass die Fahrten in die Heimat und wieder zurück von uns übernommen wurden, was auch vertraglich festgelegt war.

- Alle waren mit ihrem eigenen gemütlichen Zimmer zufrieden, in das sie sich zurückziehen und je nach Geschmack selbst dekorieren konnten, was einige mit großer Hingabe und Gestaltungswillen auch taten.

- Sie hatten engen Kontakt zu ihren Angehörigen, der ihnen anfangs durch Telefonate, später durch einen eigenen Internetanschluss ermöglicht wurde. Fünf der Frauen, die in der Zeit bei meiner Mutter waren, als es noch keinen Internetanschluss im Haus gab, waren mit dem Kontakt zu ihren Angehörigen unzufrieden und hätten sich mehr Möglichkeiten hierzu gewünscht.

- Sie waren zufrieden mit der freien Zeit, die ihnen zur Verfügung stand und auch gewährleistet war (mindestens ein Tag wöchentlich, meist waren es mehr, und ein freier Nachmittag, mindestens drei freie Stunden täglich). Einige betonten, dass sie eigentlich viel mehr Freizeit gehabt hätten, da meine Mutter tagsüber öfter schlief, oder sie weggehen konnten, wenn andere Besucher bei ihr waren. Andere sagten, dass sie zum Beispiel am Wochenende nicht so recht gewusst hätten, was sie mit der Freizeit anfangen sollten, und lieber mit uns zusammen Ausflüge gemacht hätten, als alleine die Zeit zu verbringen. Diese Freizeitregelung, auf die ich sehr achtete, war in unserem Fall vor allen Dingen deshalb möglich, weil sich immer noch mindestens eine weitere Person im Haus befand, die regelmäßig geplante Zeiten mit meiner Mutter zu verbringen hatte. Anfangs waren es die Hausbewohner, später die Studierenden, die nach dem Modell »Hilfe für Wohnraum« im Haus waren. Durch meine häufigen Besuche oder die der Freundinnen oder Angehörigen war die Freizeit immer gesichert, später auch durch zusätzlich engagierte »Gesellschafterinnen«, die wöchentlich kamen.

- Drei Frauen betonten, dass sie zufrieden waren, einen Arbeitsvertrag zu haben, in dem sie über ihre Rechte und Pflichten informiert wurden. Der Arbeitsvertrag war je nach Organisation sehr unterschiedlich aufgesetzt, und es lag an der Familie, ihn auch einzuhalten oder an der jeweiligen Frau, sich bei der Familie oder der Organisation zu beschweren, wenn es Unstimmigkeiten gab. Inwieweit die Agentur die Beschwerde ernst nahm, ist wieder eine andere Frage. Von daher plädiere ich für unabhängige Beschwerdestellen, die für beide Seiten zur Beratung zur Verfügung stehen. Das könnte zum Beispiel eine Aufgabe der Freien Träger sein, die eine solche Beschwerde- und Kontrollstelle im Rahmen der ambulanten Dienste mit installieren. Aus eigener Erfahrung kann ich sagen, dass osteuropäische Pflegekräfte zu Recht schlechte Arbeitsstellen schnell ablehnen und wechseln. Wir hatten zwei Frauen, die von je einer anderen Familie kamen, bei der sie ausgenutzt wurden. Sie erzählten uns von den unwürdigen Situationen und zeigten Fotos z. B. einer kleinen dunklen Abstellkammer im Keller oder eines schimmeligen Partyraums, die ihnen als Zimmer zur Verfügung gestellt wurden. In solch einem Fall müssten die 24-Stunden-Kräfte sofort eine Beschwerdestelle anrufen können, über ihre Rechte informiert werden und die Familie ohne Nachteile verlassen können. Die Kontaktdaten einer solchen Stelle müssten ihnen und den Familien von Anfang an bekannt sein.
- Sechs Frauen betonten, dass ihnen die Möglichkeit, in der eigenen Entwicklung gefördert zu werden, sehr zugesagt hat. Sie erwähnten entweder stolz ihre erworbenen Deutschkenntnisse, fühlten sich selbstständiger und hatten neue Dinge kennengelernt, zum Beispiel unbekannte Rezepte ausprobiert, die Gegend erkundet, Freunde und Freundinnen in der Nachbarschaft oder in unserer Familie gewonnen oder ihren Führerschein in der Zeit machen können.
- Die kreative und eigenständige Betätigung im Garten wurde von sechs Frauen als besondere Freizeitbeschäftigung hervorge-

hoben, wo sie sich frei, selbstständig und zufrieden fühlten und ihnen keiner hineinredete (das betonten insbesondere zwei Frauen, die zu Hause einen Ehemann oder eine Schwiegermutter hatten, die ihnen vorschrieben, wie der Garten zu gestalten sci).

Diese Grundzufriedenheit wirkte sich sowohl auf den Umgang mit meiner Mutter als auch auf die Atmosphäre im Haus positiv aus. Sicher spielte ebenfalls eine Rolle, dass sie in mir eine Ansprechpartnerin hatten, die sie ernst nahm und ihre Belange manchmal auch gegenüber meiner Mutter vertrat, und sie von uns große Wertschätzung und Dankbarkeit erfuhren. Ich habe beobachten können, dass das Selbstwertgefühl bei fast allen Frauen enorm gestiegen ist. Das hat dazu geführt, dass einige von ihnen entweder selbst noch einmal eine Ausbildung als Altenpflegerin begonnen und zu Ende gebracht haben oder sie dank ihrer verbesserten Deutschkenntnisse neue Kontakte knüpfen konnten oder sich sicherer im Umgang fühlten. Die meisten trauten sich insgesamt mehr zu, was sie auch selbst bemerkten und äußerten.

Transparenz und Menschlichkeit – die Säulen guter Beutreuung und Pflege

Ein 24-Stunden-Betreuungsverhältnis kann dann ein Gewinn für alle Seiten sein, wenn zusätzlich noch einige wesentliche Punkte berücksichtigt werden.

* Protokollierte Eingangsgespräche. Sie sind nötig, weil hier die Erwartungen, Bedürfnisse und Wünsche geklärt werden können. Es muss auch überprüft und dokumentiert werden, ob und wie die notwendigen Konditionen für die BetreuerInnen, was die Freizeit, das eigene Zimmer, den Internetanschluss betrifft, eingehalten werden können. Gleichzeitig muss die zu betreuende Person über die BetreuerIn, mit der sie zusammenleben wird, hinreichend informiert werden. So braucht es einen Lebenslauf mit aussagefähigen Fotos und gegebenenfalls einen ers-

ten Telefonkontakt, um einen Eindruck zu gewinnen. Damit es nicht nur vom Glück abhängt, wer zu einem ins Haus kommt, sind klärende Vorgespräche unabdingbar.

• Transparente Rahmenbedingungen. Sie müssen in Bezug auf die Arbeitssituation zusammen mit den Betreuerinnen vor Ort geklärt werden. Wer ist für was zuständig? Welche Aufgaben werden von wem übernommen? Das ist besonders dann notwendig, wenn der ambulante Pflegedienst regelmäßig ins Haus kommt oder die Angehörigen einiges selbst übernehmen. Aber auch, wenn die BetreuerIn alleine für den alten Menschen zuständig ist, müssen die Arbeitsbereiche vorher gezeigt und erklärt werden. Darum war es uns immer wichtig, dass jemand zur Einweisung einen Tag oder länger mit dabei war. Am besten fanden wir es, wenn die scheidende Betreuerin die neue anleiten konnte und sie noch einige Tage zusammen ihren Dienst versahen. Wichtig ist auch die Überlegung, was der alte Mensch noch eigenständig machen kann und wie man ihn darin besonders unterstützt (aktivierende Pflege). Die Zusammenarbeit mit den ambulanten Pflegediensten, dem Hausarzt und den beteiligten Personen sollte in Absprache mit demjenigen erfolgen, der betreut wird. Es ist selbstverständlich, dass der alte Mensch je nach Krankheit in alle Entscheidungen mit einbezogen und gut informiert wird. Die Autonomie des alten Menschen hat eine hohe Priorität und muss, soweit das möglich ist, gewährleistet sein. Dazu gehört auch manchmal das Recht auf Eigensinn. Als meine Mutter darauf bestand, den Hund mit in ihr Bett zu nehmen, und die aktuelle Pflegekraft ihr das verbieten wollte, fühlte ich mich angesprochen, als Mediatorin den Eigensinn meiner Mutter bei der Betreuerin durchzusetzen und sie in ihrem Wunsch zu unterstützen. Die Rahmenbedingungen müssen auch für die zu Betreuenden klar sein, falls die Demenz nicht zu weit fortgeschritten ist. Sie sollten entweder gemeinsam mit ihnen aufgestellt, zumindest aber sollten sie informiert und einbezogen werden. Bei meiner Mutter gab es zum Beispiel oft Auseinandersetzungen, wenn sich die Betreuenden abends, nachdem meine Mutter bettfertig war, in ihr Zimmer zurückzogen, was ihr gutes Recht und auch mit meiner Mutter abgesprochen war. Sie brauchte allerdings eine gewisse Zeit, um zu verstehen, dass die Frauen nicht rund um die Uhr für sie da waren und sie sich abends, aber auch tagsüber selbst beschäftigen musste. Bei solchen Abgrenzungsbemühungen vonseiten der Betreuerinnen kann es sinnvoll sein, wenn sich Angehörige oder die Agentur als Mediatorinnen einschalten.

- **Die fünf Säulen der Beziehung.** Ich bin davon überzeugt, dass es ohne Herzensbildung und weitere persönliche Voraussetzungen keine gute Interaktion geben kann. In meinem Buch über die »Fünf Säulen der Erziehung« habe ich sie »Liebe, Achtung, Struktur, Kooperation und Förderung« genannt und als Basis für ein entwicklungsförderndes Verhältnis zwischen Kindern und Erwachsenen beschrieben. Für die Zusammenarbeit zwischen den Pflegekräften und dem alten Menschen gelten diese Säulen meines Erachtens ebenfalls, auch wenn ich hier statt Liebe, der ersten und wichtigsten Säule, eher »emotionale Beziehung oder menschliche Wärme« sagen würde. Sie ist die Basis dafür, dass sich alte Menschen in ihrer Lebenssituation angenommen und geborgen fühlen. Wenn ich meine Mutter fragte, was sie sich wünsche, damit sie sich wohlfühlt, antwortete sie häufig: »Menschen, die mich mögen und die mir zeigen, dass ich etwas wert bin!« Etwas wert, nicht abgeschrieben zu sein, weil man alt ist und nicht mehr »im Leben steht«, hat mit der Achtung gegenüber dem alten Menschen und seiner Lebensgeschichte zu tun. Dabei ist es wichtig, die Biografie zu kennen, um Zusammenhänge, bestimmte Verhaltensweisen, Ängste oder Vorlieben verstehen und einordnen zu können, um entsprechend zu reagieren. **Emotionale Beziehung** und **Achtung** sind also die zwei wichtigsten Säulen.
- Wie wichtig ist die **Struktur,** die dritte Säule? Es gibt eine Struktur, die an die Arbeitsbedingungen des Personals in Senioren- und Pflegeheimen angepasst ist und die selten den Bedürfnissen des alten Menschen entspricht. Wenn um halb sechs abends das Abendbrot gereicht wird, weil sich um sieben Uhr der Nachtdienst damit nicht mehr befassen kann, ist mit einer

solchen Struktur nicht dem alten Menschen gedient. Jedenfalls nicht allen. Meine Mutter hatte nach dem Kuchen, der um drei Uhr verzehrt wurde, noch keine Lust, um fünf oder halb sechs schon wieder zum Abendessen gebracht zu werden, sie wollte lieber noch spielen. Auch wollte sie morgens gerne länger schlafen, musste aber immer schon zeitig aus dem Bett und sich waschen lassen, wozu sie oft noch gar nicht in der Lage war und wogegen sie sich mit Schwindelanfällen auflehnte. Es ist sicher gut, bestimmte Zeiten für das Essen und andere Tätigkeiten zu haben, sie sollten aber dem Tagesrhythmus des alten Menschen entsprechen. Es ist die Frage, ob Strukturen weitgehend eingehalten werden können und man sich in einer Pflegeeinrichtung gleichzeitig individuell an die besonderen Gepflogenheiten des alten Menschen anpassen kann? In Wohngruppen ist das sicher eher möglich als in größeren Heimen. Bei der Pflege und Betreuung zu Hause durch einzelne Personen kann man gemeinsam Strukturen entwickeln.

Wie durch die **Kooperation** alte Menschen in ihrer Autonomie unterstützt werden können, habe ich an einigen Beispielen der aktivierenden Pflege deutlich machen können. Die Kleidung selbst auszusuchen, zu entscheiden, wann man aufstehen und zu Bett gehen möchte, wann geduscht oder gebadet wird, ob man für den Spaziergang den Rollator oder den Rollstuhl nimmt, sind zwar kleine Entscheidungen, die aber für die Erfahrung der eigenen Selbstwirksamkeit wichtig sind. Wenn immer andere für einen selbst entscheiden, dann fühlt man sich »zu nichts nütze«, wie es meine Mutter ausgedrückt hat.

Die Wahrnehmung und **Förderung** der noch vorhandenen Fähigkeiten spielen als fünfte Säule dabei ebenfalls eine große Rolle. Was kann der alte Mensch noch gut, wobei könnte man ihn unterstützen, was kann er oder sie möglicherweise noch dazulernen? So blühte meine Mutter regelrecht auf, als sie den Computer für sich entdeckte. Oder wenn sie zwischendurch mit jemandem wieder Russisch oder Englisch sprechen konnte und feststellte, dass sie das noch gut beherrschte. Sie berichtete mir jedes Mal stolz, wenn sie einen Brief, der lange in ihrer Schublade lag, endlich handschriftlich beantwortet hatte, was für sie wegen der arthritischen Hände immer anstrengender wurde.

Die Einhaltung der »fünf Säulen der Beziehung« gilt übrigens auch für den Umgang mit den 24-Stunden-Kräften, denn eine gelungene Interaktion ist keine Einbahnstraße. Auch die Betreuenden, die in einer fremden Umgebung für einige Zeit vorübergehend Heimat finden sollen, wollen liebevoll und achtsam wahrgenommen werden. Sie brauchen eine transparente Alltags- und Aufgabenstruktur, um Sicherheit zu spüren. Im Miteinander und der Kooperation mit den zu Pflegenden, den Angehörigen oder den ambulanten Diensten sollten sie sich und ihre Erfahrungen einbringen können und um ihre Meinung gefragt werden. Auch sollten sie in der Arbeit und in ihrer Freizeit die Möglichkeit haben, sich weiterzuentwickeln und ihre Fähigkeiten einzusetzen.

Das Wichtigste aber schien das grundsätzliche Vertrauen zu sein, das wir den Betreuenden entgegenbrachten und das tatsächlich nur einmal ernsthaft erschüttert wurde. Genau dieses Vertrauen fehlte mir von Anfang an in dem Seniorenheim und konnte sich leider auch nicht mehr entwickeln, da sich die negativen Ereignisse überstürzten. Ich bedaure das im Nachhinein sehr, denn in einigen Gesprächen gegen Ende des Aufenthaltes im Seniorenheim ergaben sich doch mit einzelnen Mitarbeiterinnen und der Heimleiterin gute Gespräche, die einen neuen Anfang vielleicht ermöglicht hätten.

Ich hoffe, dass mein Buch andere Menschen ermutigen kann, die Mühe auf sich zu nehmen, ihren Verwandten, so lange es geht, ein Leben zu Hause zu ermöglichen und sich entsprechende Hilfen zu holen, um eigenen Überlastungen entgegenzuwirken. Ich bin mir darüber im Klaren, dass das nicht für alle möglich ist und es auch hier finanzielle und räumliche, aber auch persönliche Grenzen bei den zu Pflegenden oder den Angehörigen gibt, die zu akzeptieren sind. Wie immer ist auch hier nicht für alle alles möglich, sondern es muss individuell entschieden werden, welcher Weg in der speziellen Situation, mit diesem alten Menschen und diesen Angehörigen zum jetzigen Zeitpunkt gefunden werden kann. Ich werbe ausdrücklich für eine offene Begegnung zwischen den unterschiedlichen Menschen, ohne die Probleme wegzureden, die sich durch Sprachbarrieren und persönliche Grenzen ergeben.

Ich wollte zeigen, dass und unter welchen Bedingungen die Betreuung durch 24-Stunden-Kräfte aus Osteuropa gelingen kann. Auch dann, wenn man im Zusammenleben und -arbeiten mit Menschen aus anderen Kulturen auf einige Überraschungen und sogar Abenteuer gefasst sein muss, die das eigene Leben nicht nur schwerer machen, sondern durchaus bereichern können.

Kommentierte Literaturliste

Abschließend habe ich ausgewählte Bücher zu den Themen zusammengestellt, mit denen ich mich im Zusammenhang mit meinen Suchbewegungen um die Pflege und Unterstützung meiner Mutter beschäftigt habe.

Während es anfangs noch vorwiegend **Ratgeber** waren, die ich las, um schnell über wichtige Themen rund um Pflege zu Hause und im Heim informiert zu sein, erweiterte sich das Themenspektrum bald auf **biografische Bücher**. Töchter, Söhne oder Enkelinnen berichten von traurigen, fröhlichen und schwierigen Situationen, in denen sie ihre alten, dementen Eltern zu Hause oder im Heim begleiteten. Wie waren die Beziehungen untereinander, welche Probleme und welche Lösungen gab es? Wie gingen sie mit Schuld und den neuen Eltern-Kind-Rollen um? Wie schafften sie den Spagat zwischen eigenem Leben und ihrer Verantwortung? Ich fühlte mich beim Lesen zeitweise entlastet, wenn ich erfuhr, dass es anderen ähnlich ging, wie sie die Schwierigkeiten (meist mit Humor und großem Respekt) bewältigten und welche Lösungen sie fanden. Die tragikomischen Geschichten waren ebenso individuell wie die Reaktionen der Angehörigen und die Konsequenzen für die Art der Unterstützung. Die Bücher, die meine Mutter teilweise auch gerne gelesen hat, gaben uns anregenden Gesprächsstoff für Überlegungen zu ihrer eigenen Situation.

Als durch die intensive Interaktion mit meiner Mutter alte **familiendynamische Themen**, die ich schon bearbeitet glaubte, wieder auftauchten, waren mir die Bücher von Sabine Bode erneut besonders hilfreich. Sie stellt sehr differenziert dar, wie die Traumatisierungen der Eltern durch Krieg, Flucht und Vertreibung bis in die zweite und dritte Generation reichen können und eigene Ängste oder belastende Lebensthemen die unverarbeiteten Probleme der Eltern widerspiegeln. Mir half diese und ähnliche Lektüre, unsere besondere Mutter-Tochter-Konstellation und meine Reaktionen und Gefühle einzuordnen und zu verstehen. Es gab weitere Literatur, die nützlich wurde, um die **Rolle als erwachsenes Kind** einer hilfsbedürftigen Mutter neu zu definieren. Innere Versöhnung, Dankbarkeit, Bindung und Abgrenzung in Bezug auf die Beziehung zu meiner Mutter bekamen noch einmal einen neuen Stellenwert. Die thematische Beschäftigung mit den Fragen rund um die **Demenz** ermöglichte mir, gutes Hintergrundwissen zu erhalten und sie und andere Menschen, die ich in den Seniorenheimen kennenlernte, besser zu verstehen. Anfangs gab es noch nicht so viel Literatur über **24-Stunden-Kräfte**, nur die aus meiner Sicht eher einseitige Darstellung der Ausbeutung der Pflegekräfte aus Osteuropa, die gezwungen seien, als »Dienerinnen und Sklavinnen« in deutschen Familien zu arbeiten. Diese Sicht konnte ich nur bedingt nachvollziehen, aber die Lektüre regte mich dazu an, eine eigene kleine Erhebung durchzuführen, die ich im Epilog präsentiert habe. Hilfreich und differenzierter sind die anderen Bücher hierzu, insbesondere die wissenschaftliche Analyse über polnische Arbeitsmigrantinnen, in der u. a. verschiedene Konfliktbereiche im Pflegealltag zwischen familiärer Nähe und Distanz angesprochen und Lösungsvorschläge entwickelt werden. Über die Missstände **in Pflegeheimen** konnte ich ebenso interessante Literatur finden wie über gute, hoffnungsvolle Alternativen und neue Wege in besonderen Wohngruppen mit demenziell veränderten Menschen. Die Themen **Sterben und Tod** wurden natürlich immer präsenter und bei der großen Auswahl an Literatur zu diesen Themen fielen mir u. a. die hier angegebenen Bücher in die Hände, die für mich durch die spirituelle oder biografische Herangehensweise vorläufige Antworten gaben, auch auf Fragen, die die eigene Endlichkeit betreffen. Welche zwiespältigen Gefühle ausgelöst werden können und was es alles zu bedenken gibt, wenn einem zum Schluss die Aufgabe zufällt, **das Haus der Eltern** auszuräumen, habe ich bei Ursula Ott gelesen. Ich habe Ähnliches erlebt. Wie schön ist es, mit 111 Fragen in ein **persönliches Erinnern** eintauchen zu können.

Das Buch von Fulbert Steffensky über die »**Fragmente der Hoffnung**« hat mich darin getröstet, dass alles auf der Welt bruchstückhaft gelebt wird und es die Hoffnung gibt, dass das, was fragmentarisch geblieben ist, in der für uns nicht immer sichtbaren Ganzheit des Lebens aufgehoben ist. Mein Buch über die »**Fünf Säulen**« habe ich herangezogen, um darzustellen, welche Grundlagen für eine entwicklungsfördernde Interaktion zwischen der 24-Stunden-Kraft und den zu Pflegenden Voraussetzung sein sollten, damit es eine gelungene Lebenszeit für alle Beteiligten werden kann.

Biberti, Ilse: Hilfe, meine Eltern sind alt! Wie ich lernte, Vater und Mutter mit Humor und Respekt zu begleiten, Berlin 2009
Die Autorin beschreibt, wie sie sich um ihre pflegebedürftigen Eltern zu Hause kümmert. Sie gibt dafür ihren Beruf auf, zieht zu den Eltern und versucht, mit viel Humor die Situation, die immer schwieriger wird, zusammen mit der Familie zu gestalten. Hierbei wird sie herausgefordert und muss ihre Rolle als Tochter neu definieren.

Bode, Sabine: Kriegsenkel: Die Erben der vergessenen Generation, Stuttgart 2019
Die Kriegsvergangenheit der Eltern, auch mit Flucht und Vertreibung, hinterlässt Spuren bis in die zweite und dritte Generation. Tief sitzende Verunsicherungen und Ängste der Eltern, die nicht verarbeitet werden konnten, werden an die Kinder weitergegeben. Es hilft, die eigene Heimatlosigkeit oder die Angepasstheit der Kriegskindergeneration besser zu verstehen, wenn sie in Zusammenhang mit den Kriegstraumatisierungen der Eltern eingeordnet werden.

Borasio, Gian Domenico: Über das Sterben: Was wir wissen. Was wir tun können. Wie wir uns darauf einstellen, München 2013
Der Palliativmediziner beschreibt, wie die Angst vor dem eigenen Sterben genommen werden kann und welche Möglichkeiten es gibt, das Leiden Sterbender zu lindern, deren Lebensqualität zu verbessern und die Angehörigen bei der Begleitung Sterbender zu unterstützen.

Edinger, Andrea: Meine Mutter und ich. Ein persönliches Abschiedsbuch. Erinnern, aufschreiben, bewahren, Weinheim 2019
Gute Anregungen und Fragen für ein persönliches Erinnerungsbuch.

Emunds, Bernhard: Damit es Oma gutgeht: Pflege-Ausbeutung in den eigenen vier Wänden, Frankfurt/Main 2016
Der Frankfurter Sozialethiker Bernhard Emunds kritisiert die deutsche Politik, die die Missstände des Pflegenotstandes mit ver-

ursacht hat. Immer mehr Familien seien gezwungen, Pflegekräfte aus Osteuropa einzustellen, die unter extrem unfairen Bedingungen wie »Dienerinnen und Sklavinnen« zu arbeiten hätten und »ausgebeutet« würden. Er spricht von einem illegalen Modell, das von der Politik geduldet wird, und zeigt Lösungen für die Pflegemisere. Sehr einseitige Darstellung, aber mit guten Ansätzen für mögliche Auswege aus dem Pflegenotstand.

Haffert, Ingeborg: Eine Polin für Oma. Der Pflege-Notstand in unseren Familien, München 2014

Die Autorin zeigt Missstände und Probleme in der 24-Stunden-Pflege mit osteuropäischen Betreuungskräften auf. Sie hat hierzu Angehörige, polnische Pflegekräfte und Pflegebedürftige begleitet. Sie stellt Kriterien auf, wie sich der Pflegealltag für alle verbessern ließe.

Kniejska, Patrycja: Migrant Care Workers aus Polen in der häuslichen Pflege: Zwischen familiärer Nähe und beruflicher Distanz, Berlin 2016

Die Gerontologin stellt Arbeitsmigrantinnen aus Polen vor, die in der häuslichen Pflege arbeiten, durch digitale Medien gut mit ihren Angehörigen in Polen vernetzt sind und somit »bilokal« leben. In der wissenschaftlichen Untersuchung wird dargestellt, wie die polnischen Frauen kompetente und zuverlässige Pflege und Betreuung übernehmen, die am traditionellen polnischen Familienbild orientiert ist. Es werden Möglichkeiten und Grenzen, Spannungsfelder und Potenziale eines solchen Arbeitsfeldes in Deutschland aufgezeigt.

Lamers, Birgit: Wenn die Eltern plötzlich alt sind. Wie wir ihnen helfen können, ohne uns selbst zu überfordern, München 2016

Die Autorin zeigt Wege aus möglicher Überforderung anhand der Frage: Wie viel kann ich und wie viel will ich geben in der Unterstützung der eigenen Eltern? Hierbei spricht sie die Themen an, die alle erleben, die sich in der Pflicht fühlen: Umgang mit Schuldgefühlen, schwierige Eltern-Kind-Beziehung, Reibungspunkte zwischen den Geschwistern, Anerkennung durch die Eltern usw.

Lohre, Matthias: Das Erbe der Kriegsenkel. Was das Schweigen der Eltern mit uns macht, Gütersloh 2016

Der Autor zeigt durch seine eigene Geschichte mit den verstorbenen Eltern, wie er durch deren nicht verarbeitete Traumatisierung geprägt wurde und mit mangelndem Selbstwertgefühl und Angst zu kämpfen hatte. Ein Buch der Versöhnung, in dem die Familienvergangenheit reflektiert wird.

Mihm, Dorothea; Bopp, Annette: Die sieben Geheimnisse guten Sterbens: Erfahrungen einer buddhistischen Palliativschwester, München 2017
Die Palliativschwester möchte Menschen ein Sterben in Würde ermöglichen und beschreibt, wie wir uns und andere auf den Tod vorbereiten können. Sie gibt berührende Anregungen für einen neuen Umgang mit Sterben und Tod.

Ott, Ursula: Das Haus meiner Eltern hat viele Räume. Vom Loslassen, Ausräumen und Bewahren, München 2019
Welche Fragen tauchen auf, wenn erwachsene Kinder das Haus ihrer Eltern auflösen müssen, das auch der Ort der eigenen Kindheit war? Ursula Ott gibt u. a. gute Hilfestellungen, und man erhält eine neue Sicht auf das Thema Loslassen.

Paritätische Gesamtverband (Hg.); Müller, Wolfgang; Hesse, Werner; Wenzel, Gerd: Pflegebedürftig – Was tun? Ein Ratgeber für pflegebedürftige Menschen und ihre Angehörigen – Rechtsstand, Berlin 2017
Gute Antworten auf Fragen rund um die Pflege von Angehörigen. Informativ geschrieben.

Quadflieg, Roswitha: Neun Monate. Über das Sterben meiner Mutter, Berlin 2014
Die Autorin begleitet ihre sterbende Mutter neun Monate lang. Sie schildert dabei deren demenzielle Veränderungen, die eigene Hilflosigkeit und »die Schönheit der letzten Dinge«. Ein sehr persönliches Buch, das berührt.

Schmieder, Michael; Entenmann, Uschi: Dement, aber nicht bescheuert: Für einen neuen Umgang mit Demenzkranken, Berlin 2018
Der Heimleiter Michael Schmieder führt eine der besten Pflegeeinrichtungen für Demenzkranke weltweit und möchte die Würde der Kranken erhalten. Er stellt den Pflegealltag dar, der den Menschen eine wertschätzende Heimat gibt, in dem das ganze Pflege-

team mit Herzensbildung und Kompetenz die Demenzkranken begleitet. Ein Modell, das Hoffnung macht.

Steffensky, Fulbert: Fragmente der Hoffnung, Stuttgart 2019
Verschiedene Aufsätze zu der Fragestellung, wie man den Mut zum »fragmentarischen Handeln« bekommt und sich eingestehen kann, dass man nicht alles selbst »machen« kann. Hilflosigkeit, die Schuld und die Versäumnisse gehören zum Menschsein, ebenso wie die Hoffnung, dass es eine andere Dimension gibt, in der die eigene Halbheit aufgehoben ist.

Tietjen, Bettina: Unter Tränen gelacht: Mein Vater, die Demenz und ich, München 2015
Die Autorin berichtet über die Demenzerkrankung ihres Vaters und nimmt diese als Möglichkeit, ihn neu kennenzulernen. Sie reflektiert offen ihre eigenen Gefühle in der neuen Situation. Die Unterbringung in einem fürsorglich geführten Seniorenheim für Demenzkranke zeigt, dass es immer wieder gute Alternativen zu den herkömmlichen Heimen gibt. Die lustigen, komischen und traurigen Momente sind vielen, die Angehörige mit dieser Krankheit betreuen, vertraut, und man liest über gute Möglichkeiten, mit dieser Situation umzugehen und nicht zu verzweifeln.

Tigges, Monika: »24-Stunden-Betreuung«: Zwischen Markt und Menschlichkeit, books on demand, 2015
Das Modell der 24-Stunden-Betreuung wird kritisch hinterfragt, wobei die Perspektiven der zu Pflegenden, der Betreuenden und der Angehörigen berücksichtigt werden. Es wird unter anderem auch erarbeitet, an welchen Merkmalen man seriöse und vertrauenswürdige Vermittlungen erkennt.

Tschöpe-Scheffler, Sigrid: Fünf Säulen der Erziehung. Wege zu einem entwicklungsfördernden Miteinander von Erwachsenen und Kindern, Ostfildern 2011
Mit den fünf Säulen der Erziehung werden die Grundlagen zusammengefasst, die eine entwicklungsfördernde Interaktion zwischen Eltern und Kindern ausmachen. Ähnliches gilt auch für die Zusammenarbeit zwischen Betreuungskräften und den zu Betreuenden, eigentlich gelten diese Grundsätze einer guten Zusammenarbeit auch für jedes gelungene Miteinander.

Wagner, Jessica: Wir geben Opa nicht ins Heim! Unser Jahr zwischen Wunsch und Wirklichkeit, Hamburg 2016

Die Autorin muss ihren dementen Großvater in ein Pflegeheim geben. Das Buch zeigt in tragikomischer, liebevoller Weise, was im deutschen Pflegesystem im Argen liegt, aber auch, dass es gute Momente gibt und ein Heim nicht die schlechteste Lösung sein muss.

Werheid, Katja: Nicht mehr wie immer: Wie wir unsere Eltern im Alter begleiten können. Ein Wegweiser für erwachsene Kinder, München 2017

Was tun, wenn sich das Eltern-Kind-Verhältnis umkehrt und die Eltern die alltäglichen Dinge nicht mehr bewältigen können? Die Gerontopsychologin zeigt, wie erwachsene Kinder es schaffen, mit den alten Eltern Frieden zu schließen, für sie da zu sein, ohne sie zu bevormunden, und sich dabei selbst nicht zu überfordern. Wie es gelingen kann, die Elternbeziehung auch noch in der letzten Lebenszeit der Eltern zu vertiefen und respektvoll miteinander umzugehen, ist ein Anliegen dieses Buches.

Westhoff, Justin; Westhoff, Andrea: Pflege daheim oder Pflegeheim? Was Sie bei Pflegebedürftigkeit von Angehörigen tun können und wo Sie Unterstützung bekommen, Stern-Ratgeber 2013

Das Buch beantwortet Fragen, die im Bereich der Pflege aufkommen können, und dient den Angehörigen als Nachschlagewerk. Es geht auch um die Fragen, ob und wie die Angehörigen zu Hause betreut werden können oder ob ein Heim die bessere Lösung ist, und wenn ja, wie man ein passendes Pflegeheim findet.

Wittig, Frank; Ohlerth, Eva: Alptraum Pflegeheim: Eine Altenpflegerin gibt Einblick in skandalöse Zustände, München 2019

Eine erfahrene Pflegekraft analysiert Missstände in dem System Pflegeheim, in dem vor allen Dingen Zeit und Geld zulasten alter Menschen gespart werden. Zur Profitmaximierung werden unqualifizierte Kräfte eingestellt, die für die anspruchsvollen Aufgaben nicht geeignet sind. Welche Folgen das für den Ablauf im Heim und für die Menschen hat, wird von der Autorin zusammen mit einem Wissenschaftsautor fundiert präsentiert. Das Buch wühlt auf.

Dank

Bedanken möchte ich mich bei den osteuropäischen Pflegekräften, die es durch ihren liebevollen, mitfühlenden und tatkräftigen Einsatz ermöglicht haben, dass meine Mutter lange in ihrer gewohnten Umgebung leben konnte, freundlich und kompetent betreut wurde und ich mich entlastet fühlen konnte. Durch sie ist unser Leben reicher und spannender, manchmal auch aufregender geworden. Herzlichen Dank an: Ana, Despina, Ewa, Gabriela, Gohar, Gayane, Gregori, Janina, Josef, Larissa, Lili, Margaritta, Merima, Olga, Polina, Roxana, Stanislaw, Zusanna.

Mein Dank geht auch an meine Familie und meine Freundinnen und Freunde, die meine Mutter und mich nicht nur während der schwierigen Zeiten moralisch und teilweise tatkräftig unterstützt und Anteil genommen haben. Und schließlich haben einige von ihnen mein Manuskript gelesen und mir gute Anregungen gegeben. Vielen Dank an Biggi, Andreas, Reinhard, Karin, Volkmar, Inge, Monika, Tamara, Ronja, Aljoscha, Torsten, Sineb, Astrid, Herbert, Barbara, Helga, Erika, Karla, Margarete, Marius, Norzia, Nadine, Ute.

Bedanken möchte ich mich auch bei denjenigen unter den Pflegerinnen und Pflegern aus den beiden Heimen, die es trotz hoher Arbeitsbelastung dennoch schafften, meiner Mutter ihre Zuneigung zu zeigen, und auch noch Zeit für meine Fragen und Belange hatten.

Ein herzlicher Dank geht an meinen Mann Helmut, der mich immer wieder liebevoll und zuverlässig unterstützt, getröstet und begleitet hat. Er hat mir oft den Rücken freigehalten und damit ermöglicht, dass ich viel Zeit mit meiner Mutter verbringen konnte. Er war als erster wohlwollend-kritischer Leser meines Manuskripts mein bester Coach und Berater.

Und zum Schluss möchte ich meiner Lektorin Marlene Fritsch danken, die mich freundlich beraten und notwendige Kürzungen und Korrekturen zügig in meinem Sinn vorgenommen hat.